XIAOQIYE KUAIJI
SHIZHANG MONI

小企业会计
实账模拟

主编 胡世强

西南财经大学出版社

图书在版编目(CIP)数据

小企业会计实账模拟/胡世强主编. —成都:西南财经大学出版社,
2012.4
ISBN 978-7-5504-0427-4

I.①小… II.①胡… III.①小型企业—会计 IV.①F276.3
中国版本图书馆 CIP 数据核字(2011)第 182525 号

小企业会计实账模拟
主编:胡世强

责任编辑:植　苗
助理编辑:高小田　李　婧
封面设计:墨创文化
责任印制:封俊川

出版发行	西南财经大学出版社(四川省成都市光华村街55号)
网　　址	http://www.bookcj.com
电子邮件	bookcj@foxmail.com
邮政编码	610074
电　　话	028-87353785　87352368
照　　排	四川胜翔数码印务设计有限公司
印　　刷	四川森林印务有限责任公司
成品尺寸	148mm×210mm
印　　张	13.125
字　　数	360 千字
版　　次	2012 年 4 月第 1 版
印　　次	2012 年 4 月第 1 次印刷
印　　数	1—3000 册
书　　号	ISBN 978-7-5504-0427-4
定　　价	27.80 元

1. 版权所有,翻印必究。
2. 如有印刷、装订等差错,可向本社营销部调换。

前言

在我国,小企业规模小,但是数量众多。据不完全统计,在全国工业企业法人中,小企业占工业企业法人总数的95%左右;小企业的最终产品和服务的价值占我国国内生产总值的近50%。随着社会主义市场经济的不断完善和深入发展,小企业在我国社会经济中的地位将日益突出,并日益成为最活跃、最具潜力的新经济增长点之一,在我国社会主义市场经济中起着举足轻重的作用。

2004年4月27日,财政部正式颁布了《小企业会计制度》,并从2005年1月1日起在全国的小企业范围内执行,对规范我国小企业的会计核算工作、促进小企业会计信息质量的提高,起到了积极作用。

2006年,我国正式颁布了39项《企业会计准则》以及《企业会计准则——应用指南》,标志着中国会计与国际会计基本实现趋同。这对小企业会计工作提出了新的要求。

但按照我国财政部颁布的《中国企业会计准则与国际财务报告

准则持续全面趋同路线图》的要求,财政部于2010年启动企业会计准则体系的修订工作,力争2011年完成,2012年起在所有大中型企业实施,这意味着《企业会计制度》、《金融企业会计制度》将被《企业会计准则》取代;同时,2010年财政部也启动了《小企业会计准则》的制定工作,不久的将来,《小企业会计准则》也会取代《小企业会计制度》。

实际上,由于规模较小,相当部分的小企业财务会计机构不是很健全,各项管理制度不够规范,会计人员的素质较差,会计核算水平有待于提高,会计信息质量也有待于提高。

为了帮助小企业及广大的会计人员适应会计环境的变化,指导读者针对小企业的特殊性进行有效的会计核算工作,我特地撰写了本书。

本书保留了《小企业会计制度》中有价值的内容,同时遵循最新《企业会计准则》以及将颁布的《小企业会计准则》的精髓,结合国家最新的财务、会计、税收、金融等法规、制度、规范,利用会计核算的基本方法和基本原理,对小企业主要经济业务的会计核算实务进行了有针对性的、通俗易懂的实账演练,并配以大量的图、表及计算范例。

本书的特点是逻辑性强,层次分明,不仅具有一定的理论深度,更主要的是符合小企业会计核算的实际情况,能够有效地指导小企业进行会计核算工作。本书讲述了包括小企业设立、年检、纳税以及日常主要经济业务在内的会计核算实务;同时,考虑到小企业的发展状况以及受国际环境、市场经济冲击的影响,本书在对小企业一般经济业务进行实账演练的同时,也增加了对小企业今后不可避免要面对的一些特殊业务的实账演练,进行案例讲解。这些案例的选取注重实用性和操作性,以便读者能够迅速熟悉会计制度向会计准则的转换,准确地掌握《小企业会计准则》精髓,掌握小企业会计核算的基本方法和技巧。

　　本书分为了三篇，共十六章。第一篇是原理篇，介绍小企业会计核算的基本理论、方法和银行结算方式；第二篇是小企业基本业务会计实账演练，分八章对小企业基本经济业务进行实账演练；第三篇是小企业特殊业务流程实账演练，分别对小企业会遇到的五种特殊业务进行了实账演练。

　　本书由胡世强教授撰写。在本书的撰写过程中，杨健、胡永刚、刘名、王尚、胡杨等为本书收集了大量的信息资料，在此表示感谢。

　　由于作者水平有限，书中难免存在疏漏与不足，敬请广大读者批评指正。

胡世强

2011 年 6 月 1 日于成都光华村

第一篇　小企业会计核算原理

第1章　小企业会计核算基本原理 / 3
1.1　小企业的界定标准 / 3
1.2　小企业会计核算的特殊性 / 4
1.3　小企业会计要素的含义及内容 / 7
1.4　会计要素的确认 / 17
1.5　会计要素计量属性 / 20
1.6　小企业会计工作组织 / 22
1.7　小企业的会计记录方式 / 24

第2章　小企业会计核算方法 / 25
2.1　小企业会计基础 / 25
2.2　小企业的会计科目与账户 / 26
2.3　小企业的会计记账方法——借贷记账法 / 31
2.4　小企业的会计凭证 / 34
2.5　小企业的会计账簿 / 45
2.6　小企业开账、对账和结账 / 50
2.7　小企业的会计核算形式 / 55

第3章　小企业结算方式 / 61
3.1　小企业结算方式的种类 / 61
3.2　现金结算方式 / 62
3.3　票据结算方式 / 66
3.4　信用卡结算方式 / 73
3.5　汇兑结算方式 / 75

3.6 托收承付结算方式 / 77
3.7 委托收款结算方式 / 79

第二篇 小企业基本业务流程实账演练

第4章 小企业设立、年检及报税业务会计实账演练 / 83
4.1 小企业设立业务实账演练 / 83
4.2 小企业年检业务会计核算 / 90
4.3 小企业纳税基本知识 / 92
4.4 小企业报税程序与方法 / 98

第5章 小企业资金筹集业务会计实账演练 / 105
5.1 小企业筹资的特殊性 / 105
5.2 小企业投入资本业务实账演练 / 109
5.3 小企业留存收益业务实账演练 / 111
5.4 小企业借款业务实账演练 / 113
5.5 小企业应付款项筹资业务实账演练 / 116

第6章 小企业货币性金融资产业务会计实账演练 / 127
6.1 小企业金融资产的含义及分类 / 127
6.2 小企业库存现金业务实账演练 / 128
6.3 小企业银行存款业务实账演练 / 134
6.4 小企业其他货币资金业务实账演练 / 140
6.5 小企业应收款项业务实账演练 / 143

第7章 小企业非货币性金融资产业务会计实账演练 / 153
7.1 小企业交易性金融资产业务实账演练 / 153
7.2 小企业持有至到期投资业务实账演练 / 156
7.3 小企业可供出售金融资产业务实账演练 / 161
7.4 小企业长期股权投资业务实账演练 / 164
7.5 小企业金融资产减值业务实账演练 / 174

第8章 小企业实物资产及无形资产业务会计实账演练 / 183
- 8.1 小企业存货业务实账演练 / 183
- 8.2 小企业固定资产业务实账演练 / 204
- 8.3 小企业无形资产业务实账演练 / 217

第9章 小企业纳税业务会计实账演练 / 227
- 9.1 小企业纳税业务主要核算账户 / 227
- 9.2 小企业流转税业务实账演练 / 229
- 9.3 小企业所得税业务实账演练 / 243
- 9.4 小企业代扣代缴个人所得税业务实账演练 / 249
- 9.5 小企业房产税、土地使用税、车船税业务实账演练 / 249
- 9.6 小企业印花税业务实账演练 / 253
- 9.7 小企业土地增值税业务实账演练 / 256

第10章 小企业收入、费用和利润业务会计实账演练 / 259
- 10.1 小企业收入实账演练 / 259
- 10.2 小企业成本费用业务实账演练 / 272
- 10.3 小企业利润业务实账演练 / 282
- 10.4 小企业利润分配的会计核算实务 / 284

第11章 小企业会计报表编制实账演练 / 287
- 11.1 小企业财务报表编制的基本要求 / 287
- 11.2 小企业资产负债表编制演练 / 289
- 11.3 小企业利润表编制演练 / 308
- 11.4 小企业现金流量表编制实务 / 311
- 11.5 小企业所有者权益变动表编制演练 / 325
- 11.6 小企业会计报表附注 / 331

第三篇 小企业特殊业务实账演练

第 12 章 小企业外币交易业务会计实账演练 / 335
12.1 小企业外币业务基本知识 / 335
12.2 小企业外币交易业务的会计处理方法 / 337
12.3 小企业外币交易业务实账演练 / 339

第 13 章 小企业投资性房地产业务实账演练 / 343
13.1 小企业投资性房地产的内涵与特征 / 343
13.2 小企业投资性房地产的确认与账务处理方法 / 345
13.3 小企业投资性房地产初始计量实账演练 / 348
13.4 小企业投资性房地产后续计量实账演练 / 350
13.5 小企业投资性房地产转换业务实账演练 / 352
13.6 小企业投资性房地产处置业务实账演练 / 357

第 14 章 小企业非货币性资产交换业务实账演练 / 361
14.1 小企业非货币性资产交换的认定 / 361
14.2 小企业非货币性交换的确认与计量 / 363
14.3 小企业非货币性资产交换实账演练 / 365
14.4 涉及多项非货币性资产交换业务实账演练 / 371

第 15 章 小企业借款费用业务会计实账演练 / 379
15.1 小企业借款费用的范围 / 379
15.2 小企业借款费用确认实账演练 / 381
15.3 小企业借款费用计量实账演练 / 385

第 16 章 小企业债务重组业务实账演练 / 393
16.1 小企业债务重组的内涵及方式 / 393
16.2 小企业债务重组实账演练 / 396

参考文献 / 409

第一篇　小企业会计核算原理

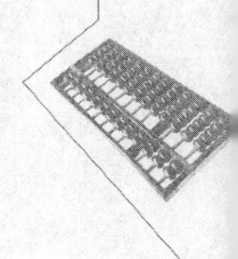

- 小企业会计核算基本原理
- 小企业会计核算方法
- 小企业结算方式

第1章 小企业会计核算基本原理

1.1 小企业的界定标准

1.1.1 小企业的界定标准

我国界定小企业的标准是采用定量方法,即采用有关的量化指标作为划分大、中、小企业的标准。不同时期界定的数量指标是不相同的:20 世纪 50 年代,主要以企业的职工人数为划分标准;60 年代以固定资产价值数量为划分标准;1978 年以企业的综合能力指标作为划分企业规模的标准;1999 年以销售收入和资产总额作为划分标准。2003 年 2 月,国家发展和改革委员会、财政部、国家统计局颁布并实施了《中小企业标准暂行规定》,对小企业进行了重新界定:

(1)工业小企业须符合下列条件之一:职工人数 300 人以下,或销售额 3 000 万元以下,或资产总额 4 000 万元以下。

(2)建筑业小企业须符合下列条件之一:职工人数 600 人以下,或销售额 3 000 万元以下,或资产总额 4 000 万元以下。

（3）零售业小企业须符合下列条件之一：职工人数 100 人以下，或销售额 1 000 万元以下。

（4）批发业小企业须符合下列条件之一：职工人数 100 人以下，或销售额 3 000 万元以下。

（5）交通运输业小企业须符合下列条件之一：职工人数 500 人以下，或销售额 3 000 万元以下。

（6）邮政业小企业须符合下列条件之一：职工人数 400 人以下，或销售额 3 000 万元以下。

（7）住宿和餐饮业，小型企业须符合下列条件之一：职工人数 400 人以下，或销售额 3 000 万元以下。

在上述标准中，职工人数以现行统计制度中的年末从业人员数代替；工业企业的销售额以现行统计制度中的年产品销售收入代替；建筑业企业的销售额以现行统计制度中的年工程结算收入代替；批发和零售业以现行统计制度中的年销售额代替；交通运输和邮政业、住宿和餐饮业企业的销售额以现行统计制度中的年营业收入代替；资产总额以现行统计制度中的资产合计代替。

1.1.2 会计核算范围中小企业的条件

在财务管理和会计核算范围中的小企业是指，按照《企业财务会计报告》和《小企业会计制度》、《企业会计准则》规定的、不对外筹集资金、经营规模较小的企业。即必须同时满足两个条件：

一是"不对外筹集资金"，即"不公开发行股票和债券"的企业；

二是"经营规模较小"，即这些企业必须符合《中小企业标准暂行规定》中界定小企业的标准。

1.2 小企业会计核算的特殊性

我国 2006 年正式颁布了《企业会计准则》和《企业会计准则——应用指南》，但它们并不完全适合小企业。目前，财政部正在进行《小企业会计准则》的拟定工作,所以,当前小企业会计核算主要还是遵循《小企业会计制度》,同时结合最新《企业会计准则》的基本规范进行账务处理。

1.2.1 资产核算的特殊性

(1)资产减值准备提取的特殊性

考虑到小企业长期资金的金额较难以确定及计提长期资产减值准备过程中需要较多的职业判断等情况,不要求小企业像大中型企业一样再对长期股权投资、固定资产、无形资产、在建工程、委托贷款等非流动资产计提减值准备,只要求小企业对存货、应收款项等流动资产项目计提资产减值准备。

(2)长期股权投资核算的特殊性

考虑到小企业投资的情况较少的实际,完全运用《企业会计准则》中关于长期股权投资的核算规定存在困难,因此,小企业对被投资单位具有重大影响的投资,仅要求按简化的权益法进行核算,即根据被投资单位实现的净损益相应确认应分享或应分担的份额。

(3)应收债权核算的特殊性

坏账准备计提的方法和比例由小企业自行选择;应收债权进行融资和出售业务的处理:如风险、报酬未完全转移,视同借款处理;如不附有任何追索权,则作为销售处理。

(4)固定资产核算的特殊性

①折旧范围、折旧方法和预计可使用年限的选择具有灵活性。小企业根据固定资产的性质和使用情况,可合理确定其折旧年限和净残值;小企业提取折旧的范围包括未使用、不需用的固定资产,其原因在于小企业购入未使用或不需用的固定资产的情况很少。

②对于融资租入的固定资产,由于在计算最低租赁付款额过程中涉及的职业判断及对未来现金流量折现等困难,小企业可以简化其核算方法:对于符合融资租赁条件的固定资产,以合同或协议约定支付租赁款及使用固定资产达到可使用状态前发生的其他有关必要

支出来确定其入账价值,不要求折现计算。

1.2.2 借款费用核算的特殊性

对于借款费用的核算,要求小企业在固定资产开始建造达到预定可使用状态之前所发生的专门借款的借款费用,均可资本化计入固定资产成本,而不必与资产支出数挂钩。

1.2.3 会计方法和会计科目的特殊性

(1)会计方法上的特殊性

小企业可以结合自身的实际,选择比较符合小企业特点的方法,如存货领用和发出成本的结转采用实际成本法。

(2)会计科目的特殊性

从会计科目体系看,《小企业会计制度》规定的一级会计科目数量从《企业会计制度》中的 85 个减少到 61 个(最新《企业会计准则——应用指南》规定的会计科目是 156 个),同时也大量简化了明细科目;不仅如此,《小企业会计制度》还给予小企业设置会计科目以较大的灵活性,小企业可以在一定的范围内根据自身的实际来设置会计科目进行会计核算。

1.2.4 财务会计报告的特殊性

(1)会计报表的特殊性

从会计报表体系看,考虑到小企业及信息使用者的需求,《企业会计准则——基本准则》明确规定:"小企业编制的会计报表可以不包括现金流量表。"小企业可以只提供资产负债表和利润表,现金流量表只是根据小企业实际情况根据需要编制的会计报表而非必须编报的报表。

(2)财务会计报告披露的特殊性

从财务会计报告的内容看,小企业必须对外提供真实、完整的财务会计报告,但其内容只要求包括资产负债表和利润表以及附注。

1.2.5 执行会计制度的特殊性

只有符合小企业标准的小企业才能执行《小企业会计制度》，但并非要求所有的小企业都必须执行《小企业会计制度》，小企业可以根据自己的实际情况在《小企业会计制度》或《企业会计制度》或《企业会计准则》之中选择执行。不过，每一个小企业都只能执行一种会计制度，不能在执行一种会计制度的同时又执行另外一种会计制度。

1.3 小企业会计要素的含义及内容

1.3.1 资产

1.3.1.1 资产定义及特征

资产是企业过去的交易或者事项形成的、由企业拥有或控制的、预期会给企业带来经济利益的资源。资产具有以下几个特征：

(1)资产的本质特征是能够预期给企业带来经济利益的资源。预期会给企业带来经济利益，是指直接或者间接导致现金和现金等价物流入企业的潜力，这种潜力在某些情况下可以单独产生净现金流入，而某些情况则需要与其他资产结合起来才能在将来直接或间接地产生净现金流入。按照这一基本特征判断，不具备预期给企业带来未来经济利益流入的资源，便不能确认为资产。

(2)作为企业资产的资源必须为企业所拥有或控制。这是指企业享有某项资源的所有权，或者虽然不享有某项资源的所有权，但该资源能被企业所控制。拥有即所有权归企业；而控制则是由企业支配使用，但不等于企业取得所有权。资产尽管有不同的来源渠道，但是，一旦进入企业并成为企业拥有或控制的财产，便置于企业的控制之下而失去了原来归属于不同所有者的属性，成为企业可以自主经营和运用、处置的法人财产。

(3)作为企业资产必须是由过去交易或事项形成的资源。企业过去的交易或者事项包括购买、生产、由企业建造行为和其他交易或者事项。预期在未来发生的交易或者事项不形成资产。

(4)作为资产的资源必须能够用货币计量其价值,从而表现为一定的货币额。

(5)资产包括各项财产、债权和其他权利,并不限于有形资产。也就是说,一项企业的资产,可以是货币形态的,也可以是非货币形态的;可以是有形的,也可以是无形的。只要是企业现在拥有或控制,并通过有效使用,能够为企业带来未来经济利益的一切资源,均属于企业的资产。

1.3.1.2 资产分类

企业的资产按流动性可分为流动资产和非流动资产两大类。

(1)流动资产,是指满足下列条件之一的资产:

① 预计在一个正常营业周期中变现、出售或耗用。

② 主要为交易目的而持有。

③ 预计在资产负债表日起一年内(含一年,下同)变现。

④ 在资产负债表日起一年内,交换其他资产或清偿负债的能力不受限制的现金或现金等价物。

以上条件中的正常营业周期通常是指企业从购买用于加工的资产起至实现现金或现金等价物的期间。正常营业周期通常短于一年。但是,也存在正常营业周期长于一年的情况,比如房地产开发企业开发的用于出售的房地产开发产品,造船企业制造的用于出售的大型船只等,往往超过一年的才能变现、出售或耗用,仍应划分为流动资产。

流动资产按其性质划分为库存现金、银行存款、交易性金融资产、应收及预付款项、存货等。

库存现金,是指存放于企业财会部门、由出纳人员经管的货币性资产,是企业流动性最强的资产。

银行存款,是指企业存放在银行或其他金融机构中的货币性资产,与库存现金一样,是企业流动性最强的资产。

交易性金融资产,主要是指企业为了近期内出售而持有的金融资产。比如,企业以赚取差价为目的从二级市场购入的股票、债券、基金等。交易性金融资产属于现金等价物。

应收及预付款项,是指企业日常生产经营过程中发生的各种债权性资产,也属于货币性资产的范畴,包括各项应收款项和预付款项。

存货,是指企业在日常活动中持有以备出售的产成品或商品、处在生产过程中的在产品、在生产过程或提供劳务过程中耗用的材料和物料等。

(2)非流动资产,是指流动资产以外的所有资产。非流动资产按其性质,划分为持有至到期投资、可供出售金融资产、长期应收款、长期股权投资、投资性房地产、固定资产、无形资产、长期待摊费用等。

持有至到期投资,是指到期日固定、回收金额固定或可确定,且企业有明确意图和能力持有至到期的非衍生金融资产。比如企业从二级市场上购入的固定利率国债、浮动利率公司债券等,符合持有至到期投资条件的,可以划分为持有至到期投资。

可供出售金融资产,通常是指企业没有划分为以公允价值计量且其变动计入当期损益的金融资产以及持有至到期投资、贷款和应收款项的金融资产。比如,企业购入的、在活跃市场上有报价的股票、债券和基金等,没有划分为以公允价值计量且其变动计入当期损益的金融资产或持有至到期投资等金融资产的,可归为此类。

长期应收款,是指企业超过一年应当收回而尚未收回的款项,包括融资租赁产生的应收款项、采用递延方式具有融资性质的销售商品和提供劳务等产生的应收款项。

长期股权投资,是指企业持有的对子公司、合营企业及联营企业的权益性投资以及企业持有的对被投资单位不具有控制、共同控制或重大影响,且在活跃市场中没有报价、公允价值不能可靠计量的权益性投资。

投资性房地产,是指企业为赚取租金或实现资本增值,或两者兼有而持有的房地产。

固定资产,是指企业为生产商品、提供劳务、出租或经营管理而持有的、使用寿命超过一个会计期间的有形资产。

无形资产,是指企业拥有或者控制的、没有实物形态的、可辨认非货币性资产。可辨认标准有两个:一是该类资产是能够从企业中分离或者划分出来,并能单独用于出售、转移、授予许可、租赁或者交换;二是该类资产源自合同性权利或其他法定权利,无论这些权利是否可以从企业或其他权利和义务中转移或者分离。无形资产包括专利权、非专利技术、商标权、著作权、土地使用权等。

长期待摊费用,是指企业已经发生但应由本期或以后各期负担的分摊期限在一年以上的各项费用,如以经营租赁方式租入固定资产而发生的改良支出等。

1.3.2 负债

1.3.2.1 负债定义及特征

负债,是指由企业过去的交易或者事项形成的、预期会导致经济利益流出企业的现时义务。负债具有三个基本特征:

(1)负债是企业承担的现时义务。现时义务是指企业在现行条件下已承担的义务。未来发生的交易或者事项形成的义务,不属于现时义务的,不应当确认为负债。

(2)负债由过去的交易或者事项形成的。只有过去的交易或者事项才能形成负债,企业在未来将发生的承诺、签订的合同等交易或者事项不形成负债。

(3)负债预期会导致经济利益流出企业,这是负债的本质特征。企业在履行现时义务、清偿负债时,导致经济利益流出企业的形式多种多样。比如用现金偿还或以实物偿还;以提供劳务形式偿还;以部分转移资产、部分提供劳务形式偿还等。

1.3.2.2 负债分类

负债按其流动性,分流动负债和非流动负债两大类。

(1)流动负债,是指满足下列条件之一的负债:

① 预计在一个正常营业周期中清偿。
② 主要为交易目的而持有。
③ 在资产负债表日起一年内到期应予以清偿。
④ 企业无权自主地将清偿推迟至资产负债表日后一年以上。

注：以上条件中的正常营业周期同流动资产中的解释内容。

流动资产按其性质分为短期借款、应付票据、应付账款、预收账款、应付职工薪酬、应付股利、应交税费、应付利息、应付股利、其他应付款以及一年内到期的非流动负债等。

(2)非流动负债，流动负债以外的负债。非流动负债按其性质，分为长期借款、长期应付款、专项应付款、预计负债等。

1.3.3 所有者权益

所有者权益是指企业资产扣除负债后由所有者享有的剩余权益。所有者权益的来源包括所有者投入的资本、直接计入所有者权益的利得和损失、留存收益等。

(1)所有者投入的资本，是指企业的股东按照企业章程或合同、协议等，实际投入企业的资本。其中，小于或等于注册资本的部分作为企业的实收资本(股份公司为股本)，超过注册资本部分的投入额计入资本公积。

(2)直接计入所有者权益的利得和损失，是指不应计入当期损益、会导致所有者权益发生增减变动的、与所有者投入资本或者向所有者分配利润无关的利得或者损失。

(3)留存收益，是指由企业利润转化而形成、归所有者共有的所有者权益，主要包括盈余公积和未分配利润。

①盈余公积，是指企业按规定一定比例从净利润中提取的各种积累资金。一般又分为法定盈余公积金、任意盈余公积金。

②未分配利润，是指企业进行各种分配以后，留在企业的、未指定用途的那部分净利润。

资产、负债和所有者权益是反映企业财务状况的静态会计要素，其数量关系构成了会计恒等式：

资产＝负债＋所有者权益

1.3.4 收入

1.3.4.1 收入的定义及特征

收入是指企业在日常活动中形成的、会导致所有者权益增加的、与所有者投入资本无关的经济利益的总流入。收入具有以下三个特征：

（1）收入是企业在日常活动中形成的。日常活动是指企业为完成其经营目标所从事的经常性活动以及与之相关的活动。例如，工业企业制造并销售产品、商品流通企业销售商品、保险公司签发保单、安装公司提供安装业务、软件公司为客户开发软件、租赁公司出租资产、咨询公司提供咨询服务等都属于企业的日常活动。确认日常活动是为了将收入与利得区分开来。企业非日常活动形成的经济利益流入不能确认为收入，而应当确认为利得。

（2）收入会导致所有者权益增加。与收入相关的经济利益应当导致企业所有者权益的增加，但其不属于所有者的投入。不会导致企业所有者权益增加的经济利益流入不符合收入的定义，不能确认为收入。例如，企业向银行借入款项，尽管也导致了经济利益流入企业，但该流入并不导致所有者权益的增加，故不应当确认为收入，而应当确认为一项负债。

（3）收入是与所有者投入资本无关的经济利益的总流入。收入应当导致经济利益流入企业，从而导致企业资产的增加。但是，并非所有的经济利益流入都是收入所致，比如投资者投入资本也会导致经济利益流入企业，但它只会增加所有者权益，而不能确认为收入。

1.3.4.2 收入的内容

小企业的收入主要包括销售商品收入、提供劳务收入、让渡资产使用权收入和建造合同收入。

（1）销售商品收入，是指企业销售产品或商品导致的经济利益流入企业所形成的收入。如工业企业制造并销售产品的收入,商品流通企业销售商品的收入。工业企业出售多余原材料、包装物等日常活动带来的经济利益流入也属于该类收入。

(2)提供劳务收入,是指企业提供各类劳务导致的经济利益流入企业所形成的收入。如安装公司提供安装服务、咨询公司提供咨询服务、广告公司提供广告服务、旅游公司提供旅游服务、运输公司提供运输服务等日常活动导致的经济利益流入企业而形成的收入。

(3)让渡资产使用权收入,是指企业通过让渡资产使用权导致的经济利益流入企业所形成的收入,包括利息收入、转让无形资产使用权形成的使用费收入、出租固定资产的租金收入等。进行债权投资收取的利息、进行股权投资取得的现金股利等都属于让渡资产使用权收入。

(4)建造合同收入,是指企业为建造一项或数项在设计、技术、功能、最终用途等方面密切相关的资产而订立的合同形成的收入。它包括两个部分:①合同规定的初始收入;②因合同变更、索赔、奖励等形成的收入。

1.3.4.3 小企业的收入按其经营业务的主次不同分为主营业务收入和其他业务收入

(1)主营业务收入,是指企业为完成其经营目标所从事的主营业务活动实现的收入。一般而言,主营业务收入应当占企业收入的绝大部分,对企业的经济效益产生较大的影响。由于各类企业的主营业务不同,因此各自的主营业务收入的内容也不尽相同。比如工业企业生产电梯并安装电梯,那么销售电梯的收入为主营业务收入,安装电梯业务不属于他们的主业,所以带来的收入为其他业务收入;而安装公司安装电梯则是公司的主营业务,其安装收入为这类公司的主营业务收入。

(2)其他业务收入,是指企业确认的、除主营业务活动以外的其他经营活动实现的收入。其他业务收入占的比重较小,不同类型的企业的其他业务收入组成内容也不尽相同。比如工业企业对外销售原材料和包装物、出租包装物、出租商品或者固定资产、对外转让无形资产等都属于其他业务收入。

1.3.5 费用

1.3.5.1 费用的定义及特征

费用是指企业在日常活动中发生的、会导致所有者权益减少的、与向所有者分配利润无关的经济利益的总流出。根据费用的定义,费用具有以下三个特征:

(1)费用是在日常活动中形成的。费用必须是企业在其日常活动中所形成的,这些日常活动与收入定义中涉及的日常活动的界定是一致。将费用定义为日常活动形成的,其目的是为了将其与损失相区别。企业非日常活动所形成的经济利益流出企业不能确认为费用,而应当计入损失。

(2)费用会导致所有者权益减少。与费用相关的经济利益流出企业应当会导致所有者权益的减少;不会导致所有者权益减少的经济利益流出企业不符合费用定义,不应当确认费用。例如,企业用银行存款购买原材料 200 万元,该购买行为虽然使得企业的经济利益流出去了 200 万元,但是并不会导致企业的所有者权益减少,它使得企业的另外一项资产(存货)增加,所以在这种情况下经济利益流出企业就不能确认为费用。

(3)费用是与向所有者分配利润无关的经济利益的总流出。费用的发生应当会导致经济利益流出企业,从而导致资产的减少或者负债的增加(最终也会导致资产的减少)。其表现形式包括现金或者现金等价物的流出,存货、固定资产和无形资产等的流出或者消耗等。

1.3.5.2 小企业费用的内容

小企业的费用主要包括生产成本、主营业务成本、其他业务成本、营业税金及附加、管理费用、销售费用和财务费用等。其中,后三种费用合称为期间费用。

(1)生产成本,是指企业为生产商品和提供劳务等而发生的各项生产耗费,包括直接费用和间接费用。直接费用是企业为生产商品或提供劳务等发生的各项直接支出,包括直接材料、直接人工及其他直接支出;间接费用是企业为生产商品或提供劳务而发生的各项间接费用,又叫制造费用,通过分配计入生产成本。

(2)主营业务成本,是指企业确认销售商品、提供劳务等主营业务收入时应当结转的成本。

(3)其他业务成本,是指企业确认的、除主营业务收入以外的其他经营活动所发生的支出,包括销售材料的成本、出租固定资产的折旧额、出租无形资产的摊销额、出租包装物的成本或摊销额等。

(4)营业税金及附加,是指企业的经营活动应当负担的相关税费,包括应当缴纳的营业税、消费税、资源税、城市维护建设税和教育费附加等。

(5)管理费用,是指企业为组织和管理企业生产经营所发生的费用,包括企业在筹建期间发生的开办费、董事会和行政管理部门在企业的经营管理中发生的或者应由企业统一负担的公司经费(包括行政管理部门职工工资及福利费、物料消耗、低值易耗品摊销、办公费和差旅费等)、工会经费、董事会费(包括董事会成员津贴、会议费和差旅费等)、聘请中介机构费、咨询费(含顾问费)、诉讼费、业务招待费、房产税、车船使用税、土地使用税、印花税、技术转让费、矿产资源补偿费、研究费用、排污费等。

(6)销售费用,是指企业在销售商品和材料、提供劳务的过程中发生的各种费用,包括保险费、包装费、展览费和广告费、商品维修费、预计产品质量保证损失、运输费、装卸费等以及为销售本企业商品而专设的销售机构(含销售网点、售后服务网点等)的职工薪酬、业务费、折旧费等经营费用。企业发生的与专设销售机构相关的固定资产修理费用等后续支出也属于销售费用。

(7)财务费用,是指企业为筹集生产经营所需资金等而发生的筹资费用,包括利息支出(减利息收入后得到)、汇兑损益以及相关的手续费、企业发生的现金折扣和收到的现金折扣等。

1.3.6 利润

1.3.6.1 利润的定义及内容

利润是指企业在一定会计期间的经营成果。通常情况下,企业实现了利润,表明企业的所有者权益将增加,业绩得到了提升;反之亦然。企业发生了亏损(利润为负),表明企业的所有者权益将减少,业绩滑坡。小企业利润包括收入减去费用后的净额、直接计入当期利润的利得和损失等。

(1)收入减去费用后的净额,就是企业的营业利润,反映的是企业日常经营活动的经营业绩。

(2)直接计入当期利润的利得和损失,反映的是企业非经营活动的业绩。它是指应当计入当期损益、最终会导致所有者权益发生增减变动的、与所有者投入资本或者向所有者分配利润无关的利得或者损失。

1.3.6.2 小企业利润的组成

(1)营业利润,是企业日常活动创造的经营成果,它等于营业收入减去营业成本、营业税金及附加、销售费用、管理费用、财务费用、资产减值损失,再加上公允价值变动收益、投资收益后的金额。

(2)利润总额,是企业包括日常活动和非日常活动在内的全部业务活动创造的经营成果,它是在营业利润的基础上加上营业外收入、减去营业外支出后的金额。

(3)净利润,是利润总额扣除所得税费用后的余额。

收入、费用、利润是反映企业经营成果的动态会计要素,其数量关系构成了会计的另外一个等式:

收入－费用＝利润

1.3.7 利得和损失

利得是指由企业非日常活动所形成的、会导致所有者权益增加的、与所有者投入资本无关的经济利益的流入。

损失是指由企业非日常活动所发生的、会导致所有者权益减少的、与向所有者分配利润无关的经济利益的流出。

利得和损失在会计处理中有两种计入方式：

（1）直接计入所有者权益，特指不应计入当期损益、会导致所有者权益发生增减变动的、与所有者投入资本或者向所有者分配利润无关的利得或者损失。比如可供出售金融资产发生公允价值变动，计入资本公积账户，从而导致所有者权益的增加和减少。直接计入所有者权益的利得和损失一般都是通过"资本公积"账户进行核算的。

（2）直接计入当期利润，特指应当计入当期损益、会导致所有者权益发生增减变动的、与所有者投入资本或者向所有者分配利润无关的利得或者损失。比如企业接受的财产捐赠、债务重组收益等计入营业外收入，导致利润的上升，最终导致所有者权益增加；而税收罚款、滞纳金等支出计入营业外支出，导致利润降低，从而减少企业的所有者权益。直接计入当期利润的利得和损失，是通过"营业外收入"和"营业外支出"两个账户核算的。

1.4 会计要素的确认

小企业会计是对其会计要素进行确认、计量、记录和报告的一个有机整体，所以确认与计量是会计的两个重要内容。企业在对会计要素进行确认和计量时必须遵循一定的规则与要求。

1.4.1 会计要素的确认

1.4.1.1 确认的含义

确认是指确定将交易或事项中的某一项目作为一项会计要素加以记录和列入财务报表的过程，是财务会计的一项重要程序。确认主要解决某一个项目是否应确认、如何确认和何时确认三个问题，它包括在会计记录中的初始确认和在会计报表中的最终确认。

1.4.1.2　确认的条件

（1）初始确认的条件。有关项目要确认为一项会计要素，首先必须符合该会计要素的定义，然后必须符合下列两个条件：

① 与该项目有关的任何未来经济利益很可能会流入或流出企业。这里的"很可能"表示经济利益流入或流出的可能性在50%以上。

② 该项目具有的成本和价值以及流入或流出的经济利益能够可靠地计量。如果不能可靠计量，确认就没有任何意义了。

（2）最终确认的条件。经过确认和计量后，会计要素必须在财务报表中列示。而在报表中列示的条件是：符合会计要素定义和会计要素确认条件的项目，才能列示在报表中；仅仅符合会计要素定义，而不符合要素确认条件的项目，是不能在报表中列示的。

①资产、负债、所有者权益要素列入资产负债表。

②收入、费用、利润要素列入利润表。

1.4.2　各会计要素的确认条件及报表列示

1.4.2.1　资产要素的确认条件及列示

符合前述资产定义的资源，在同时满足以下条件时，确认为资产：

（1）与该资源有关的经济利益很可能流入企业；

（2）该资源的成本或者价值能够可靠地计量。

符合资产定义和资产确认条件的项目，应当列入资产负债表；符合资产定义、但不符合资产确认条件的项目，不应当列入资产负债表。

1.4.2.2　负债要素的确认条件及列示

符合前述负债定义的义务，在同时满足以下条件时，确认为负债：

（1）与该义务有关的经济利益很可能流出企业；

(2)未来流出的经济利益的金额能够可靠地计量。

符合负债定义和负债确认条件的项目,应当列入资产负债表;符合负债定义、但不符合负债确认条件的项目,不应当列入资产负债表。

1.4.2.3 所有者权益要素的确认条件及列示

所有者权益体现的是所有者在企业中的剩余权益,因此,所有者权益的确认主要依赖于其他会计要素,尤其是资产和负债的确认;所有者权益金额的确定也取决于资产和负债的计量。例如,企业接受投资者投入的资产,在该资产符合资产定义且满足确认条件确认为资产后,就相应地符合了所有者权益的确认条件;当该资产的价值能够可靠地计量时,所有者权益的金额也就可以确定了。

所有者权益项目应当列入资产负债表。

1.4.2.4 收入的确认条件及列示

企业收入的来源渠道很多,不同收入来源的特征有所不同,其确认条件也就存在差异。一般而言,收入只有在经济利益很可能流入从而导致企业资产增加或者负债减少、经济利益的流入额能够可靠计量时才能予以确认。即收入的确认应同时符合以下条件:

(1)与收入相关的经济利益很可能流入企业,经济利益流入企业的结果会导致资产的增加或者负债的减少;

(2)经济利益的流入额能够可靠计量。

符合收入定义和收入确认条件的项目,应当列入利润表。

1.4.2.5 费用的确认及列示

费用的确认除了应当符合费用的定义外,在同时满足下列条件时才能确认为费用:

(1)与费用相关的经济利益很可能流出企业,经济利益流出企业的结果是导致资产的减少或者负债的增加;

(2)经济利益的流出额能够可靠计量。

企业为生产产品、提供劳务等发生的可归属于产品成本、劳务成本等的费用,应当在确认产品销售收入、劳务收入等时,将已销售产品、已提供劳务的成本等予以确认并计入当期损益。

企业发生的支出不产生经济利益的,或者即使能够产生经济利益但不符合或者不再符合资产确认条件的,应当在交易或者事项发生时确认为费用,计入当期损益。

企业发生的交易或者事项导致其承担了一项负债而又不确认为一项资产的,应当在发生时确认为费用,计入当期损益。

符合费用定义和费用确认条件的项目,应当列入利润表。

1.4.2.6 利润的确认与列示

利润是收入减去费用、利得减去损失后的净额,因此利润的确认主要依赖于收入、费用、利得、损失的确认;利润金额取决于收入和费用、直接计入当期利润的利得和损失金额的计量。

利润项目应当列入利润表。

1.5 会计要素计量属性

计量属性是指所予计量的某一要素的特性方面,如原材料的重量、厂房的面积、道路的长度等。从会计角度讲,计量属性反映的是会计要素的确定基础。在基本会计准则中规定了五种计量属性,即历史成本、重置成本、可变现净值、现值和公允价值。

1.5.1 历史成本

历史成本又称为实际成本,就是企业取得或制造某项资产时所实际支付的现金或现金等价物。在历史成本计量下,资产按照购置时支付的现金或者现金等价物的金额,或者按照购置资产时所付出的对价的公允价值计量。负债按照因承担现时义务而实际收到的款项或者资产的金额,或者承担现时义务的合同金额、或者按照日常活动中为偿还负债预期需要支付的现金或者现金等价物的金额计量。

1.5.2 重置成本

重置成本又称为现行成本,是指在当期市场条件下,重新取得同样一项资产所需支付的现金或现金等价物的金额。在重置成本计量下,资产按照现在购买相同或者相似资产所需支付的现金或者现金等价物的金额计量;负债按照现在偿付该项债务所需支付的现金或者现金等价物的金额计量。在现实中,重置成本多用于固定资产盘盈的计量等。

1.5.3 可变现净值

可变现净值是指在正常生产经营过程中,以预计售价减去进一步加工成本和预计销售费用以及相关税费后的净值。在可变现净值计量下,资产按照其正常对外销售所能收到现金或者现金等价物的金额扣减该资产至完工时估计将要发生的成本、销售费用以及相关税费后的金额计量。可变现净值通常应用于存货资产减值情况下的后续计量。

1.5.4 现值

现值是指将未来的现金流量以恰当的折现率进行折现后的价值,它是考虑了货币时间价值的一种计量属性。在现值计量下,资产按照预计从其持续使用和最终处置中所产生的未来净现金流入量的折现金额计量;负债按照预计期限内需要偿还的未来净现金流出量的折现金额计量。现值通常应用于非流动资产可回收金额和以摊余成本计量的金融资产价值的确定等。

1.5.5 公允价值

公允价值是指在公平交易中,熟悉情况的交易双方自愿进行资产交换或者债务清偿的金额。在公允价值计量下,资产和负债按照在公平交易中,熟悉情况的交易双方自愿进行资产交换或者债务清

21

偿的金额计量。

1.6 小企业会计工作组织

1.6.1 小企业的会计人员

1.6.1.1 小企业会计人员具备的基本条件

小企业配备的会计人员必须具备两个基本条件：一是必须配备持有会计从业资格证书的会计人员。会计从业资格证书是会计人员从事会计工作的必备条件，任何小企业都不得配备和使用未取得会计从业资格证的会计人员。二是配备的会计人员必须具备必要的会计专业知识和专业技能，熟悉国家有关法律、法规和财务会计制度，遵守会计职业道德。

1.6.1.2 会计机构负责人和会计主管人员

会计机构负责人、会计主管人员是小企业负责会计工作的中层领导人员，对包括会计基础工作在内的所有会计工作起组织、管理作用。他们的任职资格必须符合《会计法》和《会计基础工作规范》的具体要求，即担任小企业会计机构负责人、会计主管人员除必须取得会计从业资格证书外，还应当具备会计师以上专业技术职务资格或者有从事会计工作三年以上的经历。

1.6.2 会计工作岗位

小企业应当在会计机构和会计人员中建立岗位责任制，定人员、定岗位，明确分工，各司其职，这样有利于会计工作程序化、规范化，有利于落实责任和会计人员钻研分管的业务，有利于提高工作效率和工作质量。

小企业会计工作岗位主要有：会计机构负责人或者会计主管人员、出纳、财产物资核算、工资核算、成本费用核算、财务成果核算、资金核算、往来结算、总账报表、稽核、档案管理等。开展会计电算化的小企业可以根据要求设置相应的电算化岗位。

小企业设置会计岗位的基本原则和规范性要求有三个:一是会计岗位可以一人一岗、一人多岗或者一岗多人,但应当符合企业内部牵制制度的要求,出纳人员不得兼管稽核、会计档案保管,以及收入、费用、债权债务账目的登记工作;二是会计人员的工作岗位应当有计划地进行轮岗,以促进会计人员全面熟悉业务,不断提高业务素质;三是会计岗位的设置由小企业根据会计业务的需要确定。

1.6.3　会计人员回避制度

目前,虽然有关的会计法规只对国家机关、国有企业、事业单位任用会计人员实行会计人员回避制度,但是小企业也应当实行会计人员回避制度,即:小企业领导人的直系亲属不得担任本企业的会计机构负责人或会计主管人员;会计机构负责人或者会计主管人员的直系亲属不得在本企业会计机构中担任出纳工作;出纳人员不得监管稽核、会计档案保管,以及收入、费用、债权债务账目工作。

需要回避的直系亲属为:直系血亲关系、三代以内旁系血亲以及配偶关系。

1.6.4　会计人员职业道德

会计人员职业道德是会计人员从事会计工作应当遵循的道德标准,主要包括六个方面:

(1)敬岗爱岗,即会计人员应当热爱本职工作,努力钻研业务,使自己的知识和技能适应所从事工作的需要。

(2)熟悉法规,即会计人员应当熟悉财经法律、法规和国家统一会计制度,并结合会计工作进行广泛宣传。

(3)依法办事,即开会人员应当按照会计法律、法规、规章制度的程序和要求进行会计工作,保证所提供的会计信息合法、真实、准确、及时、完整。

(4)客观公正,即会计人员办理会计事项应当实事求是、客观公正。

(5)搞好服务,即会计人员应当熟悉本企业的生产经营和业务管理情况,运用掌握的会计信息和会计方法,为改善企业内部管理、提高经济效益服务。

(6)保守秘密,即会计人员应当保守本企业的商业秘密,除法律规定和企业领导人同意外,不得私自向外界提供或者泄露企业的会计信息。

1.7 小企业的会计记录方式

为了保证会计核算口径的一致性以及增强不同小企业间的会计信息或同一小企业不同会计期间的会计信息的可比性,需要统一会计记录的方式。

1.7.1 记账本位币

小企业的会计核算应以人民币为记账本位币;业务收支以人民币以外的货币为主的小企业,可以选定其中一种货币作为记账本位币,但是编报的财务会计报告应当折算为人民币。

小企业发生外币业务时,应当将有关外币金额折合为记账本位币金额记账。除另有规定外,所有与外币业务有关的账户,应当采用业务发生时的汇率或业务发生当期期初的汇率折合;期末,小企业的各种外币账户的外币余额应当按照期末汇率折合为记账本位币。

1.7.2 会计记录的文字

小企业会计记录的文字应当使用中文。在民族自治地区,会计记录可以同时使用一种当地通用的民族文字。

第2章 小企业会计核算方法

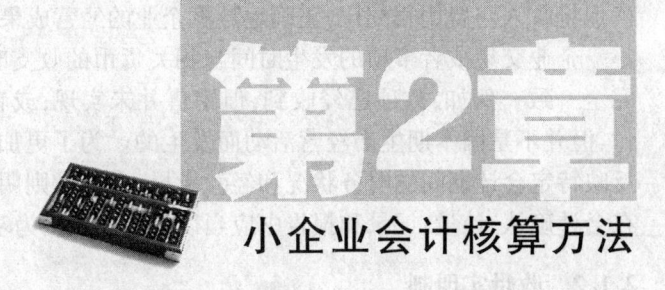

2.1 小企业会计基础

会计核算建立在一定的会计基础之上,在具体的会计实务中,有两个会计基础:一是权责发生制;二是收付实现制。前者是小企业的会计基础,后者是非盈利单位的会计基础。

2.1.1 权责发生制

小企业应当以权责发生制为基础进行会计确认、计量和报告。这是我国对企业会计基础的制度规范。

权责发生制又称应收应付制,它是以收入和费用是否已经发生为标准来确认本期收入和费用的一种会计基础。权责发生制要求:凡是当期已经实现的收入和已经发生或应当负担的费用,不论款项是否已经收付,都应当作为当期的收入和费用计入利润表;凡是不属于当期的收入和费用,即使款项已在当期收付,也不应当作为当期的收入和费用。

权责发生制是与收付实现制相对的一种确认和记账基础,是从时间选择上确定的基础,其核心是根据权责关系的实际发生和影响期间来确认企业的收入和费用。建立在该基础上的会计模式可以正确地将收入与费用相配比,正确地计算企业的经营成果。

企业交易或者事项的发生时间与相关货币的收支时间有时并不完全一致。例如,款项已经收到,但销售并未实现;或者款项已经支付,但并不是因本期生产经营活动而发生的。为了更加真实、公允地反映特定会计期间的财务状况和经营成果,会计准则明确规定,企业在会计确认、计量、记录和报告中应当以权责发生制为基础。

2.1.2 收付实现制

收付实现制是与权责发生制相对应的一种确认和记账基础,也称现金制或现收现付制,它是以收到或支付现金作为确认收入和费用的依据的一种方法。其主要内容是:凡是在本期收到的收入或支付的费用,不论是否属于本期,都应当作为本期的收入和费用处理,而对于应收、应付、预收、预付等款项均不予以确认。目前,我国的行政单位会计采用收付实现制;事业单位除经营业务采用权责发生制外,其他业务都采用收付实现制。

企业会计核算应当以权责发生制为基础,要求企业日常的会计账务处理必须以权责发生制为基础进行,企业主要会计报表如资产负债表、利润表、股东权益变动表等都必须以权责发生制为基础来编制和披露;但是现金流量表的编制基础却是收付实现制,必须按照收付实现制来确认现金要素和现金流量。

2.2 小企业的会计科目与账户

2.2.1 小企业的会计科目

2.2.1.1 会计科目的意义

会计科目是对小企业会计对象的具体内容进行分类核算所规定的项目。

会计核算的对象是各单位能以货币表现的经济活动,具体表现为若干会计要素。企业经济业务的发生,必然引起资产、负债、所有者权益、收入和费用等会计要素的增减变化。会计工作如果只是记录每一笔经济业务而不加以分类归纳,就无从反映由于生产经营过程的进行而引起的每项资产、负债和所有者权益以及收益、费用的增减变化情况及其结果。为了系统地、分门别类地、连续地核算和监督各项经济业务的发生情况以及由此引起的各项会计要素的增减变化情况,为企业内部经营管理和企业外部有关方面提供一系列具体的分类的数量指标,把价值形式的综合核算和财产物资的实物核算有机地结合起来,有效地控制财产物资的实物形态,就必须将会计要素按其经济内容或用途作进一步的分类,并赋予每一类别一个含义明确、概念清楚、简明扼要、通俗易懂的名称。这种对会计对象的具体内容,即会计要素进一步分类的项目就叫做会计科目。每一个会计科目都代表着特定的经济内容,如将资产中的房屋、建筑物、机具设备等劳动资料归为一个类别,称它们为"固定资产",在这里,固定资产就是一个会计科目,代表房屋、建筑物、机具设备等劳动资料。

2.2.1.2 小企业设置会计科目的原则

一个小企业应如何设置会计科目以及设置多少会计科目,要和这个企业的经营特点、经营规模和业务繁简以及管理要求相适应:既不要过分复杂繁琐,增加不必要的工作量,又不能简单粗糙,使各项经济内容混淆不清。因此,具体设置时应遵循以下原则:

(1)会计科目的设置必须符合《小会计会计制度》或《企业会计准则——应用指南》的规定。

统一规定小企业会计科目的编号,以便于编制会计凭证,登记账簿,查阅账目,实行会计电算化。小企业不得随意打乱重编。某些会计科目之间留有空号,供增设会计科目之用。

(2)会计科目必须结合本企业会计对象的特点设置。

① 在不影响对外提供统一的财务会计报告的前提下,小企业可以根据实际情况自行增设或减少某些会计科目。

· 27 ·

② 明细科目的设置,除《小企业会计制度》已有规定者外,在不违反该制度统一要求的前提下,小企业可以根据需要自行确定。

③ 对于会计科目名称,小企业可以根据本企业的具体情况,在不违背会计科目使用原则的基础上,确定适合于本企业的会计科目名称。

(3)制定企业统一的会计科目名称和编号。

小企业要按照《小企业会计制度》或《企业会计准则——应用指南》的规定,并结合自身的特点,制定本企业统一的会计科目名称和编号表(如表2-1所示)。小企业应该设置的基本会计科目按其经济内容分为资产类、负债类、所有者权益类、成本类、损益类五大类。

表2-1　　　　会计科目名称和编号表

顺序号	编号	会 计 科 目 名 称	顺序号	编号	会 计 科 目 名 称
		一、资产类			二、负债类
1	1001	库存现金	44	2001	短期借款
2	1002	银行存款	45	2201	应付票据
3	1012	其他货币资金	46	2202	应付账款
4	1101	交易性金融资产	47	2203	预收账款
5	1121	应收票据	48	2211	应付职工薪酬
6	1122	应收账款	49	2221	应交税费
7	1123	预付账款	50	2231	应付利息
8	1131	应收股利	51	2232	应付股利
9	1132	应收利息	52	2241	其他应付款
10	1221	其他应收款	53	2401	递延收益
11	1231	坏账准备	54	2501	长期借款
12	1401	材料采购	55	2701	长期应付款
13	1402	在途物资	56	2702	未确认融资费用
14	1403	原材料	57	2711	专项应付款
15	1404	材料成本差异	58	2801	预计负债
16	1405	库存商品	59	2901	递延所得税负债

表2-1(续)

顺序号	编号	会 计 科 目 名 称	顺序号	编号	会 计 科 目 名 称
17	1406	发出商品			三、所有者权益类
18	1407	商品进销差价	60	4001	实收资本
19	1408	委托加工物资	61	4002	资本公积
20	1411	周转材料	62	4101	盈余公积
21	1471	存货跌价准备	63	4103	本年利润
22	1501	持有至到期投资	64	4104	利润分配
23	1502	持有至到期投资减值准备			四、成本类
24	1503	可供出售金融资产	65	5001	生产成本
25	1511	长期股权投资	66	5101	制造费用
26	1512	长期股权投资减值准备	67	5201	劳务成本
27	1521	投资性房地产	68	5301	研发支出
28	1531	长期应收款			五、损益类
29	1532	未实现融资收益	69	6001	主营业务收入
30	1601	固定资产	70	6051	其他业务收入
31	1602	累计折旧	71	6061	汇兑损益
32	1603	固定资产减值准备	72	6101	公允价值变动损益
33	1604	在建工程	73	6111	投资收益
34	1605	工程物资	74	6301	营业外收入
35	1606	固定资产清理	75	6401	主营业务成本
36	1611	未担保余值	76	6402	其他业务成本
37	1701	无形资产	77	6403	营业税金及附加
38	1702	累计摊销	78	6601	销售费用
39	1703	无形资产减值准备	79	6602	管理费用
40	1711	商誉	80	6603	财务费用
41	1801	长期待摊费用	81	6701	资产减值损失
42	1811	递延所得税资产	82	6711	营业外支出
43	1901	待处理财产损溢	83	6801	所得税费用
			84	6901	以前年度损益调整

2.2.2　会计账户

账户是按照规定的会计科目对各项经济业务进行分类并系统、连续记录的形式。实际上它是根据会计科目在账簿中开设户名,用来记录资产、负债、所有者权益等会计要素增减变动情况,提供各该类别静态和动态指标的工具。

账户的名称是根据会计科目来定的,所登记的内容与有关会计科目所规定的经济内容也是一致的。在实际工作中也常把会计科目称为账户。

小企业一般按照会计科目来设置总分类账和明细分类账。

总分类账户简称总账或者一级账户,它是根据总分类科目来设置的,是以货币为计量单位,对企业经济业务的具体内容进行总括核算的账户。它能够提供会计对象某一类具体内容的总括核算指标,只能用货币量度计量;同时总账无法提供说明企业各方面情况的详细会计信息,因此还必须设置明细分类账。明细分类账简称明细账,既可以用货币进行量度,也可以采用其他计量单位(如实物单位)对企业的某一经济业务进行详细核算的账户。它能够提供某一具体经济业务的明细情况,除了提供货币价值的会计信息外,还可以提供实物量或者劳动量表示的各种信息资料。

总分类账是所属明细分类账的统驭账户,对所属明细账起着控制作用;而明细账是有关总账的从属账户,对总账起辅助作用。某一总分类账户及其所属明细分类账户核算的内容是相同的,但前者提供的资料是总括的,后者提供的资料是具体详细的。如果某一总分类账户所属明细分类账户的层次较多,还可以按会计科目的细分方法,将明细账进一步分设为二级账户、三级账户等。

2.3 小企业的会计记账方法——借贷记账法

2.3.1 借贷记账法的基本原理

借贷记账法是以"资产=负债+所有者权益"这一会计恒等式为理论依据,以"借"和"贷"作为记账符号,按照"有借必有贷,借贷必相等"的记账规则来记录经济业务的一种复式记账方法。

2.3.2 借贷记账法的账户结构

2.3.2.1 资产类账户结构

对用来记录资产的账户,资产的增加额记入账户的借方,减少额记入账户的贷方,账户若有余额,一般在借方(与登记增加余额在同一方向),表示期末资产余额。其格式如表2-2所示。

表2-2

借方	资产类账户	贷方
期初结余额 本期增加额		本期减少额
本期借方发生额(增加额合计)		本期贷方发生额(减少额合计)
期末结余额		

该账户期末结余额计算公式如下:

借方期末余额=借方期初余额+借方本期发生额-贷方本期发生额

2.3.2.2 负债和所有者权益类账户结构

负债和所有者权益账户的贷方登记增加额,借方登记减少额,如有余额,一般在贷方反映。其格式如表2-3所示。

表2-3

借方	权益类账户	贷方
	期初结余额	
本期减少额	本期增加额	
本期借方发生额(减少额合计)	本期贷方发生额(增加额合计)	
	期末结余额	

该账户期末结余额计算公式如下：

贷方期末余额 = 贷方期初余额 + 贷方本期发生额 - 借方本期发生额

2.3.2.3 收入类账户结构

对用来记录收入的账户,收入的增加额记入账户的贷方,减少额(或转销额)记入账户的借方。期末结束时,本期收入增加额减去本期收入减少额后的差额,转入所有者权益账户,期末没有余额。其格式如表2-4所示。

表2-4

借方	收入类账户	贷方
	期初结余额	
本期减少额	本期增加额	
本期借方发生额(减少额合计)	本期贷方发生额(增加额合计)	

2.3.2.4 费用类账户结构

对于用来记录费用的账户,费用的增加额记入账户的借方,减少额(或转销额)记入账户的贷方,期末一般无余额。如有余额,必定为借方余额,表示期末尚未转销的费用额。其格式如表2-5所示。

表2-5

借方	费用类账户	贷方
	期初结余额	
本期增加额	本期减少额	
本期借方发生额(增加额合计)	本期贷方发生额(减少额合计)	

根据以上对各类账户结构的说明,可以把一切账户借方和贷方所记录的经济内容加以归纳。如表2-6所示。

表2-6

借方	贷方
资产增加	资产减少
负债减少	负债增加
所有者权益减少	所有者权益增加
收入减少	收入增加
费用增加	费用减少

2.3.3 借贷记账法的记账规则

借贷记账法的记账规则是"有借必有贷,借贷必相等",即对发生的每一笔经济业务都以相等的金额,按借贷相反的方向,在两个或两个以上相互联系的账户中进行登记。即在一个账户中记借方,同时在另一个或几个账户中记贷方;或者在一个账户中记贷方,同时在另一个或几个账户中记借方。记入借方的金额同记入贷方的金额相等。

2.3.4 借贷记账法的试算平衡

借贷记账法有账户发生额试算平衡法和账户余额试算平衡法两种。前者是根据借贷记账法的记账规则来确定的,后者是根据资产等于权益(负债与所有者权益之和)的平衡关系原理来确定的。

(1)余额平衡法:

期末(初)余额借方合计=期末(初)余额贷方合计

(2)发生额平衡法:

本期发生额借方合计=本期发生额贷方合计

试算平衡是以总分类账户所记录的期初、期末余额和本期发生额为依据,编制"总分类账户本期发生额试算表"和"总分类账户期末余额试算表"进行的。两表也可以合二为一。表2-7是某小企业的试算平衡表。

表2-7 总分类账户本期发生额及余额表(试算平衡表)

2011年1月

账户名称	期初余额 借方	期初余额 贷方	本期发生额 借方	本期发生额 贷方	期末余额 借方	期末余额 贷方
固定资产	80 000		50 000		130 000	
原材料	65 000		5 000	6 500	63 500	
现金	2 900				2 900	
银行存款	28 000			9 500	18 500	
应收账款	24 100				24 100	
银行借款		35 000	20 000	5 000		20 000
应付账款		25 000	5 000	5 000		25 000
实收资本		140 000		75 500		215 500
生产成本			6 500		6 500	
主营业务收入				9 500		9 500
管理费用			5 000		5 000	
合计	200 000	200 000	101 500	101 500	260 500	260 500

2.4 小企业的会计凭证

小企业应当按照《小企业会计制度》和《会计基础工作规范》的有关规定,根据本企业的实际情况选择设置适用的会计凭证。

2.4.1 会计凭证的种类

小企业总的来讲应当设置原始凭证和记账凭证,其主要种类如图2-1所示。

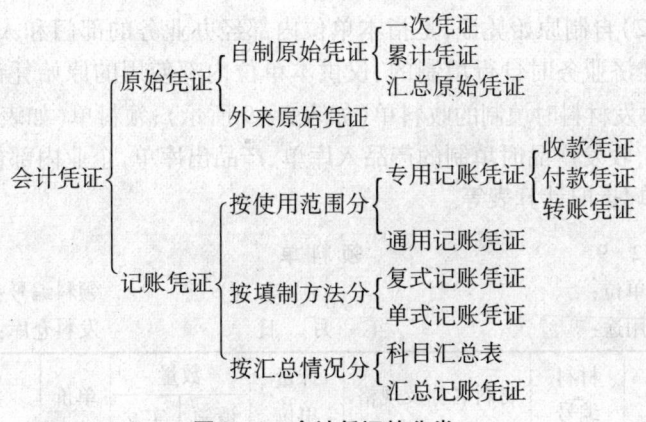

会计凭证 {
　原始凭证 {
　　自制原始凭证 { 一次凭证 / 累计凭证 / 汇总原始凭证 }
　　外来原始凭证
　}
　记账凭证 {
　　按使用范围分 { 专用记账凭证 { 收款凭证 / 付款凭证 / 转账凭证 } / 通用记账凭证 }
　　按填制方法分 { 复式记账凭证 / 单式记账凭证 }
　　按汇总情况分 { 科目汇总表 / 汇总记账凭证 }
　}
}

图 2-1　会计凭证的分类

2.4.2　原始凭证

2.4.2.1　小企业经常采用的原始凭证按其来源分类

（1）外来原始凭证，是指经济业务发生或完成时，从其他外部的往来单位或个人那里直接取得的原始凭证。如购买货物时取得的增值税专用发票（如表 2-8 所示），银行转来的收账通知单，出差时的车票和住宿票等。

表 2-8　　　　　　　增值税专用发票

开票日期：　　年　月　日　　　　（发票）联　　　　　　　NO：

购货单位	名称		纳税人登记号	
	地址电话		开户银行及账号	
商品或应税劳务名称	计量单位	数量	单价	金　额 百十万千百十元角分	税率(%)	税　额 百十万千百十元角分
合计						
价税合计（大写）	仟　佰　拾　万　仟　佰　拾　元　角　分　¥					
销货单位	名称		纳税人登记号			
	地址电话		开户银行及账号			

35

(2)自制原始凭证,是指本单位内部经办业务的部门和人员,在办理经济业务时自行填制的、仅供本单位内部使用的原始凭证。如仓库收发材料时填制的收料单(如表2-9所示)、领料单(如表2-10所示),收发产品时填制的产品入库单、产品出库单,企业内部使用的借款单、折旧计算表等。

表2-9　　　　　　　　　　领 料 单

领料单位：　　　　　　　　　　　　　　　　　　领料编号：
领料用途：　　　　　　年　月　日　　　　　　　发料仓库：

材料类别	材料编号	材料名称及规格	计量单位	数量		单价	金额
				请领	实发		
备注						合计	

发料人：　　　　　领料部门主管：　　　　领料人：　　　　记账：

表2-10　　　　　　　　　　发 料 单

供货单位：　　　　　　　　　　　　　　　　　　凭证编号：
发票编号：　　　　　　年　月　日　　　　　　　收料仓库：

材料类别	材料编号	材料名称及规格	计量单位	数量		金额			
				应收	实发	单价	买价	运杂费	合计
备注						合计			

保管员：　　　　　　　　　　发料人：

2.4.2.2　小企业经常采用的原始凭证按其填制手续的不同分类

(1)一次凭证,是指填制手续一次完成,用以记录一项或若干项

· 36

同类经济业务的原始凭证。所有的外来原始凭证都是一次凭证,自制原始凭证中的绝大多数也是一次凭证。如前述的增值税专用发票、收料单、领料单、产品入库单、产品出库单、借款单等,都是一次凭证。

(2)累计凭证,是指在规定期限内,随着经济业务的多次、连续发生,分次填制,连续反映某一种经济业务,能够多次使用的自制原始凭证。其典型代表是工业企业的限额领料单。其格式见表2-11所示。

表2-11　　　　　　　　限额领料单

领料单位:　　　　　　　　　　　　　　　领料编号:
领料用途:　　　　　　年　月　日　　　发料仓库:

材料类别	材料编号	材料名称及规格	计量单位	领用限额	实际领用	单价	金额	备注

供应部门负责人:　　　　　　生产计划部门负责人:

日期	领用				退料			限额结余
	请领数量	实发数量	发料人签章	领料人签章	退料数量	退料人签章	收料人签章	

(3)汇总凭证,也称原始凭证汇总表,是指对一定时期内反映相同经济业务内容的若干张原始凭证,按照一定的标准汇总填制的原始凭证。汇总原始凭证简化了核算手续,还能直接为管理提供某些综合指标,所以在小企业的某些业务中普遍使用。如发出材料汇总表(如表2-12所示)、工资结算汇总表、差旅费报销单等。

表 2-12　　　　　　　　发出材料汇总表
　　　　　　　　　　　年　月　日

会计科目	领料部门	领用材料			
		原材料	包装物	低植易耗品	合计
生产成本	一车间				
	二车间				
	小计				
	供电车间				
	供水车间				
	小计				
制造费用	一车间				
	二车间				
	小计				
管理费用	行政部门				

会计主管：　　　　　记账：　　　　　复核：　　　　　填制：

小企业可根据自己的实际情况选择适当的会计凭证。

2.4.2.3　小企业填写原始凭证的基本要求

原始凭证是编制记账凭证的依据，填制原始凭证是会计工作的起点。因此，真实、正确地填制原始凭证是保证会计核算工作质量的第一道关口。

原始凭证的填制必须符合下列基本要求：

(1) 记录真实性。

原始凭证所要求的经济业务内容和数字必须如实填写、真实可靠，符合实际情况。

(2) 书写规范化。

原始凭证的填写，文字要简洁，字迹要清楚，不得乱造简化字。

大小写金额必须相符且填写规范，大写金额一律用汉字壹、贰、叁、肆、伍、陆、柒、捌、玖、拾、佰、仟、万、亿、元、角、分、零、整等，且用

· 38

正楷或行书体书写。"人民币"字样和大写金额之间不得留有空白,大写金额前未印有"人民币"字样的,应加写"人民币";大写金额到元或角为止的,后面要写"整"字。小写金额用阿拉伯数字逐个书写,不得写连笔字,阿拉伯数字前应该填写货币币种符号,如人民币符号"￥",美元符号"＄"。币种符号和金额之间不得留有空白,金额一律填写到角分,无角分的,写"00"。原始凭证的填写出现错误的,不得随意涂改、刮擦或挖补。

(3) 内容完整性。

原始凭证上要求填写的项目必须逐一填写齐全,不得遗漏或省略。

(4) 手续完备性。

无论是自制原始凭证,还是外来原始凭证,都必须有填制单位的公章和经办人员的签名盖章。取得的原始凭证必须手续完备,以明确经济责任,确保原始凭证的合法性和真实性。

(5) 填制及时性。

各种原始凭证一定要及时填制,要在经济业务发生、执行或完成时予以填制,不可拖延填制或事后再进行追记。同时按规定的程序及时送交会计部门,由会计部门审核后编制记账凭证。

2.4.3 记账凭证

记账凭证又称记账凭单,是会计人员根据审核无误的原始凭证(或原始凭证汇总表)编制的、以会计分录为核心内容的会计凭证,是登记账簿的直接依据。

2.4.3.1 适合小企业的记账凭证

(1) 收款凭证,是指用于记录现金和银行存款收款业务的记账凭证。收款凭证又可分为现金收款凭证和银行存款收款凭证。收款凭证是登记现金日记账和银行存款日记账以及有关明细账和总分类账的依据,也是出纳人员收入款项的依据,其格式如表2－13所示。

表 2-13　　　　　　　收　款　凭　证

应借科目＿＿＿＿＿＿　　　年　　月　　日　　　＿＿＿收字第＿＿＿号

摘　要	应贷科目		√	√	金　额	附件
	一　级	二级或明细			千百十万千百十元角分	
						张
合　　　计						

会计主管　　　　　记账　　　　　稽核　　　　　出纳　　　　　填制

（2）付款凭证，是指用于记录现金和银行存款支付业务的记账凭证。付款凭证又可分为现金付款凭证和银行存款付款凭证。同样道理，付款凭证是登记现金日记账和银行存款日记账以及有关明细账和总分类账的依据，也是出纳人员支付款项的依据。其格式如表 2-14 所示。

表 2-14　　　　　　　付　款　凭　证

应贷科目＿＿＿＿＿＿　　　年　　月　　日　　　＿＿＿付字第＿＿＿号

摘　要	应借科目		√	√	金　额	附件
	一　级	二级或明细			千百十万千百十元角分	
						张
合　　　计						

会计主管　　　　　记账　　　　　稽核　　　　　出纳　　　　　填制

如果发生的经济业务同时涉及现金与银行存款的收付时,为避免重复记录,只填制付款凭证。

(3)转账凭证,是指用于记录不涉及现金和银行存款收付业务的记账凭证。其格式如表2-15所示。

表2-15 　　　　　　　转　账　凭　证

　　　　　　　　　　　　　年　　月　　日　　　　　　转字第＿＿＿号

摘　要	会　计　科　目	√	借　　方	贷　　方	附件
	一　级	二级或明细		千百十万千百十元角分	千百十万千百十元角分	
						张
合　　　　计						

会计主管　　　　　　记账　　　　　　稽核　　　　　　填制

(4)通用记账凭证,是指对所有经济业务不加分类区别,全部采用一种统一格式的记账凭证,在实际中常常简称为记账凭证,其格式与转账凭证基本相同,如表2-16所示。

(5)汇总记账凭证——科目汇总表。小企业可以将一定时期内全部记账凭证进行汇总,编制为一张记账凭证汇总表,在会计实际工作中,汇总记账凭证又常称为科目汇总表,其格式如表2-17所示。

表2-16 记 账 凭 证

年　月　日　　　　　字第　号

摘　要	科　目		√	借方金额	贷方金额	
	总账科目	明细科目		亿千百十万千百十元角分	亿千百十万千百十元角分	附件
						张
合　　计						

会计主管：　　　记账：　　　出纳：　　　复核：　　　制单：

表2-17　　　　　　　科目汇总表

年　月　日至　日　　　　　第　号

会计科目	总账页数	本期发生额		记账凭证起讫号数
		借方	贷方	
合计				

　　(6)分类汇总记账凭证。小企业可以定期将一定时期内的各种专用记账凭证分别按照科目汇总编制汇总记账凭证,包括汇总收款凭证、汇总付款凭证和汇总转账凭证(分别如表2-18、表2-19和表2-20所示)。

表 2-18　　　　　　　　汇总收款凭证
借方科目：　　　　　　　年　　　月　　　　　　　汇收字第　号

贷方科目	金　额				总账账页	
	1~10日收款凭证号数	11~20日收款凭证号数	21~31日收款凭证号数	合计	借方	贷方

会计主管：　　　　　记账：　　　　　审核：　　　　　填制：

表 2-19　　　　　　　　汇总付款凭证
贷方科目：　　　　　　　年　　　月　　　　　　　汇付字第　号

借方科目	金　额				总账账页	
	1~10日付款凭证号数	11~20日付款凭证号数	21~31日付款凭证号数	合计	借方	贷方

会计主管：　　　　　记账：　　　　　审核：　　　　　填制：

表 2-20　　　　　　　　汇总转账凭证
贷方科目：　　　　　　　年　　　月份　　　　　　汇转字第　号

借方科目	金　额				总账账页	
	1~10日转款凭证号数	11~20日转款凭证号数	21~31日转款凭证号数	合计	借方	贷方

会计主管：　　　　　记账：　　　　　审核：　　　　　填制：

2.4.3.2 记账凭证的填制要求

(1)根据审核无误的原始凭证填制。

(2)填写的内容必须完整、正确。

摘要栏的填写,一要真实,二要简明;正确地编制会计分录,必须按照会计制度统一规定的会计科目填写,不得任意篡改会计科目名称或以会计科目编号代替科目名称;根据经济业务的内容确定会计科目的对应关系和金额;记账凭证上应有有关人员的签名或盖章;应注明原始凭证的张数。

(3)记账凭证应连续编号。

如果采用通用记账凭证,其编号可采取顺序编号法,即按月编顺序号,业务较少的单位也可按年编顺序号。

如果采用的是收、付、转专用记账凭证,则其编号可采取字号编号法,即把不同类型的记账凭证分别编顺序号。如"收字第×号"、"付字第×号"、"转字第×号";如果一项经济业务需要填制一张以上的记账凭证,则要采用分数编号法,如一笔转账业务为第18笔,涉及三张记账凭证,则这三张记账凭证的编号分别为"转字第18 1/3号"(第一张)、"转字第18 2/3号"(第二张)、"转字第18 3/3号"(第三张)。不论采用哪种编号,都应在每个月月末最后一张记账凭证的编号旁加注"全"字,以便于复核与日后查阅。

(4)账凭证应附有原始凭证。

(5)填制记账凭证时发生错误的,应当重新填制。

(6)记账凭证中的空行应当注销。

(7)实行电算化的小企业,采用机制的记账凭证应符合手工记账凭证的一切要求,并且打印出的记账凭证要加盖有关单位的公章和经办人员的签名。

2.5 小企业的会计账簿

2.5.1 日记账

(1)普通日记账。普通日记账也称通用日记账或分录簿,是指用来序时记录全部经济业务发生情况的日记账,一般只设借方和贷方两个金额栏,以满足编制会计分录的需要。其格式如表 2-21 所示。

表 2-21　　　　　普通日记账(分录簿)　　　　第　页

2004年		摘　要	账户名称	记账	借方	贷方
月	日					
3	1	购买办公用品	管理费用		10 000	
			银行存款			10 000
	3	收回 A 公司欠货款	银行存款		200 000	
			应收账款			200 000
		……				

根据小企业业务量较少的特点,我们认为小企业设置普通日记账比较好。其优点在于:普通日记账就是分录簿,设置了普通日记账后,就不用再设置记账凭证了,用一本普通日记账就可以反映小企业的所有经济业务,减少了编制记账凭证的工作,提高了会计核算的效率。

(2)现金日记账。现金日记账,是指用来核算和监督库存现金每天的收入、支出和结存情况的账簿。现金日记账由出纳人员根据同现金收付有关的记账凭证,按时间顺序逐日逐笔进行登记,即根据现金收款凭证和与现金有关的银行存款凭证(从银行提现的业务)登记现金收入,根据现金付款凭证登记现金支出;并根据"上日余额+本日收入-本日支出=本日余额",结出现金账存数,与库存现金实存数核对,以核实账实是否相符。

小企业通常采用三栏式现金日记账,其格式如表2-22所示。

表2-22　　　　　　现　金　日　记　账

第　　页　　　　　　　　　　　　　年度

年		记账凭证		摘要	对方科目	总页	借方	√	贷方	√	余额	√
月	日	收款	付款				千百十万千百十元角分		千百十万千百十元角分		千百十万千百十元角分	

注:对于存现或提现业务,只填写付款凭证,凭证号数栏只填写"现付×号"。

(3)银行存款日记账。银行存款日记账是用来核算和监督银行存款每天的收入、支出和结存情况的账簿,由出纳人员根据同银行存款收付有关的记账凭证,按时间顺序逐日逐笔进行登记,即根据银行存款收款凭证和有关的现金收款凭证(现金存入银行的业务)登记银行存款收入,根据银行存款付款凭证登记银行存款支出;并根据"上日余额+本日收入-本日支出=本日余额",结出银行存款账存数,定期与银行送来的对账单核对,以保证账实相符。

银行存款日记账的格式与现金日记账的格式基本相同,所不同的仅是结算凭证栏要根据银行的结算凭证来登记。三栏式银行存款日记账的格式如表2-23所示。

表 2-23　　　　　　　　　銀行存款日记账　　账　号 _____
　　　　　　　　　　　　　　　　　　　　　　　存款种类 _____
　　　　　　　　　　　　　　年度　　　　　　　　　　　第　　页

| 年 | 记账凭证 | 摘要 | 支票 | 对方 | 借方 | √ | 贷方 | √ | 余额 | √ |
| 月 日 | 收款付款 | (外汇收支应说明原币及汇率) | 种类 号数 | 科目 | 千百十万千百十元角分 | | 千百十万千百十元角分 | | 千百十万千百十元角分 | |

2.5.2 总分类账簿

总分类账簿简称总账,是全面、系统、综合地反映和记录小企业经济活动的概况,并为编制会计报表提供依据的账簿。每一个小企业都必须根据会计科目表来设置总分类账。总分类账必须采用三栏式订本式账簿,其格式如表 2-24 所示。

表 2-24　　　　　　　　　　　总分类账
账户名称:原材料　　　　　　　　　　　　　　　　　　　第　　页

| 年 | | 凭证 | 摘要 | 借方 | 贷方 | 借或贷 | 余额 |
月	日	号数					
12	5	转1	购 A 材料	800 000.00		借	800 000.00
	7	转3	购 A 材料	202 000.00			
	8	转5	生产领用 A 材料		601 200.00		
	10	转8	购 B 材料	600 000.00			
		……					
12	31		本期发生额及余额	1 810 000.00	1 101 400.00	借	708 600.00

2.5.3 明细分类账簿

明细分类账简称明细账,是与总分类账的核算内容一致,但按照更加详细的分类,反映小企业某一具体类别经济活动的财务收支情况的账簿。它对总分类账起补充说明的作用,它所提供的资料也是编制会计报表的重要依据。

明细分类账可根据核算的需要,可依据记账凭证、原始凭证或汇总原始凭证逐日逐笔登记,也可定期汇总登记。一般来讲,固定资产、债权、债务等明细账应逐日逐笔登记;库存商品、原材料收发明细账以及收入、费用等明细账既可以逐笔登记,也可定期汇总登记;现金、银行存款账户已设置了日记账的,不必再设明细账。

明细分类账簿一般采用活页式账簿或卡片式账簿,其格式主要有三栏式、数量金额式和多栏式三种。

(1) 三栏式明细分类账设置有借、贷、余三个金额栏,不设数量栏。三栏式明细分类账的格式与三栏式总分类账的格式基本相同,只是总分类账是订本式账簿,而明细分类账多为活页式账簿。它适用于只进行金额核算的账户,如应收账款、应付账款、应交税费等往来结算账户,以及短期借款、待摊费用、预提费用等账户。

(2) 数量金额式明细分类账设置有收入、发出和结存三个大栏,在三栏内再分别设置有数量、单价和金额栏。它一般适用于既要反映金额又要反映数量的经济业务的核算,如原材料、库存商品、包装物、低值易耗品等存货账户的明细分类核算。数量金额式明细分类账能起到加强财产物资的实物管理和使用监督的作用,可以保证这些财产物资的安全完整。数量金额式明细分类账的格式如表 2-25 所示。

(3) 多栏式明细分类账是根据经济业务的特点及经营管理的需要,在同一账页内分设若干专栏,用于登记明细项目多、借贷方向单一的经济业务的明细账。它一般适用于只需要进行金额核算而不需要进行数量核算,并且管理上要求进一步反映项目构成情况的费用成本、收入成果类账户。如材料采购、制造费用、管理费用、财务费用、

表 2-25　　　　　　明 细 分 类 账

类别：　　　　　　　　　　　　　　　　　　计划单价：
名称和规格：　　　　　　　　　　　　　　　储备定额：
计量单位：　　　　　　　　　　　　　　　　存放地点：
　　　　　　　　　　　　　　　　　　　　　　　　第　　页

年		凭证号数	摘要	收入			发出			结存		
月	日			数量	单价	金额	数量	单价	金额	数量	单价	金额

营业外支出等明细账，一般采用借方多栏式明细分类账格式，贷方发生额用红字在借方有关专栏内登记，以示从借方发生额中冲转，其一般格式如表 2-26 所示。产品销售收入、营业外收入等明细账，一般采用贷方多栏式明细分类账格式。本年利润、利润分配、应交税费等明细账，一般采用借贷方都是多栏式的明细分类账格式，其格式如表 2-27 所示。

表 2-26　　　　　材料采购 明 细 分 类 账

明细科目：A 型材料　　　　　　　　　　　　　　　第　　页

年		凭证号数	摘要	借方			金额
月	日			买价	运费	合计	
12	1	转3	购入 10 吨	5 400.00		5 400.00	5 400.00
	6	付7	支付运费		350.00	350.00	350.00
	12	转12	结转实际采购成本	5 400.00	350.00	5 750.00	0.00
	31		本月合计	5 400.00	350.00	5 750.00	0.00
				5 400.00	350.00	5 750.00	

表2-27　　　　应交税费——应交增值税 明 细 分 类 账

第　　　页

年		凭证号数	摘要	借方			贷方				借或贷	金额
月	日			合计	进项税额	已交税额	合计	销项税额	出口退税	进项税转出		

2.5.4 备查账簿

备查账簿又称辅助账簿（备查簿），它一般不需要复式记账，仅需要反映某项经济活动的增减情况。它的格式和种类随小企业的实际需要而定。比如"应收票据备查登记簿"如表2-28所示。

表2-28　　　　　　　应收票据备查登记簿

票据种类：　　　　　　　　　　　　　　　　　　　　　　　第　　　页

年		凭证		摘要	合同		票据基本情况				承兑人及单位名称	背书人及单位名称	贴现		承兑		转让		
月	日	字	号		字	号	号码	签发日期	到期日期	金额			日期	净额	日期	金额	日期	受理单位	票面金额	实收金额

2.6 小企业开账、对账和结账

2.6.1 小企业开账

开账就是开设新账和启用新账。

新设立的小企业，第一次使用账簿，称为建账，也就是这里说的开账；持续经营的小企业，在每个新会计年度伊始，除固定资产明细账等少数分类账簿，因数量多，其价值变动又不大，可以连续跨年度使用外,其他的分类账簿和日记账簿均应在新年度开始时开设新账。

为了保证账簿记录的合法性、安全性、明确记账责任,启用新账时,都必须认真填写账簿扉页上的"账簿启用登记表"和"经管人员一览表",其格式如表 2-28 所示。按照表中要求填写,并加盖单位公章和经管人员的印章。中途更换记账人员时,应当清楚填写交接日期、交接人员和监督人员,并签字盖章,以明确责任。

表 2-28　　　　账簿启用和经管人员一览表

账簿名称:＿＿＿＿＿＿　　　　　　单位名称:＿＿＿＿＿＿

账簿编号:＿＿＿＿＿＿　　　　　　账簿册数:＿＿＿＿＿＿

账簿页数:＿＿＿＿＿＿　　　　　　启用日期:＿＿＿＿＿＿

会计主管:＿＿＿＿＿＿　　　　　　记账人员:＿＿＿＿＿＿

移交日期			移交人		接管日期			接管人		会计主管	
年	月	日	姓名	签章	年	月	日	姓名	签章	姓名	签章

2.6.2　小企业对账

对账是指会计人员对会计账簿记录进行核对的工作。为了保证账簿所提供的会计资料真实可靠,为编制会计报表提供正确的依据,各单位应当定期将会计账簿记录与实物、款项及其有关资料相互核对,以保证会计账簿记录与实物及款项的实有数额相符、会计账簿记录与会计凭证的有关内容相符、会计账簿记录与会计报表的有关内容相符。

小企业会计对账工作的主要内容和核对方法有:

2.6.2.1　账证核对

账证核对是指将会计账簿记录与会计凭证相核对,做到账证相符。这是保证账账相符、账实相符的基础。账证核对的方法一般采用抽查法,如果发现差错,则要逐步核对至最初的凭证,直到找到错误的原因为止。

2.6.2.2 账账核对

账账核对是指利用各种会计账簿之间的勾稽关系,使账簿之间的有关数据核对相符。账簿之间的核对具体包括:

(1)总分类账簿之间的核对。按照"有借必有贷,借贷必相等"的记账规则,总分类账簿中全部账户的借方发生额合计数与贷方发生额合计数、期末借方余额合计数与贷方余额合计数存在平衡关系,通过对其分别核对,使之相符。通过这种核对,可以检查总分类账记录是否正确完整。这项核对工作通常采用总分类账户本期发生额和余额对照表(简称"试算平衡表")来完成,如果核对结果不平衡,则说明记账有误,应查明更正。其格式如表 2-29 所示。

表 2-29 分类账户本期发生额和余额对照表(试算平衡表)

账户名称	期初余额		本期发生额		期末余额	
	借方	贷方	借方	贷方	借方	贷方
现金						
银行存款						
应收账款						
……						
合计						

(2)总分类账簿与所属明细分类账簿之间的核对。总分类账簿中全部账户的期末余额应与其所属各明细分类账账户的期末余额之和核对相符。

(3)分类账簿与序时账簿的核对。在我国会计实务工作中,单位必须设置现金日记账和银行存款日记账。现金日记账必须每天与库存现金核对相符,银行存款日记账必须定期与银行对账单核对。在此基础上,现金日记账和银行存款日记账的期末余额还应与现金总账和银行存款总账的期末余额核对相符。

(4)会计部门的有关财产物资明细账与财产物资保管部门或使用部门的保管账(卡)之间的核对。核对方法一般是由财产物资保管部门或使用部门定期编制收发结存汇总表报会计部门核对。

2.6.2.3 账实核对

账实核对是指将各种财产物资、债权债务等账簿的账面余额与各项财产物资、货币资金等的实存数额相核对。账实之间核对的具体内容包括：

(1)现金日记账的账面余额与库存现金数额核对是否相符。

(2)银行存款日记账的账面余额与银行对账单的余额核对是否相符。

(3)各项财产物资明细账的账面余额与财产物资的实有数核对是否相符。

(4)有关债权债务明细账的账面余额与往来单位的账面记录核对是否相符。

账实之间的核对采用实地盘点法,即通过对各种实物资产进行实地盘点,确认其实存数,然后与账存数核对,看是否相符。如不符,先调整账存数,然后查明原因,做出相应的会计处理。单位银行存款的账实核对则是采用与银行或往来单位核对账目的方法来进行。

2.6.3 小企业结账

2.6.3.1 结账的含义及步骤

结账是指在会计期末(月末、季末或年末),将各种会计账簿记录结算清楚,即结出各个账户的本期发生额和期末余额,以便为编制会计报表提供资料的一项会计核算工作。各个单位必须按照有关结账的具体规定定期进行结账。结账的基本步骤和内容是：

(1)检查本期发生的经济业务是否全部登记入账。在结账前应先检查是否将本期发生的经济业务全部登记入账,并保证账簿记录的正确、完整。

(2)按照权责发生制原则进行期末账项调整和结转。账项的调整和结转是结账工作的重心,具体包括:应计收入账项、应计费用账项、收入分摊、成本费用分摊、财产盘盈盘亏等的调整和结转,以及损益类科目的结转等。

(3)结出各种账户的本期发生额和期末余额。在完成上述工作以后,就可以采用划线结账法结出各种账户的本期发生额和期末余额。

2.6.3.2 结账方法

小企业在会计实务中,期末结账可分为月结、季结和年结。

(1)月结。每月结账时,要在最后一笔经济业务记录的数字下通栏划一单红线,在红线下结出本月发生额和余额,在摘要栏注明"本月发生额及余额"或"本月合计"字样,然后在数字下面再通栏划一单红线,以便区分本月业务和下月业务。月末如无余额,应在余额栏内写"平"或"θ"符号,然后在数字下面再通栏划一单红线。对于需逐月结算本年累计发生额的账簿,在结出本月发生额和余额后,应在下一行增加"本年累计发生额",然后在数字下面再通栏划一单红线。对于本月未发生金额变化的账户,可不进行月结。

(2)季结。每季度终了时,结算出本季度三个月的发生额合计数,写在月结数的下一行内,在摘要栏注明"×季度季结"字样,并再在数字下面通栏划一单红线。

(3)年结。年底,应在12月份月结数字下,结算填列全年12个月的发生额合计数,在摘要栏注明"本年发生额及余额"或"本年合计"字样,然后在年结数字下面通栏划双红线,表示封账。结账后,根据各账户的年末余额,结转下年,并在摘要栏内填写"结转下年"字样。在下年度新账第一行余额栏内填写上年结转的余额,并在摘要栏内填写"上年结转"字样。

2.7 小企业的会计核算形式

2.7.1 会计核算形式的意义

会计核算形式,又称会计核算组织形式,是指在会计核算中,会计凭证组织、会计账簿组织和账务处理程序相互结合的会计核算工作的方式。

会计凭证组织是指会计核算中使用的会计凭证的种类、格式以及各种凭证之间的相互关系;会计账簿组织是指在会计核算中使用的会计账簿的种类、格式以及各种账簿之间的相互关系;账务处理程序是指从填制会计凭证到登记账簿,最后形成会计报表的方法和步骤。所以,会计核算形式实质上是将会计方法、会计技术和会计工作的组织融合在一起的技术组织方式。

小企业只有选择一个科学合理的、适合本单位的会计核算形式,才能搞好会计核算工作,把账务处理工作组织得井然有序。因为科学合理的会计核算形式能克服会计核算中的混乱差错,提高会计工作质量;可以使各项会计核算工作得到最佳的协调配合,有利于提高会计核算工作效率,节约核算费用;而且可以提高会计资料的有用性,有利于加强会计管理。

2.7.2 会计核算形式的种类

在会计实务中,由于会计凭证、会计账簿和账务处理程序有多种多样的结合形式,因而就形成了各种各样的会计核算形式。

小企业必须根据自身的生产经营特点、企业规模的大小、业务繁杂程度以及现有的会计人员数量和素质来建立会计核算形式。所以,每一个企业都不能照搬别人的形式,而应当按本单位的实际加以改造,并随着企业的发展而不断改进和完善。

小企业建立的会计核算形式要在保证会计核算质量的前提下,尽可能简化会计核算手续,剔除不必要的功能,减少账务处理中的重复劳动,提高会计核算工作的效率,节约会计核算工作中的人力、物力和财力的耗费。

根据小企业的实际情况,比较适合小企业的会计核算形式主要有:普通日记账核算形式、记账凭证核算形式、科目汇总表核算形式。这些核算形式尽管在凭证组织、账簿组织及具体的账务处理步骤上有所不同,但其基本的核算程序是相同的。这些共同的程序如图2-2所示。

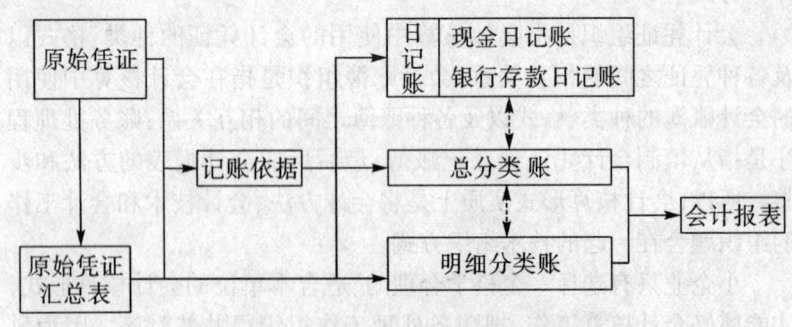

说明: ——→ 表示制证、登账、编表; ←--→ 表示核对。

图2-2 会计核算形式的基本程序

以上几种会计核算形式的主要区别是登记总账的依据和方法不同,因而引起了会计凭证和账簿的组织相异。

2.7.3 普通日记账核算形式

普通日记账核算形式是指对于小企业的一切经济业务都根据原始凭证或原始凭证汇总表登记普通日记账,再根据普通日记账的记录来逐笔登记总账的一种会计核算形式。由于普通日记账可以起到分录簿的作用,所以,该核算形式的特点就表现为不设置记账凭证,而是设置一本普通日记账来记录小企业的全部经济业务,在普通日记账上编制全部会计分录,直接用它来逐笔登记总分类账。

2.7.3.1 会计凭证组织

在普通日记账核算形式下只设置原始凭证,不设置记账凭证。

2.7.3.2 会计账簿组织

在普通日记账核算形式下分别设置日记账和分类账两类会计账簿。

(1)小企业的日记账通常设置三种:现金日记账、银行存款日记账和普通日记账。

现金日记账、银行存款日记账采用三栏式账页,并采用订本式账簿,分别序时记录现金、银行存款的收付款业务。

小企业设置普通日记账来代替记账凭证,以简化会计核算工作。普通日记账采用两栏式账页,并采用订本式账簿。

(2)分类账分别设置总账和明细账两种。总账按照使用的一级会计科目分别开设账户,采用借、贷、余三栏式订本账。明细账按照小会计制度的有关规定,结合本企业管理的需要,根据各类经济业务的特点,分别采用三栏式、多栏式、数量金额式等格式;明细账一般使用活页式或卡片式账簿。

2.7.3.3 账务处理程序

在普通日记账核算形式下,整个账务处理程序是:

第一,据原始凭证或原始凭证汇总表编制记账凭证;

第二,据普通日记账登记现金日记账和银行存款日记账;

第三,根据普通日记账登记明细账;

第四,根据普通日记账登记总分类账;

第五,月末,总分类账簿与日记账簿的有关记录相核对;总分类账簿与明细分类账簿的有关记录相核对;

第六,月末进行结账,试算平衡和编制会计报表。

普通日记账核算形式下的凭证组织、账簿组织和账务处理程序的有机结合如图2-3所示。

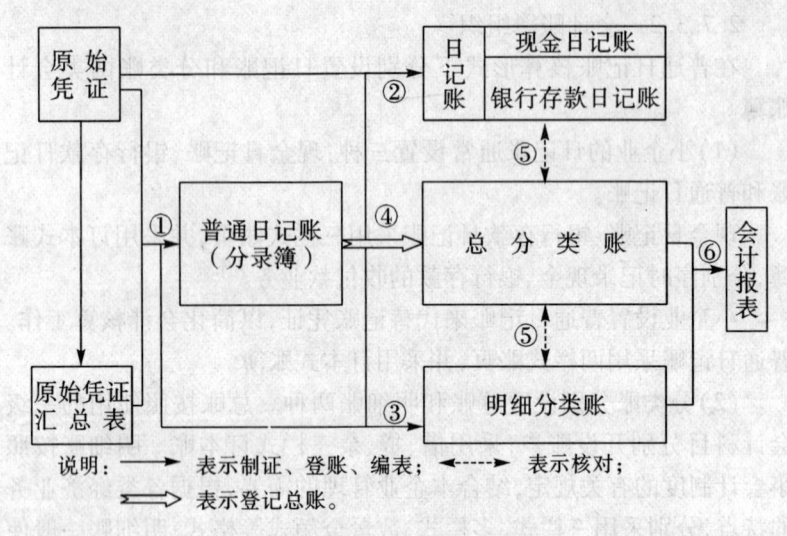

```
        ┌──────┐                    ┌──┬──现金日记账──┐
        │原 始 │─────②─────────────→│日记│            │
        │凭 证 │                    │账 │银行存款日记账│
        └──────┘                    └──┴─────────────┘
            │                              ↑⑤
            │       ┌──────────┐           ↓       ┌──────┐
            │  ①   │普通日记账 │   ④   ┌────────┐ ⑥│会计  │
            ├──────→│(分录簿)  │──────→│总分类账 │──→│报表  │
            │       └──────────┘       └────────┘   └──────┘
            │                              ↑⑤
        ┌──────┐                      ┌────────┐
        │原始凭证│────③────────────→│明细分类账│
        │汇总表  │                    └────────┘
        └──────┘

    说明：─────→ 表示制证、登账、编表；  ←----→ 表示核对；
          ══════→ 表示登记总账。
```

图 2-3 普通日记账核算形式图示

普通日记账核算形式主要适用于规模较小，业务量较少，记账凭证不多、会计人员较少的小企业。

2.7.4 记账凭证核算形式

记账凭证核算形式是指对于一切经济业务都根据原始凭证或原始凭证汇总表编制记账凭证，再根据记账凭证逐笔登记总账的一种会计核算形式。其特点是直接根据每张记账凭证逐笔登记总分类账。它是用记账凭证来代替普通日记账，并根据记账凭证来直接登记总账和明细账。

2.7.4.1 会计凭证组织

在记账凭证核算形式下应当设置两类原始凭证。一类是原始凭证；另一类是记账凭证。即可以设置专用记账凭证如收款凭证、付款凭证和转账凭证等，也可采用通用记账凭证。

2.7.4.2 会计账簿组织

除了不设置普通日记账外，其他的会计账簿组织与普通日记账核算形式完全相同。

2.7.4.3 账务处理程序

将普通日记账核算形式登记账簿的依据改为记账凭证就可以了,步骤不变。

记账凭证核算形式下的凭证组织、账簿组织和账务处理程序的有机结合如图 2-4 所示。

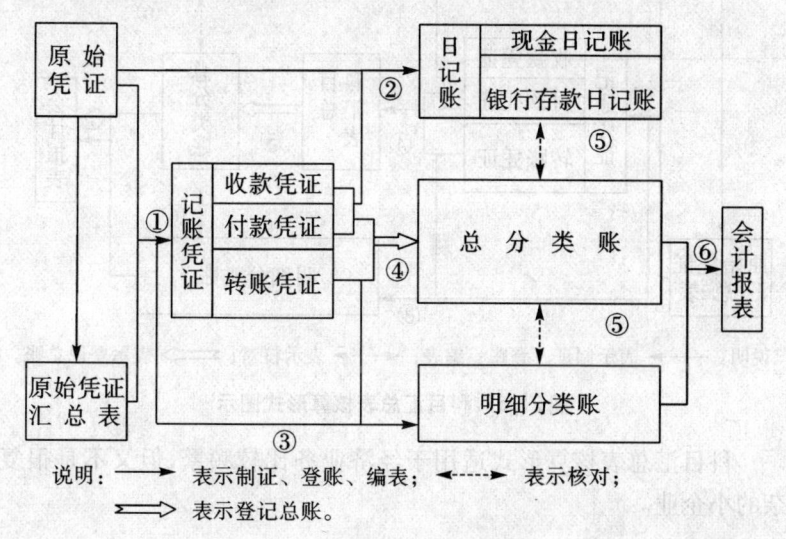

图 2-4 记账凭证核算形式图示

说明：→ 表示制证、登账、编表；----→ 表示核对；
⇒ 表示登记总账。

记账凭证核算形式主要适用于规模较小,业务量较少,记账凭证不多的小企业。

2.7.5 科目汇总表核算形式

科目汇总表核算形式是指定期将所有记账凭证编制成科目汇总表,然后再根据科目汇总表直接登记总分类账的一种核算形式。它是在记账凭证核算形式的基础上,通过增设科目汇总表,并以该表作为登记总账的直接依据而形成的,这也是科目汇总表核算形式区别于其他核算形式的最大特点。其他的会计账簿组织和账务处理程序与前面的形式大同小异。

科目汇总表形式下的凭证组织、账簿组织和账务处理程序的有机结合如图2-5所示。

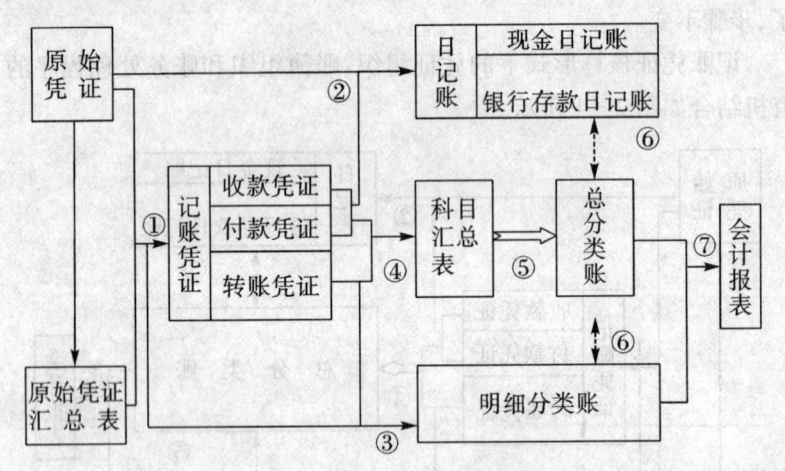

图 2-5 科目汇总表核算形式图示

说明：──→ 表示制证、登账、编表；◀----▶ 表示核对；⇒ 表示登记总账。

科目汇总表核算形式适用于经济业务比较频繁，但又不是很复杂的小企业。

第3章 小企业结算方式

3.1 小企业结算方式的种类

3.1.1 结算的概念

结算是指小企业在与其他单位或个人的经济业务往来中使用现金、票据、信用卡、汇兑、托收承付、委托收款等结算方式进行货币给付及资金结算的行为。

小企业在其生产经营过程中,必然与各方面发生经济联系,产生资金结算关系。所以,小企业必须选择合理的结算方式,一方面加速资金的周转,另一方面保护资金的安全,促进小企业的健康发展。

3.1.2 结算方式的种类

按支付货币的形式不同,结算方式分为现金结算和转账结算两种。

3.1.2.1 现金结算方式

现金结算方式是指小企业在其生产经营活动中直接使用现金进行交易和支付的结算方式。

3.1.2.2 转账结算方式

转账结算方式,是指通过银行划付清算,办理转账的结算方式,所以,也称银行结算方式,包括三票、一卡、一证、三种方式,如图 3 – 1 所示。

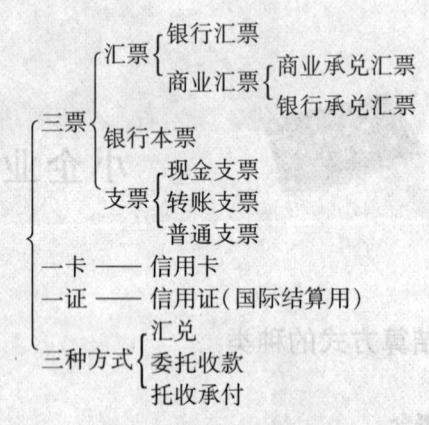

```
        ┌ 汇票 ┌ 银行汇票
        │      └ 商业汇票 ┌ 商业承兑汇票
        │                 └ 银行承兑汇票
   三票 ┤ 银行本票
        │      ┌ 现金支票
        └ 支票 ┤ 转账支票
               └ 普通支票
   一卡 ── 信用卡
   一证 ── 信用证(国际结算用)
               ┌ 汇兑
   三种方式 ┤ 委托收款
               └ 托收承付
```

图 3 – 1 银行结算方式

国内转账结算方式也分为票据结算方式和非票据结算方式。

(1)票据结算方式,是指采用汇票(包括银行汇票和商业汇票)、银行本票和支票进行结算的方式。

(2)非票据结算方式,是指由银行通过记账形式划转款项,包括信用卡、汇兑、托收承付、委托收款四种结算方式。

小企业因各种业务办理的结算,除少量使用现金结算外,大部分通过银行办理转账结算。

3.2 现金结算方式

3.2.1 现金管理与控制

3.2.1.1 现金含义

现金是指可以随时用来购买所需物资、支付有关费用、偿还债务和存入银行的货币性资产,在小企业资产中流动性最强。现金有广义和狭义之分。狭义的现金指小企业的库存现金;广义的现金就是会计上的货币资金,包括库存现金、银行存款和其他货币资金。现金结算方式中的现金是指狭义的现金。

根据国家现金管理制度和结算制度的规定,小企业必须按照国务院发布的《现金管理暂行条例》规定收支和使用现金,加强现金管理,并接受开户银行的监督。

3.2.1.2 现金的使用范围

小企业与各单位和职工之间的经济往来中,只可在下列范围内使用现金:

(1)职工工资、各种工资性津贴;

(2)个人劳务报酬;

(3)支付给个人的各种奖金;

(4)各种劳保、福利费用以及国家规定的对个人的其他现金支出;

(5)收购单位向个人收购农副产品和其他物资支付的价款;

(6)出差人员必须随身携带的差旅费;

(7)结算起点以下的零星支出;

(8)确实需要现金支付的其他支出。

3.2.1.3 现金结算的起点

小企业采用现金结算的起点为1 000元。超过1 000元的,除上述范围内可以用现金结算的款项外,其他款项的结算一律通过银行进行转账结算。

3.2.1.4 小企业现金的库存限额

小企业的现金库存限额由开户银行根据实际需要核定,一般是小企业3至5天的日常零星开支所需的现金。边远地区和交通不便地区的小企业的库存现金限额,可以适当放宽,但最多不得超过15天的日常零星开支。

经核定的库存现金限额,小企业必须严格遵守。需要增加或者减少库存现金限额的,应当向开户银行提出申请,由开户银行核定。

小企业由于生产或业务变化,需要增加或减少库存现金限额的,应向开户银行提出申请,经批准后再行调整。

3.2.1.5 小企业现金收支的规定

(1)小企业收入现金应于当日送存开户银行,当日送存确有困难的,由开户银行确定送存时间。

(2)小企业支付现金,可以从本企业现金库存中支付或者从开户银行提取,不得从本单位的现金收入中直接支付,即不得坐支。

需要坐支现金的小企业,要事先报经开户银行审查批准,由开户银行核定坐支范围和限额。坐支企业必须在现金账上如实反映坐支金额,并按月向开户银行报送坐支金额和使用情况。

(3)小企业从开户银行提取现金的,应当如实写明用途,由本单位财会部门负责人签字盖章,并经开户银行审查批准,予以支付。

(4)因采购地点不确定、交通不便、抢险救灾以及其他特殊情况,办理转账结算不够方便但必须使用现金的开户单位,要向开户银行提出书面申请,由本企业财会部门负责人签字盖章,开户银行审查批准后,予以支付。

(5)小企业必须建立健全现金账目,逐笔记载现金收付,账目要日清月结,做到账款相符。不准用不符合财务制度的凭证顶替库存现金;不准单位之间相互借用现金;不准谎报用途套取现金;不准利用银行账户代其他单位和个人存入或支取现金;不准将单位收入的现金以个人名义储蓄;不准保留账外公款(即小金库);禁止发行变相货币,不准以任何票券代替人民币在市面上流通。

3.2.2 现金的会计核算

为了总括反映小企业现金的收支和结存情况,小企业应当设置"库存现金"总账,进行总分类核算,同时应设置"现金日记账"进行序时核算。

3.2.2.1 现金收入的账务处理

【例3-1】光华公司从银行提取现金100 000元,备发工资。

借:库存现金　　　　　　　　　　　　　　　100 000
　　贷:银行存款　　　　　　　　　　　　　　100 000

【例3-2】光华公司收到实现的销售款800元和增值税额136元。

借:库存现金　　　　　　　　　　　　　　　936
　　贷:主营业务收入　　　　　　　　　　　　800
　　　　应交税费——应交增值税(销项税额)　136

【例3-3】收回应收款项950元。

借:库存现金　　　　　　　　　　　　　　　950
　　贷:应收账款　　　　　　　　　　　　　　950

【例3-4】出差人员王强报销费用2 500元,交回剩余的差旅费500元。

借:库存现金　　　　　　　　　　　　　　　500
　　管理费用　　　　　　　　　　　　　　　2 500
　　贷:其他应收款　　　　　　　　　　　　　3 000

【例3-5】收到供应单位因不履行合同而赔偿的款项1 000元。

借:库存现金　　　　　　　　　　　　　　　1 000
　　贷:营业外收入　　　　　　　　　　　　　1 000

3.2.2.2 现金支付的账务处理

【例3-6】光华公司购买A材料,价款780元,增值税额132.6元。

借:材料　　　　　　　　　　　　　　　　　780
　　应交税费——应交增值税(进项税额)　　　132.6
　　贷:库存现金　　　　　　　　　　　　　　912.6

【例3-7】支付职工工资100 000元。

借:应付工资　　　　　　　　　　　　　　　100 000
　　贷:库存现金　　　　　　　　　　　　　　100 000

【例3-8】用现金购买办公用品500元。

借：管理费用　　　　　　　　　　　　　　　　500
　　贷：库存现金　　　　　　　　　　　　　　　500

【例3-9】购买印花税票200元。

借：管理费用　　　　　　　　　　　　　　　　200
　　贷：库存现金　　　　　　　　　　　　　　　200

【例3-10】王强借支差旅费3 000元。

借：其他应收款　　　　　　　　　　　　　　3 000
　　贷：库存现金　　　　　　　　　　　　　　3 000

【例3-11】将销售款1 500元存入银行。

借：银行存款　　　　　　　　　　　　　　　1 500
　　贷：库存现金　　　　　　　　　　　　　　1 500

3.3　票据结算方式

在票据结算方式中，主要包括银行汇票、商业汇票、银行本票和支票的结算方式。

3.3.1　银行汇票结算方式

3.3.1.1　银行汇票的含义及特点

银行汇票是出票银行签发的，由其在见票时按照实际结算金额无条件支付给收款人或者持票人的票据。银行汇票的特点是：票随人到，人到款到，可以做到一手交钱、一手交货，方便小企业急需用款和及时采购的业务结算，使用灵活，既可转账，也可提现。小企业凭银行汇票购货，余款自动退回，可以做到钱货两清，防止不合理的预付账款和尾款拖欠，而且银行汇票保证支付，收款单位能够迅速获得款项。因此，银行汇票是目前到异地灵活使用款项中较为普遍采用的一种结算方式。

3.3.1.2 银行汇票结算的主要规定

(1)银行汇票的出票银行为银行汇票的付款人。

(2)签发的银行汇票必须记载下列事项:

①标明"银行汇票"的字样;

②无条件支付的承诺;

③确定的金额;

④付款人名称;

⑤收款人名称;

⑥出票日期;

⑦出票人签章。

欠缺上列记载事项之一的,银行汇票无效。

(3)银行汇票的提示付款期。银行汇票自出票起1个月内(按次月对日计算,无对日的,月末日为到期日,遇法定休假日顺延),持票人超过付款期限提示尚未办理付款的,代理付款人不予受理。

3.3.1.3 银行汇票结算的办理

银行汇票由企业财务人员负责办理,其结算一般分为申请、出票、结算、兑付、余款退回五个步骤。银行汇票结算流程图如图3-2所示。

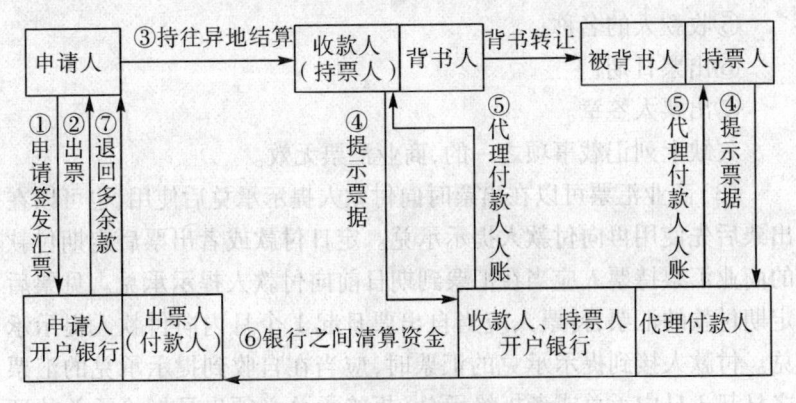

图3-2 银行汇票结算流程图

3.3.2 商业汇票结算方式

3.3.2.1 商业汇票的含义及分类

（1）商业汇票是指由出票人签发的，委托付款人在指定日期无条件支付确定的金额给收款人或者持票人的票据。

（2）商业汇票按承兑人不同，可分为商业承兑汇票（由银行以外的付款人承兑）和银行承兑汇票（由银行承兑）两种。所谓承兑是指汇票的付款人承诺在汇票到期日支付汇票金额给收款人或持票人的票据行为。承兑仅限于商业汇票，付款人承兑商业汇票时应当在汇票正面记载"承兑"字样和承兑日期并签章。

3.3.2.2 使用商业汇票结算的主要规定

（1）在银行开立存款账户的法人以及其他组织之间，必须具有真实的交易关系或债权债务关系，才能使用商业汇票。

（2）签发商业汇票必须记载下列事项：

①标明"商业承兑汇票"或"银行承兑汇票"的字样；

②无条件支付的委托；

③确定的金额；

④付款人的名称；

⑤收款人的名称；

⑥出票日期；

⑦出票人签章。

欠缺上列记载事项之一的，商业汇票无效。

（3）商业汇票可以在出票时向付款人提示承兑后使用，也可以在出票后先使用再向付款人提示承兑。定日付款或者出票后定期付款的商业汇票持票人应当在汇票到期日前向付款人提示承兑。见票后定期付款的汇票，持票人应当自出票日起 1 个月内向付款人提示承兑。付款人接到提示承兑的汇票时，应当在自收到提示承兑的汇票之日起 3 日内承兑或者拒绝承兑（拒绝承兑必须出具拒绝承兑的证明）。

(4) 商业汇票的付款期限,最长不得超过 6 个月(按到期月的对日计算,无对日的,月末日为到期日,遇法定休假日顺延)。

① 定日付款的汇票付款期限自出票日起计算,并在汇票上记载具体的到期日;

② 出票后定期付款的汇票付款期限自出票日起按月计算,并在汇票上记载;

③ 见票后定期付款的汇票付款期限自承兑或拒绝承兑日起按月计算,并在汇票上记载。

(5) 商业汇票的提示付款期限,自汇票到期日起前 10 日内。

(6) 符合条件的商业汇票的持票人可持未到期的商业票向银行申请贴现。

3.3.2.3 商业汇票结算的办理

商业承兑汇票和银行承兑汇票结算的具体办理步骤为:商业(银行)承兑汇票的签发及承兑、收款人收款、付款人付款。商业承兑汇票和银行承兑汇票的结算流程图分别如图 3-3 和图 3-4 所示。

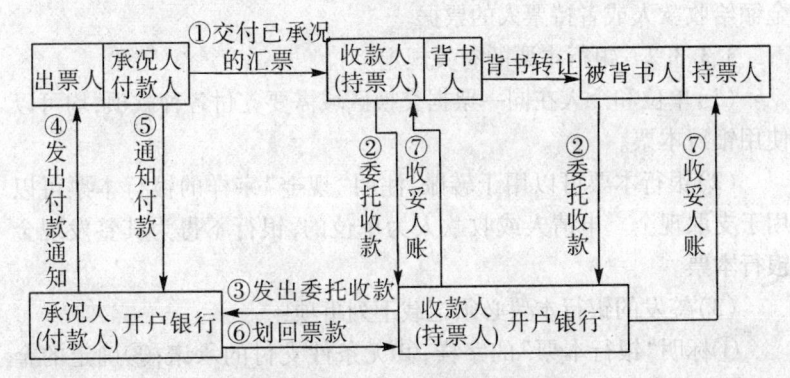

图 3-3 商业承兑汇票结算流程图

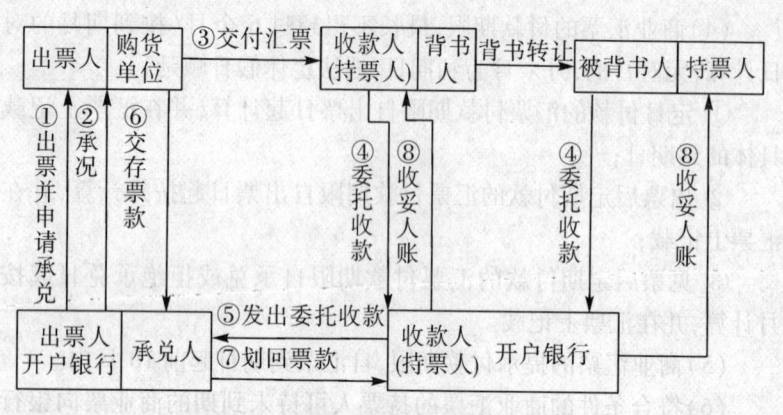

图 3-4 银行承兑汇票结算流程图

3.3.3 银行本票结算方式

3.3.3.1 银行本票的含义

银行本票,是指由银行签发的、承诺在见票时无条件支付确定的金额给收款人或者持票人的票据。

3.3.3.2 银行本票的有关规定

(1)单位和个人在同一票据交换区域需要支付各种款项,均可以使用银行本票。

(2)银行本票可以用于转账,注明"现金"字样的银行本票可以用于支取现金。申请人或收款人为单位的,银行不得为其签发现金银行本票。

(3)签发的银行本票必须记载下列事项:
①标明"银行本票"的字样;②无条件支付的承诺;③确定的金额;④收款人名称;⑤出票日期;⑥出票人签章。

欠缺上列记载事项之一的,银行本票无效。

(4)银行本票的提示付款期限,自出票日起不得超过两个月。

(5)银行本票见票即付。

3.3.3.3 银行本票结算的办理

银行本票结算可以分为银行本票的签发和款项的结算两个步骤。银行本票结算流程图如图3-5所示。

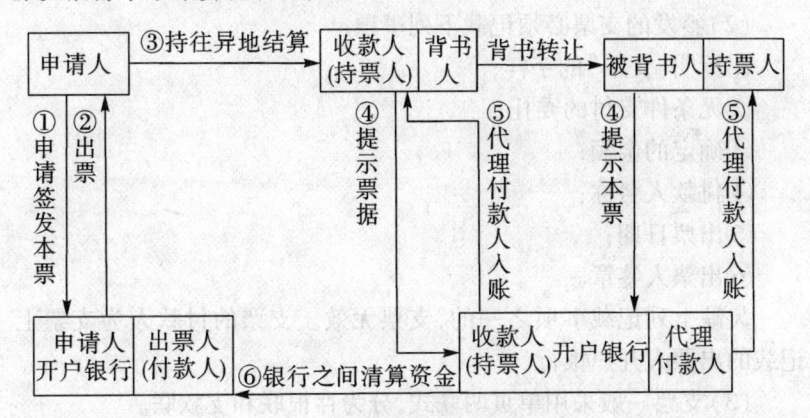

图3-5 银行本票结算流程图

3.3.4 支票结算方式

3.3.4.1 支票的含义及种类

支票,是指由出票人签发的、委托办理支票存款业务的银行在见票时无条件支付确定的金额给收款人或者持票人的票据。

(1)现金支票。支票上印有"现金"字样的为现金支票,现金支票只能用于支取现金。

(2)转账支票。支票上印有"转账"字样的为转账支票,转账支票只能用于转账。

(3)普通支票。支票上未印有"现金"或"转账"字样的为普通支票,普通支票既可以用于支取现金,也可以用于转账。在普通支票左上角划两条平行线的,为划线支票。划线支票只能用于转账,不得支取现金。

支票结算具有简便、灵活、迅速和可靠的特点,是目前较为常用的一种同城结算方式。

3.3.4.2 支票结算的有关规定

(1)单位和个人在同一票据交换区域的各种款项结算均可以使用支票。

(2)签发的支票必须记载下列事项：

①标明"支票"的字样；

②无条件支付的委托；

③确定的金额；

④付款人名称；

⑤出票日期；

⑥出票人签章。

欠缺上列记载事项之一的，支票无效。支票的付款人为支票上记载的出票人开户银行。

(3)支票一般采用单页两联式,分为存根联和支款联。

(4)签发现金支票和用于支取现金的普通支票,必须符合国家现金管理的规定。

(5)出票人不得签发与其预留银行签章不符的支票；使用支票密码的,出票人不得签发支付密码错误的支票；禁止签发空头支票(空头支票是指签发的支票金额超过银行存款余额的支票),否则,银行予以退票,并按票面金额处以5%但不低于1 000元的罚款,持票人有权要求出票人支付支票金额2%的赔偿金。对屡次签发空头支票的,银行应停止其签发支票的权利。

(6)支票的提示付款期限自出票日起10日内有效(遇法定休假日顺延)。过期不予办理的支票作废,银行不予受理。

3.3.4.3 支票结算的流程

收款人持支票结算流程图如图3-6所示,出票人持支票结算流程图如图3-7所示。

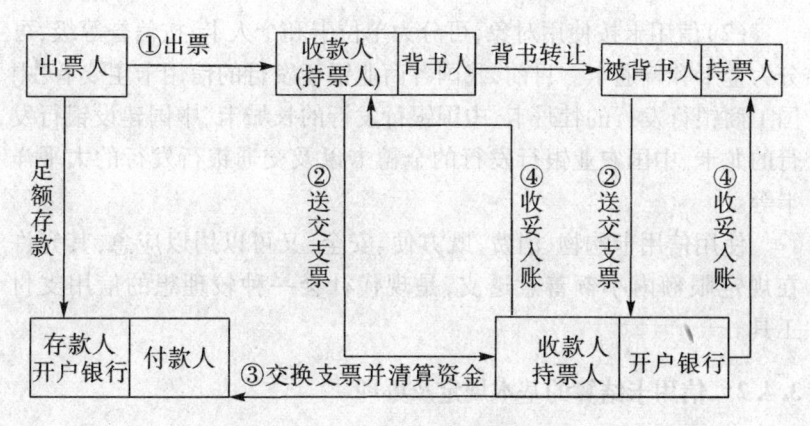

图 3-6 出票人持支票结算流程图

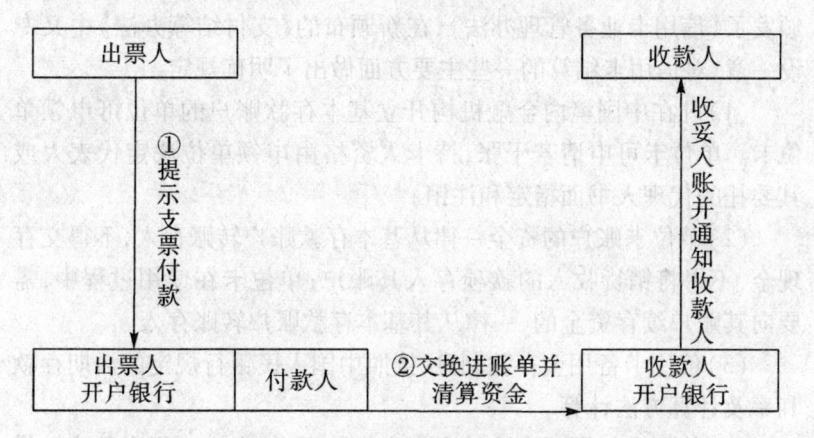

图 3-7 出票人持支票结算流程图

3.4 信用卡结算方式

3.4.1 信用卡的概念及种类

（1）信用卡是指商业银行向个人和单位发行的、凭以向特约单位购物、消费和向银行存取现金，且具有消费信用的特制载体卡片。

(2)信用卡按使用对象,可分为单位卡和个人卡;按信誉等级,可分为金卡和普通卡。目前,我国各商业银行发行的信用卡主要有:中国工商银行发行的牡丹卡、中国银行发行的长城卡、中国建设银行发行的龙卡、中国农业银行发行的金穗卡以及交通银行发行的太平洋卡等。

使用信用卡购物、消费,既方便、安全,又可以用以应急,其允许在规定限额内小额善意透支,是现代社会一种较理想的信用支付工具。

3.4.2 信用卡结算的基本规定及办理

为了加强信用卡结算的规范和管理,中国人民银行曾于1996年颁发了《信用卡业务管理办法》,在新颁布的《支付结算办法》中又专设一章,对信用卡结算的一些主要方面做出了明确规定。

(1)凡在中国境内金融机构开立基本存款账户的单位可申领单位卡。单位卡可申请若干张,持卡人资格由申领单位法定代表人或其委托的代理人书面指定和注销。

(2)单位卡账户的资金一律从基本存款账户转账存入,不得交存现金,不得将销货收入的款项存入其账户;单位卡在使用过程中,需要向其账户续存资金的,一律从其基本存款账户转账存入。

(3)信用卡备用金存款利息,按照中国人民银行规定的活期存款利率及计算方法计算。

(4)信用卡仅限于合法持卡人本人使用,持卡人不得出租或转借信用卡。

(5)持卡人可持信用卡在特约单位购物、消费。单位卡不得用于100 000元以上的商品交易、劳务供应款项的结算。

(6)单位卡一律不得支取现金。

(7)信用卡透支额,金卡最高不超过10 000元,普通卡最高不得超过5 000元。信用卡透支期限最长为60天。对信用卡透支利息的利率及其利息的计算规定是:自签单日或银行汇账日起15日内按日息万分之五计算,超过 15 日按日息万分之十计算,超过 30 日或透支金额超过规定限额的,按日息万分之十五计算。透支计息不分段,按最后期限或者最高透支额的最高利率档次计算。

(8)持卡人使用信用卡不得发生恶意透支。恶意透支是指持卡人超过规定限额或规定期限,并且经发卡银行催收无效的透支行为。

3.4.3 信用卡使用结算的办理

信用卡使用结算一般可分为申领、受理、特约单位办理信用卡进账三个步骤。信用卡结算流程图如图 3-8 所示。

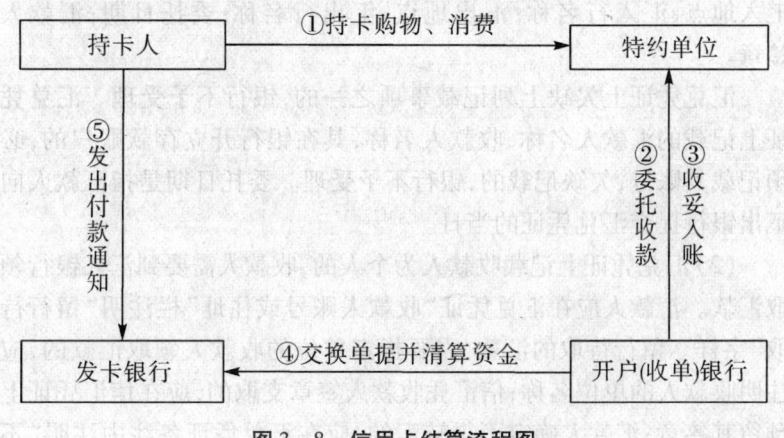

图 3-8 信用卡结算流程图

3.5 汇兑结算方式

3.5.1 汇兑的概念及种类

汇兑,是指汇款人委托银行将其款项支付给收款人的结算方式。

汇兑按款项划转方式不同,可分为信汇和电汇两种。信汇是指汇款人委托银行通过邮寄方式将款项划给收款人;电汇是指汇款人委托银行通过电报将款项划转给收款人。在这两种汇兑结算方式中,信汇费用较低,但速度相对较慢;电汇速度快,但费用较高。

单位和个人的各种款项的结算,均可使用汇兑结算方式。如单位之间先付款后发货的商品交易,单位对在异地的退休职工支付工资、医药费等类款项都可采用信(电)汇结算方式。

3.5.2 汇兑结算的主要规定及办理

3.5.2.1 使用汇兑结算的主要规定

(1)签发汇兑凭证必须记载下列事项:标明"信汇"或"电汇"的字样;无条件支付的委托;确定的金额;收款人的名称;汇票人名称;汇入地点、汇入行名称;汇出地点、汇出行名称;委托日期;汇款人签章。

汇兑凭证上欠缺上列记载事项之一的,银行不予受理。汇兑凭证上记载的汇款人名称、收款人名称,其在银行开立存款账户的,必须记载其账号,欠缺记载的,银行不予受理。委托日期是指汇款人向汇出银行提交汇兑凭证的当日。

(2)汇兑凭证上记载收款人为个人的,收款人需要到汇入银行领取汇款。汇款人应在汇兑凭证"收款人账号或住址"栏注明"留行待取"字样。留行待取的汇款,需要指定单位的收款人领取汇款的,应注明收款人的单位名称;信汇凭收款人签章支取的,应在信汇凭证上预留其签章;汇款人确定不得转汇的,应在汇兑凭证备注中注明"不得转汇"字样。

(3)汇款人和收款人均为个人,需要在汇入银行支取现金的,应在信汇或电汇凭证的"汇款金额"大写栏,填写"现金"字样后,填写汇款金额。

(4)汇入银行对于向收款人发出取款通知、经过两个月无法交付的汇款以及收款人拒绝接受的汇款,应主动办理退汇。

3.5.2.2 汇兑结算的办理

汇兑结算的具体办理有两个步骤,即付款人办理汇款、收款人办理进账或取款。汇兑结算流程图如图3-9所示。

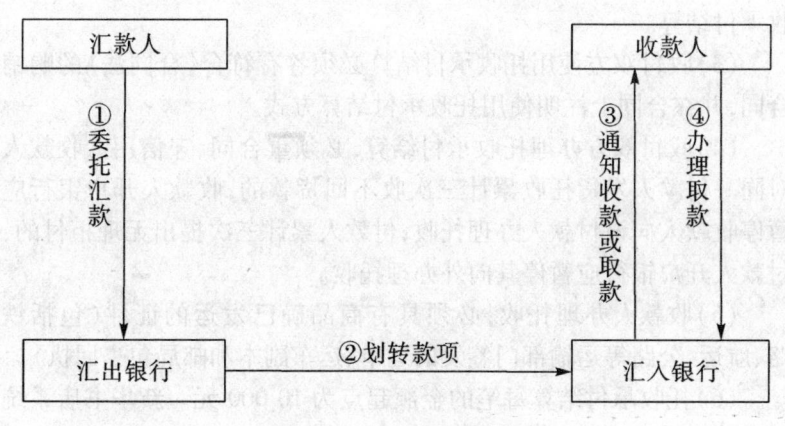

图 3－9　汇兑结算流程图

3.6　托收承付结算方式

3.6.1　托收承付的概念及特点

托收承付,是指根据购销合同由收款人发货后委托银行向异地付款人收取款项,由付款人向银行承认付款的结算方式。

托收承付按结算款项的划回方法不同,可分为邮寄和电报两种。

托收承付结算具有使用范围较窄、监督严格和信用度较高的特点。

3.6.2　托收承付的主要规定及办理

3.6.2.1　托收承付的主要规定

(1)使用托收承付结算方式的收款单位和付款单位,必须是国有企业、供销合作社以及经营管理较好,并经开户银行审查同意的城乡集体所有制工业企业。

(2)办理托收承付的款项,必须是商品交易,以及因商品交易而产生的劳务供应的款项。代销、寄销、赊销商品的款项,不得办理托收承付结算。

（3）收付双方使用托收承付结算必须签有符合《合同法》的购销合同，并在合同上注明使用托收承付结算方式。

（4）收付双方办理托收承付结算，必须重合同、守信用。收款人对同一付款人发货托收累计三次收不回货款的，收款人开户银行应暂停收款人向该付款人办理托收；付款人累计三次提出无理拒付的，付款人开户银行应暂停其向外办理托收。

（5）收款人办理托收，必须具有商品确已发运的证件（包括铁路、航运、公路等运输部门签发的运单、运车副本和邮局包裹回执）。

（6）托收承付结算每笔的金额起点为10 000元。新华书店系统每笔的金额起点为1 000元。

（7）签发托收承付凭证必须记载下列事项：表明"托收承付"的字样；确定的金额；付款人名称及账号；收款人名称和账号；付款人开户银行名称；收款人开户银行名称；托收附寄单证张数或册数；合同名称、号码；委托日期；收款人签章。

托收承付凭证上欠缺上列记载事项之一的，银行不予受理。

3.6.2.2 托收承付结算的办理

托收承付结算流程如图3-10所示。

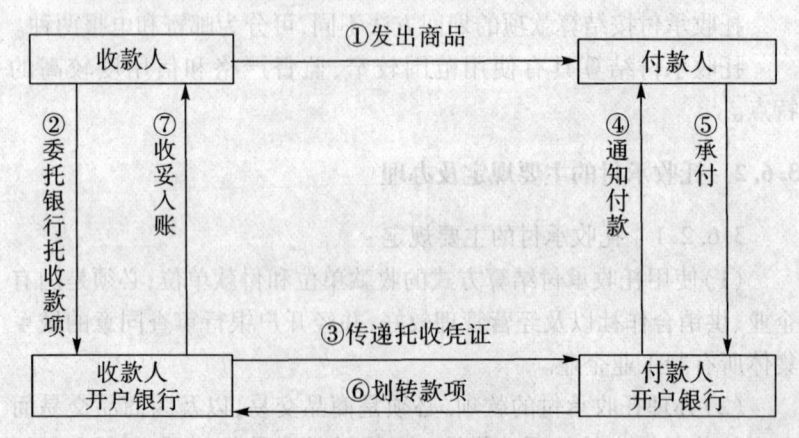

图3-10 托收承付结算流程图

3.7 委托收款结算方式

3.7.1 委托收款的概念及特点

委托收款是收款人委托银行向付款人收取款项的结算方式。

委托收款按结算款项的划回方式不同,分为邮寄和电报两种,由收款人选用。

委托收款结算具有使用范围广、灵活、简便等特点,在同城、异地均可以使用。

3.7.2 委托收款结算的主要规定及办理

3.7.2.1 委托收款结算的主要规定

(1)单位和个人凭已承兑商业汇票、债券、存单等付款人债务证明办理款项的结算,均可以使用委托收款结算方式。

(2)签发委托收款凭证必须记载下列事项:标明"委托收款"的字样;确定的金额;付款人名称;收款人名称;委托收款凭证名称及附寄单证张数;委托日期;收款人签章。

委托收款凭证上欠缺上列记载事项之一的,银行不予受理。

委托收款以银行以外的单位为付款人的,委托收款凭证必须记载付款人开户银行名称;以银行以外的单位或在银行开立存款账户的个人为收款人的,委托收款凭证必须记载收款人开户银行名称;未在银行开立存款账户的个人为收款人的,委托收款凭证必须记载被委托银行名称。委托收款凭证上欠缺记载上列事项之一的,银行不予受理。

(3)银行不负责审查付款人的拒付理由。

3.7.2.2 委托收款结算的办理

委托收款结算流程如图 3-11 所示。

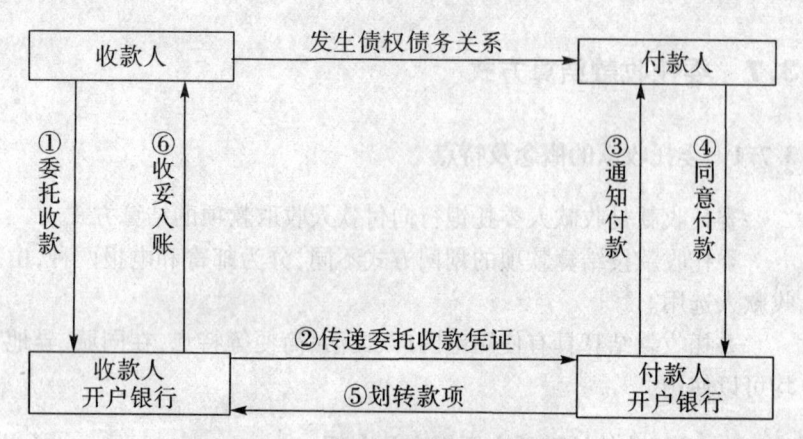

```
         发生债权债务关系
  收款人 ─────────────────→ 付款人
    ↑                         │ ↑
  ① │ ⑥                     ③ │ │ ④
  委 │ 收                     通 │ │ 同
  托 │ 妥                     知 │ │ 意
  收 │ 入                     付 │ │ 付
  款 │ 账                     款 │ │ 款
    │ ↑                       ↓ │
  收款人              ②传递委托收款凭证     付款人
  开户银行 ←─────────────────── 开户银行
           ⑤划转款项
```

图 3-11　委托收款结算流程图

第二篇　小企业基本业务流程实账演练

- 小企业设立、年检及报税业务会计实账演练
- 小企业资金筹集业务会计实账演练
- 小企业货币性金融资产业务会计实账演练
- 小企业非货币性金融资产业务会计实账演练
- 小企业实物资产及无形资产业务会计实账演练
- 小企业纳税业务会计实账演练
- 小企业收入、费用和利润业务会计实账演练
- 小企业会计报表编制实账演练

第4章 小企业设立、年检及报税业务会计实账演练

4.1 小企业设立业务实账演练

小企业要进行生产经营活动,必须拥有一定的"本钱",并到工商行政管理部门登记注册,取得法人营业执照。我国有关的法规明确规定,企业申请开业,必须具备符合国家规定并拥有与生产经营和服务规模相适应的资金数额。

4.1.1 小企业的设立条件

按照建立现代企业制度要求,小企业一般都设立为有限责任公司。根据我国《公司法》的规定,设立有限责任公司,应当具备下列5个条件:

(1)股东符合法定人数。设立有限责任公司的法定股东人数必须是50个以下,如果只有1个股东,则为一人有限责任公司。

(2)股东出资达到注册资本最低限额。注册资本又称法定资本,

是指小企业在工商行政管理部门登记的,由全体股东认缴的出资额。公司全体股东的首次出资额不得低于注册资本的20%,也不得低于法定的注册资本最低限额,其余部分由股东自公司成立之日起两年内缴足。注册资本既是小企业成为法人的基本特征之一,又是小企业生产经营活动的基础和对外承担债务担保的资本保证,同时也是股东权益划分的标准。

注册资本的最低限额是指国家规定的设立有限责任公司所需的资本的最低限额,也就是小企业开办的最低"本钱"。《公司法》明确规定,有限责任公司最低注册资本为3万元,一人有限责任公司最低注册资本为10万元。

小企业的注册资本必须经过法定的验资机构(一般为会计师事务所)进行验证并出具验资报告。验资报告是小企业到工商行政管理部门进行登记注册的必备资料。

(3)股东共同制定公司章程。公司章程是指规范小企业的组织与行为,规定企业与股东之间、股东与股东之间权利与义务关系的企业必备的法律文件,也是到工商行政管理部门进行登记注册的必备资料。

(4)有公司名称并建立相应的组织机构。公司名称是小企业的标志。小企业在设定自己的名称时,必须符合国家法律、法规的规定,必须在公司名称标明"有限责任公司"字样。我国对公司名称的登记管理实行预先核准制度,即在申请设立登记以前,就必须首先申请名称预先核准。公司名称经注册后,即受到法律保护。

小企业成立后是要从事生产经营活动的,因此必须设置组织机构。《公司法》规定,有限责任公司应当设置股东会、董事会或执行董事、监事会或监事等组织机构。

(5)有公司住所。

4.1.2 小企业注册登记

小企业只有经过工商局登记注册才能真正成为企业法人,才能开展生产经营活动。小企业注册登记的程序和内容如下：

4.1.2.1 核准企业名称及领取注册登记表

小企业股东首先将企业的名称预先到工商局登记、查询，由工商局开具公司商号不相重复证明，凭此证明到工商局咨询部门申请企业名称登记，并领取注册登记表。

4.1.2.2 注册资本验证

小企业股东在银行开设临时验资账户，聘请会计师事务所进行注册资本验证，验资完成，由会计师事务所出具验资报告。会计师事务所验资收费标准为：50 万元以下，每次 1 200 元；51 万～100 万元，每次 2 500 元；101 万～500 万元，每次 5 000 元；501 万～1 000 万元，每次 7 000 元。①

4.1.2.3 准备各种注册登记的必备材料

到工商局登记注册必须准备好各种材料、文件：

(1) 填写完毕的企业设立登记申请表。

(2) 企业章程。

(3) 验资报告。

(4) 股东资格证明：

企业法人股东提交原登记机关盖章的法人营业执照复印件；社团法人提交原发证机关盖章的社团法人登记复印件；事业单位法人提交编制部门的批件。

自然人股东提交居民身份证复印件及待业、辞职等证明。

如果股东全部为自然人，其中必须有一人为当地户口。

(5) 企业名称预先核准通知书。

(6) 企业住所使用权证明、租赁合同及房产证复印件。

(7) 特殊行业有规定需报批的项目，要提交有关部门的品质文件。

---

① 四川省物价局"关于印发《四川省会计师事务所执业收费标准及管理办法》的通知"。

4.1.2.4 到工商局注册登记

材料备齐后，就可以到工商局的登记处申报注册登记。

一般情况下，工商局在收到申请后，15日内核准发放营业执照。小企业按受理回条约定时间到工商局领取法人营业执照。

小企业注册收费标准按注册资本总额的0.08%收取；注册资本超过1 000万元人民币的，超过部分按0.04%收费；超过1亿元人民币的，超过部分不再收费；每个副本收费10元人民币。[①]

公司营业执照换照、补领、增加副本等每次收费50元，每个副本收费10元。

4.1.3 小企业设立的其他事项

小企业领取营业执照后还必须办理相关的其他事项，比如刻章、办理组织机构代码证书、开立银行账户、办理税务登记等。

4.1.3.1 雕刻印章

小企业必须带上营业执照到公安局登记领取刻章登记卡，凭该卡到任何一家刻章机构雕刻小企业的公章、财务专用章、发票章（税务局批准）。

4.1.3.2 办理组织机构代码证书

组织机构代码证书是一个企业的标志，企业可持营业执照和公章到技术监督局办理。组织机构代码证正本收费50元，副本收费30元，一般需要3至4个工作日才能办出。目前有很多地区以IC卡代替组织机构代码证，工本费约350元。

4.1.3.3 开立银行账户和购买有关银行结算凭证

根据国家有关规定，凡是在工商局注册登记的企业都应当在就近的银行开立银行结算账户。小企业到银行开立银行账户必须带齐以下资料：

[①] 国家计委、财政部关于第二批降低收费标准的通知；国家物价局、财政部关于发布工商行政管理系统行政事业性收费项目和标准的通知。

(1)法人营业执照原件及复印件；

(2)法人授权代表人证明(即使是法人代表自己去，也需要开此证明)；

(3)组织机构代码证；

(4)开户经办人身份证；

(5)财务人员的资格证；

(6)企业公章、财务专用章、法人代表或财务负责人印鉴等；

(7)填写完毕的单位开户书和4张预留银行印鉴卡。

小企业的经办人带好上述资料到银行办理开户，银行审查合格后，可在3日内开通小企业的结算账户。银行在账户开通后，向企业赠送"购买凭证专用卡"，企业可凭此卡购买有关的银行结算凭证，如支票、汇票等。

小企业如果申请开立基本存款账户，除备齐以上资料外，还需出具中国人民银行当地支行核发的基本存款账户卡。

小企业的银行存款账户分为四类：

(1)基本存款账户是小企业办理日常转账结算和现金收付的账户。

(2)一般存款账户是小企业在基本存款账户以外的银行借款转存、与基本存款账户的存款人不在同一地点的附属非独立核算单位开立的账户。该账户可以办理转账结算和存入现金，但不能支取现金。

(3)临时存款账户是小企业因临时经营活动需要开设的账户,该账户可以办理转账结算和国家现金管理制度规定的现金收付。

(4)专用存款账户是小企业因特定用途需要开立的账户。

4.1.3.4 办理税务登记

根据《中华人民共和国税收征收管理法》的规定，小企业在领取营业执照之日起30日内,必须到所属的税务机关办理税务登记。具体的内容在下一个问题中介绍。

4.1.4 小企业股东出资的具体规定

小企业股东的出资方式不限于货币资金,股东也可以以实物、工业产权、非专利技术、土地使用权出资。

4.1.4.1 现金出资方式

小企业设立登记,股东或者发起人以货币出资的,应当将货币足额存入准备设立的公司在银行开设的临时账户,全体股东的货币出资金额不得低于注册资本的30%。

4.1.4.2 非现金出资方式

小企业设立登记,股东以实物、工业产权、非专利技术、土地使用权等非现金方式出资的,必须进行评估作价,核实财产;以工业产权、非专利技术作价出资的金额不得超过企业注册资本的20%。国家对采用高科技成果有特别规定的除外。

同时,企业章程应当就上述出资的转移事宜作出规定,并于企业成立后六个月内依照有关规定办理转移过户手续,报企业登记机关备案。

小企业股东以实物、工业产权、非专利技术、土地使用权出资的,在规定时间内,未能办理财产权转移手续的,交付该出资的股东应当以其他出资方式补交其数额,股东会应当就股东以其他出资方式补交其出资作出决议并相应修改公司章程。

小企业成立后,作为出资的实物、工业产权、非专利技术、土地使用权的实际价额显著低于公司章程规定数额的,应当由交付该出资的股东补交其差额。原出资中的实物、工业产权、非专利技术、土地使用权应当重新进行评估作价。公司注册资本应当进行重新验证并由验资机构出具验资证明。

4.1.4.3 小企业增加注册资本

小企业以后要增加注册资本时,以货币出资的,股东或者发起人应当将出资足额存入公司的账户并经验资机构验资;以实物、工业产权、非专利技术、土地使用权出资的,股东或者发起人应当在依法办理财产转移手续后,经验资机构评估、验资。

4.1.4.4 小企业减少注册资本

一般情况下,股东投入小企业的资本是不能任意抽走的,只能依法转让,也就是说一般情况下,小企业的注册资本是不会减少的,但是当符合《公司法》减少注册资本的规定时,小企业可以按《公司法》规定的程序,减少注册资本,减少后的注册资本数额应当达到法律、行政法规规定的公司注册资本的最低限额并经验资机构验资。

4.1.5 小企业设立业务的账务处理

股东投入小企业的资金,等于注册资本的部分,在会计上是通过"实收资本"账户进行核算的,超过注册资本的部分,则记入"资本公积"账户。

在小企业设立过程中发生的各种费用,直接作为管理费用处理。

【例 4-1】光华机械有限责任公司(筹)由风大名和黄年两位股东投资成立,注册资本为 600 万元,各出资 50%,公司准备在 2010 年 10 月份开业。

该公司 2010 年 9 月份和 10 月份发生有关业务及相关的会计处理如下:

(1) 9 月 1 日,股东风大名通过银行转账投入资本 300 万元;股东黄年投入现金 250 万元存入银行,同时投入设备一台,双方认定价值 80 万元。

借:银行存款	5 500 000
固定资产	800 000
贷:实收资本——风大名	3 000 000
——黄年	3 000 000
资本公积	300 000

(2) 9 月 2 日,将 6 000 000 元投资资金通过会计师事务所验资,并支付 7 000 元的验资费用。

借：管理费用　　　　　　　　　　　　　　　7 000
　　　　贷：银行存款　　　　　　　　　　　　　　　7 000
　（3）9月10日，从银行提出现金30 000元备用。
　　借：库存现金　　　　　　　　　　　　　　　30 000
　　　　贷：银行存款　　　　　　　　　　　　　　　30 000
　（4）10月10日，企业领取营业执照，并用现金支付注册费50 000元，办证费60元。
　　借：管理费用　　　　　　　　　　　　　　　50 060
　　　　贷：库存现金　　　　　　　　　　　　　　　50 060
　（5）10月12日，企业办理税务登记证手续，并用现金支付办证费30元。
　　借：管理费用　　　　　　　　　　　　　　　　　30
　　　　贷：库存现金　　　　　　　　　　　　　　　　　30
　（6）10月13日，企业办理组织机构代码证书，并支付80元的证书费。
　　借：管理费用　　　　　　　　　　　　　　　　　80
　　　　贷：库存现金　　　　　　　　　　　　　　　　　80
　（7）10月18日，企业正式开业，当天开业典礼共花费现金10 000元。
　　借：管理费用　　　　　　　　　　　　　　　10 000
　　　　贷：库存现金　　　　　　　　　　　　　　　10 000

4.2　小企业年检业务会计核算

4.2.1　小企业年检的基本程序

　　企业年检是指工商行政管理机关依法按年度对企业进行检查，以确定企业继续经营资格的法定制度。小企业领取了营业执照并开始生产经营后，每年的4月30日以前必须参加工商局的企业年检。企业年检的基本程序是：

4.2.1.1 领取年检报告书和年检登记卡

在规定的时间内,企业派人带上营业执照正、副本,到所在地的工商局领取年检报告书和登记卡。

4.2.1.2 填写年检报告书和年检登记卡

企业必须如实填写年检报告书和年检登记卡,并盖上公章、财务专用章和合同章的印模。年检报告书的内容主要有:

(1)企业登记事项(名称、地址等)执行和变动情况;

(2)股东或出资人的出资情况;

(3)企业对外投资情况;

(4)企业设立分支机构情况;

(5)企业当年的生产经营情况。

4.2.1.3 工商所初检

填写好年检报告书和年检登记卡后,小企业就可以到所在地的工商所初检,工商所初检合格,签字盖章即可到工商局年检。

4.2.1.4 工商局年检

小企业到工商局年检申报应当提交以下资料:

(1)年检报告书和登记卡;

(2)营业执照正、副本;

(3)企业年度资产负债表和利润表;

(4)交纳年检费50元;

(5)领取年检合格后的营业执照正、副本。年检查合格的正副本营业执照应当贴有年检标志和盖有年检检验戳记章。

有关法规规定:4月30日尚未申报年检的企业,工商局可以处以10 000元以上100 000元以下的罚款;未年检企业,工商局会发出未参加年检企业公告,自公告发布日起30日内仍未申报年检的,工商机关将吊销其营业执照。

4.2.2 小企业网上申报年检

企业网上申报年检是指企业通过网络远程填写申请表格,并从网上打印年检申报资料并签字盖章完善后,按网上预审意见准备企业年检资料到工商局年检窗口递交,当场即可办理完全部申请。为确保每户企业申报信息的准确性,网上申报年检必须凭密码登录。以成都市企业网上申报年检为例,其流程为:

(1) 企业凭营业执照副本原件到年检窗口一次领取终身有效的网上申报年检密码。

(2) 通过市工商局门户网站(http://www.cdgs.gov.cn/nj/)进入网上申报年检系统,输入本企业注册号和年检密码,登录网上年检系统。注意,在输入注册号时,应输入领取密码单上的注册号。

(3) 按软件提示填报相关内容并提交网上年检申请。

(4) 网上预审未通过的,按预审意见完善相关内容的填报工作。

(5) 网上预审通过后,打印年检报告书并按预审意见准备资料提交到年检窗口。

4.2.3 小企业年检费用的会计处理

(1) 小企业发生的年检费用记入"管理费用"账户:

借:管理费用
　　贷:库存现金

(2) 小企业发生的罚款,记入"营业外支出"账户:

借:营业外支出
　　贷:银行存款

4.3 小企业纳税基本知识

4.3.1 小企业经营与纳税

对于一个小企业,对于每一个经营者来说,税无时无刻不在身边。企业生产经营的目的是通过向社会提供合格的商品和良好的服务,赚取收益,最终实现企业价值的最大化。

但是,在生产经营中,企业不仅要投入各种生产经营要素(人力、物力、财力等各种资源),而且还必须按照税法的要求,支付另外一种代价——税金,才能取得最终的经济效益。如果没有税金的代价,国家就不可能筹集到所需的资金,国家的职能就无法实现,企业的生产经营也就无法正常进行,经济效益就成为一句空话。

在生产经营中,企业一方面必须照章纳税,绝不能以身试法;但另一方面,如果企业的税赋太重,其最终经济效益就必然下降,甚至无法继续经营下去。

综上所述,纳税对国家而言是重要的财政收入,但是对于企业而言却是一项沉重的费用支出、成本负担。如何在不违反税法的情况下,使得企业的税赋为最低,这是小企业会计核算必须考虑并解决的实际问题。

4.3.2 纳税的专用术语

(1)纳税人

纳税人亦称纳税义务人,是指税法上规定的直接负有纳税义务的单位和个人。负有纳税义务的单位是指具有法人资格的社会组织,如公司企业、社会团体等;负有纳税义务的个人是指在法律上可以享有民事权利并承担民事义务的公民。小企业就是纳税人。

(2)扣缴义务人

扣缴义务人是指税法规定的,在经营活动中负有代扣税款并向国库缴纳税款义务的单位和个人。

(3)征税对象

征税对象,亦称课税对象,是指征税的标的物。一般称纳税人为课税主体,称课税对象为课税客体。纳税人表明对谁征税,课税对象则表明对什么客体征税。

(4)税率

税率,是对征税对象征税的比例或额度。它可以分为比例税率、累进税率和定额税率三种。

①比例税率,是指应纳税额与纳税对象数量之间的等比关系。

这种税率不会因纳税数量的多少而变化,即对同一纳税对象不论数额大小,只规定同一比率纳税。

②累进税率,是指随纳税对象数额增大而提高的税率。即按纳税对象数额的大小,划分若干等级,每个等级由低到高规定相应的税率,纳税对象数额越大,税率越高。累进税率与纳税对象之比大于1的,表现为税额增加幅度大于纳税数量增长幅度。

③定额税率,又叫固定税率,是税率的一种特殊形式。它是按纳税对象的一定计量单位规定固定税额,而不是规定纳税比例。

(5)应税收入与会计收入

会计收入是财务会计的范畴,是依据会计准则的规定确认与计量的收入;应税收入是纳税会计的专用范畴,是指依据税法规定确认与计量的收入。两者在内容上无实质性的区别,但由于确认收入的依据和时间不同就会出现较大的差异。所以在纳税核算时应当以应税收入作为纳税的计算依据。

(6)会计利润与纳税所得

会计利润是依据会计分期假定和企业实际发生的经济事项,采用历史成本计量,按照收入实现原则与费用配比原则、稳健性原则计算的经营成果,即小企业的利润总额,是纳税所得的基础;纳税所得(亦称计税利润)是纳税会计的范畴,它根据税法规定的会计方法确认、计量的企业当期收益为计算应纳税额的直接依据。纳税所得是在会计利润的基础上调整得到的。

(7)纳税期限

纳税期限,是纳税人依法向国家缴纳税款的时间限制。纳税期限的确定大体可分为两种情况:

①按期纳税,是以纳税人发生纳税义务的一定时期如1天、3天、5天、10天、1个月、1年等作为纳税期限。

②按次纳税,是以纳税人发生纳税义务的次数作为纳税期限。

(8)纳税地点

纳税地点是指纳税人在什么地方完成缴纳税款的义务,大体是分为三种情况：

①纳税人在其从事生产经营活动的所在地缴纳税款；

②纳税人在其纳税行为发生地缴纳税款；

③对于既有总机构又有分支机构并且不在同一行政区域内的纳税人，其税款的缴纳，既可以由总机构与分支机构分别在各自所在地税务机构办理，也可以经国家或省级税务机构批准后，由总机构汇总在总机构所在地缴纳。

(9) 减税免税

减税免税是纳税制度中对某些纳税人和课税对象给予鼓励和照顾的一种规定。减税是对应纳税额少缴纳一部分税额；免税是对应纳税额全部予以免征。减税免税包括以下三项内容：

①起征点，是课税达到征税数额开始征税的界限。课税对象的数额未达到起征点的不征税，达到或者超过起征点的，就课税对象的全部数额征税。

②免征额，是税法规定在课税对象总额中免予征税的数额，它是按照一定标准从全部课税对象总额中预先减除的部分。免征额部分不征税，只就超过免征额的部分征税。

③减税免税规定，是对特定的纳税人和特定的课税对象所作的某种程序的减征税款或全部免征税款的规定。

4.3.3 税收的基本分类

我国税收管理中的基本分类按课税对象的不同分为五类：

4.3.3.1 商品劳务课税即流转课税

商品劳务课税是以商品劳务为对象，按其价值量计征的货币税，由于是在商品劳务的流转过程中征收的税，故又称为流转税。它是我国纳税收入的支柱，也是企业应纳的主要税种，具体包括五种：

(1) 增值税，是对从事商品生产和经营的单位和个人，就其经营的商品或提供劳务服务时实现的增值额征收，并实行税款抵扣制的一种流转税。

(2)消费税,是对从事应税消费品生产和进口的单位和个人,就其生产或进口的应税消费品征收的一种商品税。

(3)营业税,是对在我国境内提供劳务、转让无形资产和销售不动产取得的营业收入征收的一种税。

(4)资源税,是对在我国境内从事应税资源的开采、生产的单位和个人,就其开采和生产的应税资源征收的一种商品税。

(5)关税,是对进出我国关境的货物和物品由海关在关境线上课征的一种商品的跨国流通税。

4.3.3.2 所得课税

所得税是以从事生产经营活动获得的纯利润或个人获得的各种所得为对象,按所得的数额计征的纳税。我国属于这类纳税的税种有:

(1)企业所得税,是对在中华人民共和国境内,企业和其他取得收入的组织(以下统称企业)从事生产经营取得的所得和其他所得征收的一种税。

(2)个人所得税,是对个人取得的各种所得征收的一种税。

4.3.3.3 财产课税

财产课税是以财产为对象,按财产价值量或实物量计征的货币税。属于这类纳税范围的我国现行税种有:

(1)房产税,是以房屋为对象,按房产价值或房租收入征收的一种财产税。

(2)车船税,是对在我国境内的车辆、船舶的所有人或者管理者征收的一种财产税。

(3)契税,是在房屋买卖、典当、赠与或交换过程中,发生产权转移变动,订立契约时,向产权承受人征收的一种税。

4.3.3.4 行为课税

行为课税是以某些特定行为为对象,按应税行为涉及的货币金额或某些实物数量计征的纳税。我国现行的行为课税税种有:

(1)城镇土地使用税,是对使用国有土地的单位和个人,就其使用的土地按面积定额征收的一种税。

(2)印花税,是对在我国境内因商事、产权等行为所书立或使用的凭证征收的一种税。

(3)耕地占用税,是对占用耕地从事建房或其他非农业生产的行为,就其占用的耕地按面积定额征收的一种税。

4.3.3.5 为特定目的的课税

为特定目的的课税一般都与商品和土地使用权的流动有关,所以也可以把它们纳入流转税的范畴。这类税主要包括两种:

(1)城市维护建设税,是对从事生产经营活动的单位和个人,按其实际缴纳的增值税、消费税、营业税税额计征,专门用于城市维护建设的一种特定目的税。

(2)土地增值税,是对转让国有土地使用权、地上建筑物及其附着物取得的收入中就其增值部分征收的一种税,其目的在于调节级差收入。

现将纳税企业各期间、各环节的工商纳税分布及主要列支渠道汇总成表,如表 4-1 所示。

表 4-1　　　工商纳税分布及主要列支渠道汇总表

税　种	工商纳税分布					主要列支渠道								
	投资创建	生产经营				终止清算	进项税额	销项税额	采购成本	长期投资	在建工程	递延资产	生产成本	委托加工材料	营业税金及附加	固定资产清理	其他业务成本	管理费用	所得税费用	清算损益
		购进	生产	销售	费用结算	利润结算														
增值税		√				√	√	√											√
消费税			√	√		√							√						
营业税				√		√									√				
资源税				√															
土地增值税				√												√			
城市维护建设税				√		√									√				
房产税	√				√														

表4-1(续)

税　种	工商纳税分布					主要列支渠道										
	投资创建	生产经营 |||| 终止清算	进项税额	销项税额	采购成本	长期投资	在建工程	递延资产	生产成本	委托加工材料	营业税金及附加	固定资产清理	其他业务成本	管理费用	所得税费用	清算损益
		购进	生产	销售	费用结算	利润结算														
土地使用税				√	√												√			
车船使用税					√												√			
印花税	√	√	√	√													√			
企业所得税					√	√													√	
个人所得税						√														

有关税金的具体会计核算内容将在第9章中介绍。

4.4 小企业报税程序与方法

4.4.1 办理税务登记

4.4.1.1 开业税务登记

小企业应当自领取营业执照之日起30日内主动依法向当地主管税务机关办理开业税务登记。开业税务登记的程序是：

(1)企业向税务部门提出税务登记的书面申请报告，并提供下列证件资料：

①营业执照；

②有关公司的章程、合同、协议；

③银行账号；

④法定代表人的居民身份证、护照或其他合法证件；

⑤国家税务机关要求提供的其他有关证件资料。

(2)企业填写税务登记表。小企业的经办人必须按规定的内容逐项如实填写税务登记表，并加盖企业印章，经法人代表人签字后，报送主管税务机关。

(3)领取税务登记证。经主税务机关审核后,并批准登记、企业缴纳工本费后,就可以领取税务登记证正本和副本。

(4)办理发票的领取手续。

开业税务登记的流程图如图4-1所示。

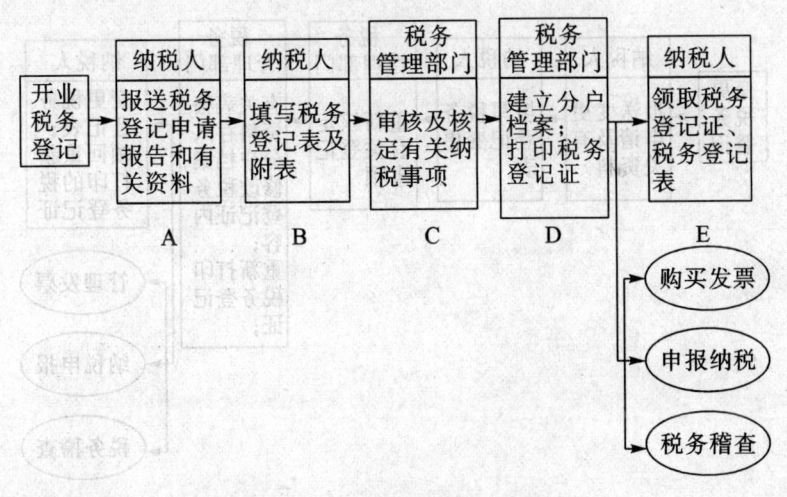

```
┌─────┐   ┌─────────┐   ┌─────────┐   ┌─────────┐   ┌─────────┐   ┌─────────┐
│开业 │   │纳税人   │   │纳税人   │   │税务     │   │税务     │   │纳税人   │
│税务 │→ │报送税务 │→ │填写税务 │→ │管理部门 │→ │管理部门 │→ │领取税务 │
│登记 │   │登记申请 │   │登记表及 │   │审核及核 │   │建立分户 │   │登记证、 │
│     │   │报告和有 │   │附表     │   │定有关纳 │   │档案;    │   │税务登记 │
│     │   │关资料   │   │         │   │税事项   │   │打印税务 │   │表       │
│     │   │         │   │         │   │         │   │登记证   │   │         │
└─────┘   └─────────┘   └─────────┘   └─────────┘   └─────────┘   └─────────┘
              A              B              C              D              E
                                                                          ↓
                                                                     ┌─────────┐
                                                                     │购买发票 │
                                                                     └─────────┘
                                                                          ↓
                                                                     ┌─────────┐
                                                                     │申报纳税 │
                                                                     └─────────┘
                                                                          ↓
                                                                     ┌─────────┐
                                                                     │税务稽查 │
                                                                     └─────────┘
```

图4-1 开业税务登记流程图

4.4.1.2 变更税务登记

当小企业改变名称或法定代表人的姓名、经济类型、经济性质、住所或者经营地点、生产经营范围、经济方式、开户银行及账号、注册资本等内容,应当到工商局办理变更登记;同时自工商局办理了变更登记之日起30天之内,持下列有关证件,到原主税务机关提出变更税务登记的书面申请报告:

①营业执照;

②变更税务登记的有关证明文件;

③税务机关发放的原始税务登记证件(包括税务登记证及其副本、税务登记表等);

④其他有关证件。

小企业在办理变更税务登记时,应当向主管税务机关领取部分税务登记表,一式三份,按表中内容逐项如实填写,加盖企业公章,于领取税务登记表之日起10日内报送主管税务机关;经批准后,在规定的期限内领取税务登记证及有关文件,并按规定缴付工本管理费。变更税务登记的业务流程如图4-2所示。

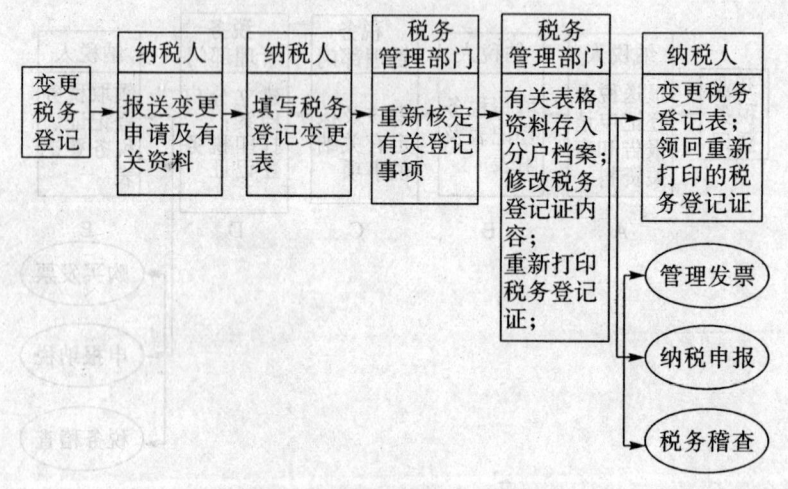

图4-2 变更税务登记流程图

4.4.1.3 注销税务登记

(1)注销税务登记的对象和时间

如果小企业发生破产、解散、撤销以及其他依法应当终止履行纳税义务的,应当在向工商行政管理机关办理注销登记前,持有关证件向原主管税务机关提出注销税务登记的书面申请报告。

如果小企业被工商行政管理机关吊销营业执照的,应当自营业执照被吊销之日起15日内向原主管税务机关提出注销税务登记的书面申请报告。

(2)注销税务登记的要求

小企业在办理注销税务登记前应当向原主管税务机关缴清应纳税额、滞纳金、罚款,缴销原主管税务机关核发的税务登记证及副本、未验证的发票、发票领购簿、发票专用章以及税收缴款书和国家税务核发的其他证件。

(3)注销书登记的程序

小企业在办理注销登记中,应当向主管税务机关领取注销税务登记表,一式三份,并根据表中的内容如实填写,加盖企业印章,于领取注销登记表之日起10日内报送主管税务机关,经主管税务机关核准后,报有关税务机关批准注销。

注销税务登记的业务流程如图4-3所示。

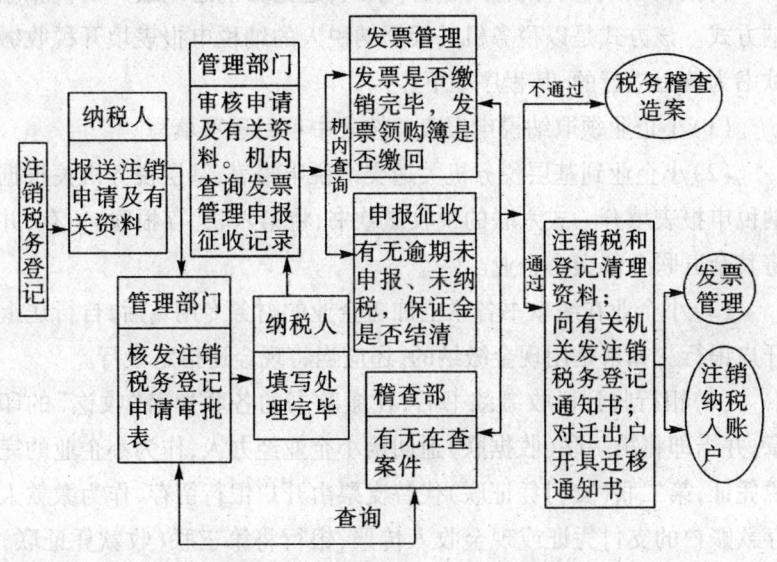

图4-3 注销税务登记业务流程图

4.4.1.4 税务登记的验证和换证

小企业应当根据税务机关的验证和换证通知,在规定的时间内,持有关证件到主管税务机关申请办理验证或换证。

4.4.1.5 违反税务登记的法律责任

小企业如果未按规定办理开业税务登记、变更或者注销税务登记,以及未按规定申报办理税务登记的验证、换证的,应当依照主管税务机关通知按期改造。逾期不改正者,由税务机关处以 2 000 元以下的罚款,情节严重的处以 2 000 元以上 10 000 元以下的罚款。

4.4.2 税款缴纳方式及报税程序

目前,常用的税款缴纳方式主要是自报核缴式、自核自缴式和银行信用卡缴税方式。不同的缴纳方式有不同的报税程序。

4.4.2.1 自报核缴式

自报核缴式,又称税务机关开票式,这是目前运用最广的税款缴纳方式。该方式是以税务机关根据纳税人的纳税申报表填开税收缴款书为核心进行的,其程序如下:

(1)小企业领取纳税申报表并按表中项目逐项填写。

(2)小企业到基层税务机关送交纳税申报表,基层税务机关根据纳税申报表填开一式六联的税收缴款书,将第六联(存根联)留存,并将其余五联全部交小企业。

(3)小企业在缴款书各联上加盖企业的财务专用章后,自行送上开户银行。如果是用现金缴纳的,还应当将现金送指定银行。

(4)银行收到税收缴款书后,在缴款书的各联加盖"收讫"的印章,并当即将第一联(收据联)退回给小企业经办人,作为小企业的完税凭证;第二联(支付凭证联)代替支票由开户银行留存,作为缴款人存款账户的支付凭证或现金收入传票;银行将第三联(收款凭证联)和第四联(回执联)与银行划款报单一起上划至其管辖支行,再由支行当天划转国库,第三联作为国库的收入凭证,表示税款已经入库;第四联由国库将其随预算收入日报表退回同级税务机关,作为税务机关掌握税款入库的凭证;第五联(报查联)直接由开户银行退送基层税务机关,作为基层税务机关掌握各个纳税人税款入库的凭证。

4.4.2.2 自核自缴式

自核自缴式,是一种由纳税人自行计税、自行填票、自行缴款的

税款缴纳方式,其核心是税收缴款书由纳税人自行填写。该方式的报税程序如下:

(1)小企业领取税收缴款书,并按表中项目自行计算应纳税款并逐项填写,一式五联。

(2)小企业将税收缴款书送开户银行。

(3)银行收到税收缴款书后,在缴款书的各联加盖"收讫"的印章,并当即将第一联(收据联)和第五联(报查联)退回给小企业经办人,留存第二联(支付凭证联),并从小企业账户中划出税款;同时将第三联(收款凭证联)和第四联(回执联)及划款报单送国库。

(4)国库留存第三联作为国库的收入凭证,表示税款已经入库;将第四联随预算收入日报表退回同级税务机关,作为税务机关掌握税款入库的凭证。

(5)小企业保存第一联为完税凭证,并持第五联和纳税申报表及相关资料到税务机关申报。

(6)税务机关受理小企业的纳税申报,审核纳税情况,并与国库对账。

4.4.2.3 银行信用卡缴税方式

银行信用卡缴税方式,是指纳税人必须按照税务机关的要求到指定银行提前存入足额的款项,然后携带"双卡"(储蓄卡和纳税卡)、纳税申报表和有关纳税资料到税务机关办理纳税手续的缴税方式,其报税程序如下:

(1)小企业经办人员到税务机关指定的银行,提前存入当期的应纳税款。

(2)小企业经办人员到主管税务机关报送纳税申报资料及附件资料。

(3)税务机关征收部门审核申报资料,初审合格的签收,不齐全的退回,小企业重报。

(4)通过"读写器"划"纳税卡"显示纳税人的纳税资料。

(5)通过"POS"机划储蓄卡显示"交易成功"的,则打印取款凭证;若显示"余额不足",税务机关则将储蓄卡退回纳税人,待存足款项后再办理。

(6)通过电脑打印完税凭证和打印征管卡。

(7)税务机关将完税证、取款凭证和"双卡"交回小企业经办人。

第5章

小企业资金筹集业务会计实账演练

5.1 小企业筹资的特殊性

5.1.1 小企业的资金来源

小企业筹集资金的来源有两个方面:一是来源于企业的所有者投入及企业自身的积累,形成权益资本;二是债权人投入即借入资金,形成企业的负债资本。

所有者和债权人投入企业的资金可以是实物财产,也可以是货币资金;可以是有形的财产物资,也可以是无形的财产。这些资金是通过不同的筹资渠道和筹资方式取得的。

5.1.2 企业筹资渠道

企业筹资渠道是指企业资金的来源或通道,体现着所筹资的源泉和性质。在现代市场经济条件下,企业的筹资渠道已趋于多元化,目前主要有以下七项:

(1) 国家财政资金渠道

国家财政资金渠道是指国家财政直接对企业投资所形成的资金渠道。它具有来源稳定、渠道开阔、资金量大等特点。一直以来,我国国有小企业最主要的资金来源就是国家对企业的直接投资、"税前还贷"或减免各种税款等。但无论哪种形式,从产权关系上讲它们都属于国家投入的资金,产权归国家所有。随着我国社会主义市场经济体制的逐步完善,这种国家直接给企业"输血"的情况必将退出历史舞台。

(2) 银行信贷资金渠道

银行信贷资金渠道是指银行向企业发放各种贷款所形成的筹资渠道。它是我国目前绝大多数企业资金来源的主渠道,具有渠道广阔、辐射面宽、适应性强的特点。

(3) 非银行金融机构资金渠道

非银行金融机构主要是指银行以外的信托投资公司、保险公司、证券公司、租赁公司以及企业集团所属的财务公司等金融机构。这些机构除了专门经营存(贷)款业务、承担证券的推销或包销工作外,还可将一部分并不立即使用的资金,以各种方式向企业投资。这种筹资渠道相对来讲比较狭窄,一般仅为企业提供一些补充的资金来源。但因其具有流速快、流程短、灵活性强等特点,随着金融体制的进一步改革,今后必将具有广阔的发展空间。

(4) 企业自留资金渠道

企业自留资金渠道是指企业内部通过留存收益所形成的筹资渠道,主要包括企业按国家规定提取的盈余公积金以及未分配利润。它的显著特征是无需通过一定的方式去筹集,由企业内部自动生成或转移而形成。

(5) 其他企业资金渠道

其他企业资金渠道是指企业间的各种相互投资(如联营、入股、购买债券等)和商业信用所形成的筹资渠道。它既为企业间保留了一定的长期和短期资金的来源通道,又有利于加强企业间的经济联系,开拓本企业的经营业务。所以,这种资金渠道得到了广泛的利用,具有较为广阔的前景。

(6)居民个人资金渠道

居民个人资金渠道是指"游离"于银行和非银行金融机构等之外的企业职工和城乡居民节余货币所形成的筹资渠道。它是一种民间筹资渠道,在将部分闲置资金和消费资金转化成生产经营资金方面起着重要的作用。比如,本企业职工入股,可以更好地体现劳动者与生产资料的结合。

(7)外商资金渠道

外商资金渠道是外国投资者和我国的香港、澳门、台湾地区的投资者向我国内地企业进行投资所形成的筹资渠道。随着我国对外开放的进一步扩大,该筹资渠道将更广阔,投资者的国别和地区将不断增加,投资规模将日益扩大。吸引外资,不仅可以满足企业的资金需求,而且可以引进先进的技术和管理水平,促进企业的技术进步和产品水平、质量的提高。

5.1.3 企业的筹资方式

筹资方式是指企业从一定的渠道取得资金的手段或形式。目前,我国小企业可以采用的筹资方式主要有:吸收直接投资、企业内部积累、商业信用、银行借款、融资租赁等。其中,前面三种筹集的是权益资本或自有资金,后面两种筹集的是负债资本或借入资金。

5.1.4 筹资渠道与筹资方式的对应关系

资金从哪里来与如何取得这些资金,既有联系,又有区别,也就是说,筹资渠道与筹资方式既有区别又有联系。前者回答企业的资金从何而来,后者解决企业的资金如何取得。同一渠道的资金,可以采用不同的方式取得;同一取得方式,又可适用于不同渠道的资金。资金的这种对应关系,可概括如表5-1所示。

表 5－1　　　　　　　筹资方式与筹资渠道的配合

筹资方式 \ 筹资渠道	国家财政资金	银行信贷资金	非银行金融机构资金	企业自留资金	其他企业资金	居民个人资金
吸收直接投资	√		√		√	√
企业内部积累				√		
商业信用					√	
银行借款		√	√			
融资租赁			√		√	

5.1.5　小企业筹资的特点

以上筹资渠道和筹资方式是对所有企业而言,但是小企业由于有其自身的特殊性,故有些渠道和方式是不适合小企业的。比如,小企业一般是不可能从国家财政资金渠道筹集资金,小企业也不可能通过发行股票和债券筹集资金。所以,与大中型企业相比,小企业筹资有其特殊性,具体表现为以下三个方面:

5.1.5.1　筹资渠道相对较少

多数小企业不具备在资本市场上筹集资金的资格与条件,无法通过直接融资渠道解决资金问题。

(1)在现阶段,我国小企业的筹资渠道是:

①个人或家庭积累资金渠道。

②民间资金渠道,主要包括向私人的借款和吸收居民的直接投资。

③金融信贷资金渠道,包括向银行的借款和向非银行的金融机构的借款。

④企业的自留资金渠道。

⑤外商资金渠道。

(2)我国小企业的主要筹资方式是:

①吸收直接投资,包括吸收国内单位和个人的直接投资和外商的直接投资。

②企业内部积累。
③银行借款。
④融资租赁。
⑤商业信用等。

5.1.5.2 小企业筹资成本较高

从上面小企业的筹资渠道和筹资方式可以看出,相对于大中型企业,小企业筹资成本是较高的。向私人借款的利率一般都比银行贷款利率高;即使小企业是向银行或非银行的金融机构贷款,由于小企业的性质以及小企业的信用等级不高,加上贷款额往往较小,周期短,且手续繁杂等因素,其贷款利率一般也较高,这增加了贷款的资本成本。

5.1.5.3 小企业筹资风险较大

小企业相对于大中型企业而言,持续经营的变数较大,小企业发展的阶段性特征较明显,而且阶段更换较快,对资金需求变化很大,长期资金的金额是较难确定的。所以,小企业筹资主要以短期资金为主。为了适应生产经营活动的需要,企业只有频繁偿债、频繁举债。但由于小企业资产较少,一旦发生资金周转不灵,小企业缺乏应急能力,沉重的负债将导致企业不能如期还债,同时举新债的机会也就渺茫,使企业面临较高的财务风险。

5.2 小企业投入资本业务实账演练

小企业投入资本主要形成小企业的注册资本和资本公积金,所以,对其核算主要设置以下两个账户:

(1)"实收资本"账户

"实收资本"账户,主要核算小企业按照企业章程的规定,投资者投入企业的与企业注册资本数额相同的资本的增减变动及结余情况。该账户贷方登记投资者的投入资本;借方登记经批准减少投资的资本;期末余额在贷方,表示投资者在企业的资本结余。该账户按投资者设置明细分类账,进行明细核算。

(2)"资本公积"账户

"资本公积"账户主要核算投资者投入的资本高于注册资本的那部分资金以及接受捐赠、法定财产重估增值等内容。该账户贷方登记各种资本公积增加的数额;借方登记资本公积减少的数额;余额在贷方,表示资本公积的结存数额。该账户按资本公积的形成类别设置明细账户,进行明细核算。

【例 5 - 1】光华公司的注册资本为 2 000 000 元,由甲、乙、丙三个股东共同投资,其股份比例为 5∶3∶2。2011 年 1 月收到甲投资者投入企业的现金 800 000 元已存入银行并获得专利技术一项,三方确认价值为 200 000 元;收到乙投资者以银行存款 500 000 元和以一台价值 200 000 元的全新设备对本企业投资;收到丙投资者投入价值 526 500 元的材料(提供了增值税专用发票)一批。会计分录如下:

```
借:银行存款                      1 300 000
   固定资产                         200 000
   无形资产                         200 000
   原材料                           450 000
   应交税费——应交增值税(进项税额)    76 500
   贷:实收资本——甲                1 000 000
          ——乙                     600 000
          ——丙                     400 000
      资本公积——资本溢价             226 500
```

【例 5 - 2】某中外合资小企业注册资本为人民币 8 000 000 元,投资各方约定,外商占 40%,以美元投入,合同约定汇率为 100 美元 = 640 人民币元。2011 年 5 月 16 日收到外商投入的 500 000 美元,已存入银行。当日汇率为 100 美元 = 649 人民币元。

```
借:银行存款——美元户              3 245 000
   贷:实收资本                    3 200 000
      资本公积——外币资本折算差额      45 000
```

如果合同没有约定汇率的,按收到出资额当日的汇率折合的记账本位币金额,全部作为实收资本。

【例5-3】如果【例5-2】中没有约定汇率,则会计分录为:
借:银行存款——美元户　　　　　　　　　　3 245 000
　　贷:实收资本　　　　　　　　　　　　　　　3 245 000

5.3　小企业留存收益业务实账演练

小企业所需资金除了向外部筹集之外,还可以通过内部的积累筹措。小企业从企业内部取得的资金主要是来自于留存收益。

5.3.1　小企业留存收益的内容

留存收益是指小企业从实现的净利润中提取或形成的留于企业内部的积累,是企业可以使用的资金来源。留存收益包括提取的盈余公积和未分配利润两部分。

5.3.1.1　盈余公积

(1)盈余公积的定义。盈余公积是小企业按规定的比例从净利润中提取或形成的资本积累,具体包括以下内容:

① 法定盈余公积,是指小企业按照规定的比例从净利润中提取的盈余公积。

② 任意盈余公积,是指小企业经董事会或类似机构批准按照规定的比例从净利润中提取的盈余公积。

(2)盈余公积的用途。小企业的盈余公积的主要用途有:一是用于弥补亏损;二是转增资本;三是用盈余公积分派现金股利或利润。

5.3.1.2　未分配利润

未分配利润是小企业按照国家规定的利润分配政策,进行各种分配后剩余的净利润,是企业可以任意支配的资金来源。

· 111 ·

5.3.2 盈余公积的账务处理

为了正确核算和监督盈余公积的形成和使用情况,小企业应设置"盈余公积"账户。本账户贷方发生额反映小企业提取的盈余公积的金额,借方发生额反映小企业使用的盈余公积的金额。"盈余公积"账户的期末余额一般在贷方,反映小企业提取的盈余公积余额。

小企业应分别设置两个明细账户(即"法定盈余公积"、"任意盈余公积")来进行明细核算。

5.3.2.1 提取盈余公积的账务处理

【例5-4】光华公司2010年实现净利润1 000 000元,按10%和5%的比例分别提取法定盈余公积和任意盈余公积。其账务处理的会计分录如下:

借:利润分配——法定盈余公积　　　　　　100 000
　　　　　　——任意盈余公积　　　　　　 50 000
　贷:盈余公积——法定盈余公积　　　　　　100 000
　　　　　　——任意盈余公积　　　　　　 50 000

5.3.2.2 使用盈余公积的账务处理

【例5-5】光华公司经董事会决议,用法定盈余公积弥补以前年度的亏损100 000元;用法定盈余公积转增资本500 000元;用任意盈余公积向投资者分配200 000元利润。

会计分录如下:
(1)用盈余公积弥补亏损
借:盈余公积——法定盈余公积　　　　　　100 000
　贷:利润分配——盈余公积补亏　　　　　　100 000
(2)用盈余公积转增资本
借:盈余公积——法定盈余公积　　　　　　500 000
　贷:实收资本　　　　　　　　　　　　　 500 000
(3)用盈余公积分配利润
借:盈余公积——任意盈余公积　　　　　　200 000
　贷:应付利润　　　　　　　　　　　　　 200 000

5.4 小企业借款业务实账演练

5.4.1 小企业借款的种类

小企业为了进行正常的生产经营活动,除了必须吸收投资者的投资外,还需要经常向银行或非银行金融机构借款、发行债券等筹集其资金,这些资金形成企业的负债。其中银行借款是主要的内容。

银行借款是指企业向银行等金融机构借入的款项。银行借款是企业重要的资金筹集方式,按照借款的偿还时间的长短分为短期借款和长期借款两种。

(1)短期借款。短期借款一般又称为流动资产借款,它是偿还期在一年(含一年)以内的借款,形成企业的流动负债。

(2)长期借款。小企业的长期借款一般都有特定的项目和目的,它是偿还期在一年以上的借款,形成企业的长期负债。

5.4.2 小企业短期借款的账务处理

5.4.2.1 短期借款的内容

短期借款是小企业向银行或其他金融机构借入的、期限在一年以下(含一年)的各种借款,一般又称为流动资产借款。主要包括以下三种类型:

(1)生产经营周转借款,指小企业因生产周转或季节性原因等出现资金暂时短缺时,向开户银行或其他金融机构借入的款项。

(2)临时借款,指小企业因季节性原因或其他临时性原因等出现资金暂时短缺时,向开户银行或其他金融机构借入的款项。

(3)结算借款,指小企业在销售商品采用托收承付或委托收款结算方式时,向开户银行或其他金融机构借入的款项。

5.4.2.2 短期借款利息计算与支付

(1)短期借款利息的计算。小企业发生的短期借款,一般都是按期结算并支付利息。由于短期借款一般金额不大,且在一年以内,因

此,其利息一般采用单利计息。其计算公式为:

短期借款利息 = 短期借款本金 × 借款利率 × 借款期限

(2)短期借款利息的支付方式,主要有三种:一是按月支付;二是按季支付;三是到期还本付息。

如果短期借款利息按季支付或到期一并归还,则可以采用预提的方式,即按月预提借款利息。

5.4.2.3 短期借款的账务处理

(1)短期借款本金的核算。小企业应设置"短期借款"账户来核算所发生的短期借款。"短期借款"账户借方核算小企业本期短期借款本金的减少,贷方核算小企业本期短期借款本金的增加。小企业借入款项时,贷记该账户;归还借款时,借记该账户。期末为贷方余额,反映小企业尚未偿还的短期借款的本金。

(2)短期借款利息的核算。小企业还应当设置"财务费用"账户,用以核算借款利息支出。该账户核算企业为筹集生产经营活动所需资金而发生的费用,包括利息支出(减利息收入)、汇兑损失(减汇兑收益)以及相关的手续费等。账户的借方登记发生的利息支出、汇兑损失及相关手续费;贷方登记利息收入、汇兑收益及期末结转数;期末,本账户余额转入"本年利润"账户,结转后无期末余额。该账户可按费用项目设置明细账。

在资产负债表日,应按计算确定的短期借款利息费用,借记"财务费用",贷记"银行存款"(实际支付了利息)、"应付利息"(未支付利息)。

【例5-6】2010年11月1日光华公司为筹集生产用资金,向银行借入期限为9个月,年利率为12%的借款100 000元,到期一次还本付息。

(1)收到借款,存入银行。

借:银行存款　　　　　　　　　　　　　　　　100 000
　　贷:短期借款　　　　　　　　　　　　　　　　100 000

(2)2010年12月31日,计算确定当年负担的利息费用(2个月的利息)。

  借:财务费用   2 000
    贷:应付利息   2 000

(3)2011年8月1日,到期归还借款本金并支付利息:

  借:短期借款   100 000
    应付利息   2 000
    财务费用   7 000
    贷:银行存款   109 000

5.4.3 长期借款的账务处理

  长期借款,是小企业向银行或其他金融机构借入的期限在一年以上(不含一年)的各种借款。长期借款一般都有特定的项目和目的。

  小企业应当设置"长期借款"账户来核算企业发生的各种长期借款业务,该账户可按贷款单位和贷款种类,分别对"本金"和"利息调整"等进行明细核算。该账户的性质和用途结构与"短期借款"账户基本相同,所不同的是,该账户核算企业借入的期限在一年以上的各种借款和应付利息。

  企业在确定长期借款利息时,一般按实际利率计算,但当实际利率与合同利率差异较小时,也可以采用合同利率计算利息费用。

  【例5-7】光华公司新建一个车间,建设期为一年。向银行借入3年期、年利率为10%的款项为500 000元,按复利计算利息,到期一次还本付息。

(1)取得借款时

  借:银行存款   500 000
    贷:长期借款——基建借款——本金 500 000

(2)第一年年末计算应付利息 = 500 000 × 10% = 50 000(元)

  由这笔借款的性质是专门借款,在建设期发生的利息费用应当资本化,即计入固定资产成本,作会计分录如下:

借：在建工程——车间　　　　　　　　　　　　　　50 000
　　贷：长期借款——基建工程——利息调整　　　　　50 000
此时,长期借款的本利和 = 500 000 + 50 000 = 550 000(元)
(3)第二年的利息 = 550 000 × 10% = 55 000(元)
从第二年开始,车间的基本建设已经完成,投入使用,长期借款产生的利息就不能计入固定资产成本了,而应当作为财务费用处理。
借：财务费用　　　　　　　　　　　　　　　　　55 000
　　贷：长期借款——基建工程——利息调整　　　　　55 000
此时,该长期借款的本利和 = 550 000 + 55 000 = 605 000(元)
(4)第三年的利息 = 605 000 × 10% = 60 500(元)
借：财务费用　　　　　　　　　　　　　　　　　60 500
　　贷：长期借款——基建工程——利息调整　　　　　60 500
(5)第三年年末归还的本金 = 500 000(元)
利息 = 50 000 + 55 000 + 60 500 = 165 500(元)
本利和 = 500 000 + 165 000 = 665 500(元)
借：长期借款——基建工程——本金　　　　　　　500 000
　　　　　　　　　　　　　——利息调整　　　　　165 000
　　贷：银行存款　　　　　　　　　　　　　　　　665 500

5.5　小企业应付款项筹资业务实账演练

5.5.1　小企业应付款项的内容

小企业可以通过各种应付款项来筹集资金。应付款项是小企业应付给其他单位或个人、而暂时还未付出的款项,形成企业的负债。所以,在未实际付出这些款项时,这些款项上的资金小企业可以暂时占用,所以可以作为企业的一种资金来源。

按照这些应付款项可以占用的时长短,可分为两种：

(1)短期应付款项

小企业的短期应付款项,是指小企业应当在短期内(通常是一年内)支付的各种应付款项,形成小企业的流动负债。短期应付款项包括:应付账款、应付票据、应付职工薪酬、应付福利费、应付利润、其他应付款、应交税费、其他应交款等内容。

(2)长期应付款项

小企业的长期应付款项主要是指应当支付给租赁公司的融资租入的固定资产的租赁费,它属于长期筹资的范畴,形成小企业的长期负债。

5.5.2 短期应付款项的账务处理

5.5.2.1 应付票据的账务处理

应付票据是小企业购买材料、商品和接受劳务等开出、承兑的商业汇票,是小企业出具的承诺在约定的某一天支付确定金额给持票人的书面凭证,属于小企业承担的债务,形成企业的流动负债。有关商业汇票的知识在前面的内容中已作介绍,在此不再重复。

小企业应当设置"应付票据"账户来核算小企业因购买材料、商品和接受劳务等而产生的应付商业汇票及偿还情况。该账户的贷方反映小企业签发、承兑商业汇票的面值和带息票据已计算的应付利息;借方反映小企业到期支付或结转票款数额;余额一般在贷方,反映小企业尚未到期的应付票据本息。

【例5-8】光华公司发生有关应付票据的业务及会计分录如下:

(1)企业购买材料A并取得增值税专用发票,价款为100 000元,税款为17 000元,企业开出期限为6个月的商业承兑汇票一张给对方企业。

借:原材料——A 100 000
　　应交税费——应交增值税(进项税额) 17 000
　贷:应付票据 117 000

(2)企业开出一张期限为3个月、金额为200 000元的银行承兑汇票,用以抵付之前欠M公司的购材料款。银行承兑汇票的手续费率为0.5‰。

①开出商业汇票时
借：应付账款——M公司   200 000
　　贷：应付票据   200 000
②支付银行承兑汇票的手续费
借：财务费用   100
　　贷：银行存款   100
(3)票据到期,收到银行支付到期票据的付款200 000元的通知。
借：应付票据   200 000
　　贷：银行存款   200 000
(4)企业无力支付(1)的票款,将应付票据的账面余额转为应付账款。
借：应付票据   117 000
　　贷：应付账款   117 000
(5)企业有一张300 000元银行承兑汇票到期,但企业的银行存款账户上只有200 000元,银行付款后,将其差额100 000元转作对企业的短期借款。
借：应付票据   300 000
　　贷:银行存款   200 000
　　　短期借款   100 000
根据《支付结算办法》的规定,银行要对这100 000元按每天万分之五计收利息。

5.5.2.2 应付账款的账务处理

(1)应付账款,是指因小企业购买材料、商品或接受劳务供应等而应付给供应单位的款项。这是由买卖双方在购销活动中取得材料、商品或接受劳务与支付货款的时间不一致而产生的。

(2)应付账款的入账金额。一般而言,应付账款应以发票上记载的金额入账。但是,在存在折扣的情况下应分两种情况区别处理:

①如果存在商业折扣的,购货方应根据发票价格即扣除了商业

折扣后的金额入账。

②如果存在现金折扣的,购货方应根据发票上记载的应付金额入账,即按未扣除现金折扣的金额入账,待实际发生折扣时,再将折扣的金额计入当期财务费用。

(3)设置"应付账款"账户。该账户贷方反映小企业因购买材料、商品和接受劳务等而产生的应当支付给对方的款项;借方反映小企业已经支付或转销或已转作应付票据结算的款项;余额一般在贷方,反映小企业尚未支付的应付账款。

【例5-9】2010年5月10日,光华公司向C公司购入材料一批,价款为100 000元,增值税为17 000元,付款条件为"5/10,2/20,n/30"。材料已经验收入库,货款尚未支付。

(1)购买材料时

借:原材料　　　　　　　　　　　　　　　　100 000
　　应交税费——应交增值税(进项税额)　　　17 000
　　贷:应付账款　　　　　　　　　　　　　　117 000

(2)如果光华公司在5月19日付款,可享受5%的现金折扣,现金折扣记入财务费用。

实际支付的款项 = 117 000 × (1 - 5%) = 111 150(元)

编制会计分录如下:

借:应付账款　　　　　　　　　　　　　　　117 000
　　贷:银行存款　　　　　　　　　　　　　　111 150
　　　　财务费用　　　　　　　　　　　　　　5 850

(3)如果光华公司在5月30日以后付款,就不能享受现金折扣了,会计分录如下:

借:应付账款　　　　　　　　　　　　　　　117 000
　　贷:银行存款　　　　　　　　　　　　　　117 000

【例5-10】2010年5月31日,光华公司根据有关资料结转本月应支付的电费(不含税),共计4 000元。其中,基本生产车间产品生产用电 3 000 元,车间照明用电 500 元,厂部照明用电 500 元。6 月 5 日,以支票支付上述电费和增值税。

(1)结转本月应支付的电费和税金

借:生产成本	3 000
制造费用	500
管理费用	500
应交税费——应交增值税(进项税额)	680
贷:应付账款	4 680

(2)实际支付电费

借:应付账款	4 680
贷:银行存款	4 680

【例 5 - 11】光华公司之前欠 Z 公司款项 50 000 元,由于该公司被撤销,这笔应付款项无法支付。光华公司将其作为公司的利得,计入"营业外收入"。

借:应付账款	50 000
贷:营业外收入	50 000

5.5.2.3 应付职工薪酬的账务处理

(1)应付职工薪酬核算的内容

应付职工薪酬是指小企业根据有关规定应付给职工的各种薪酬,包括各种工资(含奖金、津贴等)、福利、社会保险、住房公积金等。

应付职工薪酬核算的内容主要包括应付职工薪酬的计算与分配、发放。

(2)设置"应付职工薪酬"账户

该账户贷方反映小企业应付给职工的薪酬和计提的福利费;借方反映小企业实付给职工的薪酬;本账户期末一般无余额。

小企业应当设置"应付职工薪酬"明细账,按"工资"、"职工福利"、"社会保险费"、"住房公积金"、"工会经费"、"职工教育经费"、"非货币性福利"等进行明细核算;按照职工类别分设账页,按照薪酬的组成内容分设专栏,根据"工资单"或"工资汇总表"等进行登记。

(3)小企业的职工工资分不同情况计入不同的账户

生产工人的薪酬计入"生产成本"账户;车间管理人员的薪酬计入"制造费用"账户;管理人员的薪酬计入"管理费用"账户;专职采购、销售人员的薪酬计入"销售费用"账户;应由工程负担的人员薪酬,计入"在建工程"等账户。

(4)福利费是按小企业工资总额的一定百分比计提,税法最高允许计提的比例是14%。这部分从成本费用中提取的尚未运用的部分,形成了小企业对职工的一项流动负债。这部分职工福利费主要用途有:

① 职工及其直系亲属的医药费;小企业内医务人员的工资、医务经费及职工因公负伤的就医费。

② 职工生活困难补助。

③ 小企业福利机构如职工浴室、理发室等工作人员的工资,以及这些项目支出与收入相抵后的差额。

④ 食堂炊事用具的购置与修理费。

⑤ 集体福利设施和文化体育设施。

⑥ 独生子女补助费及其他福利费开支。

【例5-12】2010年5月31日,光华公司将本月职工工资进行分配,其中,生产工人工资75 000元,车间管理人员工资8 000元,厂部管理人员工资10 000元,销售人员工资5 000元,基建工人工资5 000元,医务室人员工资3 000元。6月5日,通过银行发放工资,发放时,公司代扣个人所得税1 000元,扣上月代垫职工房租2 000元。实际发放工资金额为103 000元;同时按14%的比例计提职工福利金。

(1)小企业计算本月应发放的工资

借:生产成本　　　　　　　　　　　　　　75 000
　　制造费用　　　　　　　　　　　　　　 8 000

　　　　管理费用　　　　　　　　　　　　　　　10 000
　　　　销售费用　　　　　　　　　　　　　　　 5 000
　　　　在建工程　　　　　　　　　　　　　　　 5 000
　　　　应付职工薪酬——福利费　　　　　　　　 3 000
　　　贷：应付职工薪酬——工资　　　　　　　 106 000
　（2）直接通过银行发放工资
　　借：应付职工薪酬　　　　　　　　　　　　106 000
　　　贷：银行存款　　　　　　　　　　　　　 103 000
　　　　其他应收款——职工　　　　　　　　　　 2 000
　　　　应交税费——应交个人所得税　　　　　　 1 000
　（3）计提福利费
　　借：生产成本（75 000×14%）　　　　　　　 10 500
　　　　制造费用（8 000×14%）　　　　　　　　 1 120
　　　　管理费用（13 000×14%）　　　　　　　　1 820
　　　　销售费用（5 000×14%）　　　　　　　　　 700
　　　　在建工程（5 000×14%）　　　　　　　　　 700
　　　贷：应付职工薪酬——福利费（106 000×14%） 14 840

【例5-13】光华公司发放职工困难补助10 000元，报销职工外地就医费用5 000元。
　　借：应付职工薪酬——福利费　　　　　　　　15 000
　　　贷：库存现金　　　　　　　　　　　　　　15 000

5.5.2.4　应付利润的账务处理

应付利润是小企业根据董事会或类似机构确定并宣告的利润分配方案，应该分配给投资者的利润。在没有实付前，构成小企业的短期负债。

【例5-14】2010年年底，光华公司经公司董事会批准，决定从当年实现的利润中拿出200 000元分配给股东。2006年1月15日，从银行提取现金200 000元，发放该利润。

(1)企业计算出应付给投资者的利润
借：利润分配——应付利润　　　　　　200 000
　　贷：应付利润　　　　　　　　　　　　200 000
(2)实际支付
借：库存现金　　　　　　　　　　　　　200 000
　　贷：银行存款　　　　　　　　　　　　200 000
借：应付利润　　　　　　　　　　　　　200 000
　　贷：库存现金　　　　　　　　　　　　200 000

5.5.2.5　其他应付款的账务处理
(1)其他应付款的核算内容
其他应付款核算小企业应付、暂收其他单位或个人的款项，如租入固定资产和包装物的租金、存入保证金等，具体包括：
①应付经营租入固定资产和包装物的租金。
②职工未按期领取的工资。
③存入保证金(如收入包装物押金等)。
④应付、暂收所属单位、个人的款项。
⑤其他应付、暂收款项。
(2)其他应付款的账务处理
为了核算小企业应付、暂收其他单位或个人的款项及其偿还情况，应设置"其他应付款"科目。该科目贷方反映小企业计算出应付、暂收其他单位或个人的款项，借方反映小企业实际支付的应付、暂收其他单位或个人的款项。本科目期末余额一般在贷方，反映企业尚有的其他应付款项。
为了加强对其他应付款的管理，小企业设置的"其他应付款"科目应按应付和暂收款项的类别和单位或个人设置明细账，进行明细核实。

【例5-15】光华公司2005年5月12日收到包装物押金5 000元，并于7月12日收回80%的包装物后归还对方部分押金，同时将逾期未还的包装物押金没收。

(1) 收到包装物押金

借：银行存款　　　　　　　　　　　　　5 000
　　贷：其他应付款　　　　　　　　　　　　5 000

(2) 归还押金

借：其他应付款　　　　　　　　　　　　4 000
　　贷：银行存款　　　　　　　　　　　　　4 000

(3) 没收押金

借：其他应付款　　　　　　　　　　　　1 000
　　贷：营业外收入　　　　　　　　　　　　1 000

应交税费也属于短期应付款项的内容，具体的核算我们将在第9章专门介绍。

5.5.3　长期应付款的账务处理

5.5.3.1　长期应付款的核算内容

长期应付款是指小企业除长期借款以外的其他各种长期应付款，包括应付融资租入固定资产的租赁费、以分期付款方式购入固定资产等发生的应付款项。对于小企业来说，长期应付款属于一种长期负债。

5.5.3.2　长期应付款的账务处理

小企业通过设置"长期应付款"账户来核算小企业除长期借款以外的其他各种长期应付款，包括融资租入固定资产的租赁费等。该账户贷方反映小企业取得的长期应付款，借方反映小企业已经偿还的长期应付款，期末余额在贷方，反映小企业尚未支付的各种长期应付款。

对于小企业融资租入的固定资产，由于在计算最低租赁付款额过程中涉及的职业判断及对未来现金流量折现等困难，《小企业会计制度》规定小企业可以简化其核算方法：对于符合融资租赁条件的固定资产,以合同或协议约定支付租赁款及使用固定资产达到可使用状态前发生的其他有关必要支出来确定其入账价值,不要求折现计算。

小企业融资租入固定资产,应当在租赁开始日,按租赁协议或者合同确定的价款、运输费、途中保险费、安装调试费以及融资租入固定资产达到预定可使用状态前发生的利息支出和汇兑损益等,借记"固定资产——融资租入固定资产"账户,按租赁协议或者合同确定的设备价款,贷记"长期应付款"账户,按应支付的其他相关费用,贷记"银行存款"、"应付账款"等账户。

按期支付融资租赁费时,借记"长期应付款"账户,贷记"银行存款"账户。租赁期满,如合同规定将固定资产所有权转归承租企业,应当进行转账,将固定资产从融资租入"固定资产"明细账户转入经营用"固定资产"明细账户。

【例5-16】光华公司融资租入设备一台,价值500 000元,另外用银行存款支付运输费、途中保险费、安装调试费等共计50 000元。按照租赁协议,租赁费分5年等额偿还,每年偿还10 000元,5年偿清租赁费后设备归租赁方。该设备按5年计提折旧。

(1)融资租赁租入固定资产

借:在建工程　　　　　　　　　　　　　　　500 000
　　贷:长期应付款　　　　　　　　　　　　　500 000

(2)用银行存款支付运输费、途中保险费、安装调试费

借:在建工程　　　　　　　　　　　　　　　 50 000
　　贷:银行存款　　　　　　　　　　　　　　 50 000

(3)安装完毕交付使用

借:固定资产——融资租入固定资产　　　　　550 000
　　贷:在建工程　　　　　　　　　　　　　　550 000

(4)按期支付租赁费

借:长期应付款　　　　　　　　　　　　　　100 000

贷：银行存款　　　　　　　　　　　　　　100 000
(5)计提折旧
　　借：制造费用　　　　　　　　　　　　　　110 000
　　　贷：累计折旧　　　　　　　　　　　　　110 000
(6)5年后设备归租赁方
　　借：固定资产——经营用固定资产　　　　　550 000
　　　贷：固定资产——融资租入固定资产　　　550 000

第6章 小企业货币性金融资产业务会计实账演练

6.1 小企业金融资产的含义及分类

6.1.1 金融资产的含义

金融资产是一切可以在有组织的金融市场上进行交易,具有现实价格和未来估价的金融工具的总称。金融资产的最大特征是能够在市场交易中为其所有者提供即期或远期的货币收入流量。金融资产是企业资产的重要组成部分,主要包括:库存现金、银行存款、应收账款、应收票据、其他应收款项、股权投资、债权投资、衍生工具形成的资产等。

6.1.2 金融资产分类

小企业应当结合自身业务特点、投资策略和风险管理要求,将取得的金融资产在初始确认时划分为以下五类:

(1)交易性金融资产;

(2)持有至到期投资；
(3)可供出售金融资产；
(4)长期股权投资；
(5)应收款项。

前面四类属于非货币性金融资产，后一类属于货币性金融资产。本章主要涉及货币性金融资产的实账演练。非货币性金融资产的内容将在下章中介绍。

6.1.3 货币性金融资产的内容

小企业的货币性金融资产主要包括企业持有的库存现金、银行存款、其他货币资金以及各项应收款项。

6.2 小企业库存现金业务实账演练

6.2.1 库存现金的总分类核算

库存现金是指存放于小企业，由出纳人员保管，主要用于日常零星开支的现金，包括库存的人民币和外币。库存现金是流动性最强的一种货币性资产，可以随时用于购买企业所需物资、支付有关费用、偿还债务等，也可以随时存入银行。

6.2.1.1 账户设置

为了总括地反映库存现金的收入、支出和结存情况，小企业应设置"库存现金"账户核算现金收支业务。该账户属于资产类账户，借方登记库存现金的增加，贷方登记库存现金的减少，期末余额在借方，反映企业持有的库存现金金额。

6.2.1.2 库存现金的账务处理

【例6-1】光华公司2011年年初现金余额为15 000元，银行核定的库存限额为20 000元。一月份发生经济业务及会计处理如下：

(1)4日，王其借支差旅费2 000元，填制了借款单，并报请领导签了字。

会计人员根据借款单编制现金付款凭证,如表6-1所示。

表6-1　　　　　　　　付　款　凭　证
贷方科目:<u>库存现金</u>　　2011年1月4日　　　<u>现</u>付字 第<u>01</u>号

摘要	借方科目		记账	金　　额	
	一级科目	明细科目			
王其借支差旅费	其他应收款	王其		2 000.00	附件1张
合　　计				2 000.00	

会计主管:　　　记账:　　　出纳:张　　　审核:　　　制单:胡

(2) 4日,销售部章华持手续齐备的领款单,领取备用金1 000元。

会计人员根据领款单编制现金付款凭证,如表6-2所示。

表6-2　　　　　　　　付　款　凭　证
贷方科目:<u>库存现金</u>　　2011年1月4日　　　<u>现</u>付字 第<u>02</u>号

摘要	借方科目		记账	金　　额	
	一级科目	明细科目			
销售部门领取备用金	其他应收款	销售部门		1 000.00	附件1张
合　　计				1 000.00	

会计主管:　　　记账:　　　出纳:张　　　审核:　　　制单:胡

(3)4日,销售A产品,收到五笔现金,开出增值税专用发票五份,价款共计4 000元,税款共计680元。

会计人员根据增值税专用发票第三联编制现金收款凭证,如表6-3所示。

表6-3　　　　　　　收　款　凭　证
借方科目:<u>库存现金</u>　　2011年1月4日　　　现 收字 第 01 号

摘要	贷方科目		记账	金　　额	
	一级科目	明细科目			
销售A产品	主营业务收入	A产品		4 000.00	附件5张
	应交税费	应交增值税（销项税额）		680.00	
合　　计				4 680.00	

会计主管:　　记账:　　出纳:张　　审核:　　制单:胡

(4)4日,职工陈栋归还借款800元。

会计人员根据借款单编制现金收款凭证,如表6-4所示。

表6-4　　　　　　　收　款　凭　证
借方科目:<u>库存现金</u>　　2011年1月4日　　　现 收字 第 02 号

摘要	贷方科目		记账	金　　额	
	一级科目	明细科目			
陈栋归还借款	其他应收款	陈栋		800.00	附件1张
合　　计				800.00	

会计主管:　　记账:　　出纳:张　　审核:　　制单:胡

·130

下面发生的经济业务,都以会计分录代替记账凭证。

(5)4日,将销售款项4 680元存入银行,带回现金缴款单第一联。

  借:银行存款   4 680
    贷:库存现金   4 680

(6)8日,出纳签发一张现金支票,到银行提取现金5 000元。

  借:库存现金   5 000
    贷:银行存款   5 000

(7)8日,公司用现金购买办公用品1 900元。

  借:管理费用——办公费   1 900
    贷:库存现金   1 900

(8)8日,职工桑名报销医药费100元。

  借:应付职工薪酬——福利费   100
    贷:库存现金   100

(9)8日,收到职工王枚的赔偿款120元,开出内部收据一张。

  借:库存现金   120
    贷:其他应收款——赔偿款   120

(10)15日,王其出差归来,报销差旅费1 800元,并退回多余款项。

  借:库存现金   200
    贷:其他应收款——王其   200
  借:管理费用   1 800
    贷:其他应收款——王其   1 800

(11)15日,收回乙公司前欠货款900元,开出普通发票一张。

  借:库存现金   900
    贷:应收账款——乙公司   900

(12)15日,支付第一季度报刊费600元。

  借:管理费用——报刊费   600
    贷:库存现金   600

(13)15 日,退回预收甲公司的包装物押金 800 元。

　　借：其他应付款——甲公司　　　　　　　　　800
　　　贷：库存现金　　　　　　　　　　　　　　　　800

(14)30 日,车间购买考勤表等办公用品,款项 300 用现金支付,取得普通发票。

　　借：制造费用　　　　　　　　　　　　　　　300
　　　贷：现金　　　　　　　　　　　　　　　　　　300

(15)30 日,根据领导已经审批的工资表,上午,开出金额为 100 000 元的现金支票一张到银行提现。下午发放 1 月份工资 100 000 元,其中:生产工人工资 60 000 元,生产车间管理人员工资 5 000 元,行政管理人员工资 25 000 元,销售人员工资 10 000 元。

　　借：库存现金　　　　　　　　　　　　　　100 000
　　　贷：银行存款　　　　　　　　　　　　　　　100 000
　　借：应付职工薪酬——工资　　　　　　　　100 000
　　　贷：库存现金　　　　　　　　　　　　　　　100 000

(16)出售办公室废旧报刊,取得现金 100 元。

该业务根据根据第三联登记现金日记账或编制现金收款凭证,会计分录为:

　　借：库存现金　　　　　　　　　　　　　　　100
　　　贷：管理费用　　　　　　　　　　　　　　　　100

(17)31 日,开出现金支票 3 500 元,补足库存限额。

该业务根据现金支票存根登记现金日记账或编制银行存款付款凭证,会计分录为:

　　借：库存现金　　　　　　　　　　　　　　3 500
　　　贷：银行存款　　　　　　　　　　　　　　　3 500

6.2.2　库存现金的序时核算

为了全面、连续地反映和监督库存现金的收支和结存情况,企业还要对库存现金进行序时核算。企业应当设置"现金日记账"账户,由出纳人员根据审核无误的现金收、付款凭证,按照业务发生顺序逐笔登记。每日终了,应当计算当日的现金收入合计额、现金支出合计额和结余额,并将结余额与实际库存额核对,做到账款相符。月份终了,现金日记账的余额需与现金总分类账的余额核对相符。有外币现金的企业,应分别以人民币和各种外币设置现金日记账。现金日记账的格式及登记方法如表6-5所示。

【例6-2】根据【例6-1】资料,出纳人员登记现金日记账,如表6-5所示。

表6-5 现 金 日 记 账

2011年度 第 1 页

2010年		凭证号	摘要	借方	贷方	借或贷	余额
月	日						
1	1		期初余额			借	1500000
	4	现付1	借差旅费		200000		
		现付2	领备用金		100000		
		现收1	销售A产品	468000			
		现收2	归回借款	80000			
		现付3	销款送银行		468000		
			本日合计	548000	768000	借	1280000
	8	银付3	支票提现	500000			
		现付4	购买办公品		90000		
		现付5	报销医药费		10000		
		现收3	收赔偿款	12000			
			本日合计	512000	100000	借	1692000
	15	现收4	退回多余款	20000			
		现收5	收回货款	90000			
		现付6	支付报刊费		60000		
		现付7	退回押金		80000		
			本日合计	110000	140000	借	1662000
	30	现付8	购买办公品		30000		
		银付6	提现发工资	1000000			
		现付9	发工资		1000000		
		现收6	出售废报纸	10000			
			本日合计	1001000	1030000	借	1642000
	31	银付10	支票提现	350000			
			本月合计	1153000	1038000	借	1992000

6.3 小企业银行存款业务实账演练

6.3.1 银行存款的总分类核算

6.3.1.1 账户设置

企业应设置"银行存款"账户核算企业存入银行或其他金融机构的各种款项。本账户借方登记银行存款的增加,贷方登记银行存款的减少,期末余额在借方,反映企业存在银行或其他金融机构的各种款项。

6.3.1.2 银行存款的账务处理

【例6-3】光华公司2010年"银行存款"账户期初余额为2 043 000元,1月份发生银行存款收付业务及账务处理如下:

(1)4日,销售B产品给丙商店,开出增值税专用发票一张,价款为100 000元,税额为17 000元,对方开具转账支票一张,出纳人员填制进账单并将其存入开户银行。

借:银行存款　　　　　　　　　　　　　　117 000
　　贷:主营业务收入　　　　　　　　　　　　100 000
　　　　应交税费——应交增值税(销项税额)　 17 000

(2)4日,公司采购原材料M,交回增值税专用发票一张,价税合计234 000元,出纳人员开出转账支票一张及进账单,支付货款。

借:原材料　　　　　　　　　　　　　　　200 000
　　应交税费——应交增值税(进项税额)　　 34 000
　　贷:银行存款　　　　　　　　　　　　　234 000

(3)4日,出纳人员到银行办理金额为200 000元的银行汇票一张。

借:其他货币资金　　　　　　　　　　　　200 000
　　贷:银行存款　　　　　　　　　　　　　200 000

(4)4日,出纳人员将销售款项4 680元存入银行,带回现金缴款单第一联。

  借：银行存款   4 680
    贷：库存现金   4 680

（5）4日，银行传来信汇凭证收账通知，上月大地氮肥厂所欠货款58 000元于今日收到。

  借：银行存款   58 000
    贷：应收账款——大地氮肥厂   58 000

（6）8日，出纳签发一张现金支票，到银行提取现金5 000元。

  借：库存现金   5 000
    贷：银行存款   5 000

（7）8日，向本市N企业出售B产品一批，取得价款150 000元，增值税额为25 500元，收到对方的银行本票一张，出纳人员开具增值税专用发票。

  借：银行存款   175 500
    贷：主营业务收入——B产品   150 000
      应交税费——应交增值税（销项税额） 25 500

（8）8日，日前将一张银行承兑汇票送交银行，今收到进账单收账通知（第三联），收到票款200 000元。

  借：银行存款   200 000
    贷：应收票据——银行承兑汇票   200 000

（9）8日，银行传来托收承付收款通知（托收承付凭证第四联），款项117 000元已经收存银行。

  借：银行存款   117 000
    贷：应收账款——K公司   117 000

（10）15日，向大江厂出售B产品，价税合计234 000元，当即收到对方的银行汇票一张，出纳人员开出增值税专用发票。

  借：银行存款   234 000
    贷：主营业务收入——B产品   200 000
      应交税费——应交增值税（销项税额） 34 000

(11) 15 日,金额为 58 500 的商业承兑汇票一张到期,收到银行委托收款凭证收账通知。

　　借:银行存款　　　　　　　　　　　　　　　58 500
　　　贷:应收票据——商业承兑汇票　　　　　　　58 500

(12) 15 日,采购员王强出差,借支备用金 5 000 元,出纳人员开出现金支票。

　　借:其他应收款——王强　　　　　　　　　　 5 000
　　　贷:银行存款　　　　　　　　　　　　　　　5 000

(13) 15 日,以信汇方式支付前欠海洋厂的材料款 100 000 元。

　　借:应付账款　　　　　　　　　　　　　　　100 000
　　　贷:银行存款　　　　　　　　　　　　　　 100 000

(14) 30 日,根据领导已经审批的工资表,开出金额为 100 000 元的现金支票一张到银行提现。

该业务根据支票存根和工资表登记银行存款日记账或编制银行存款付款凭证,会计分录为:

　　借:库存现金　　　　　　　　　　　　　　　100 000
　　　贷:银行存款　　　　　　　　　　　　　　 100 000

(15) 30 日,从光芒公司购进 C 材料一批,取得增值税专用发票,价款为 300 000 元,税额为 51 000 元,合同约定采用银行承兑汇票支付所有款项。

　　借:其他货币资金——银行承兑汇票存款　　　351 000
　　　贷:银行存款　　　　　　　　　　　　　　 351 000

(16) 30 日,收到银行的商业承兑汇票付款通知。此汇票是三个月前开出的一张金额为 200 000 元的商业承兑汇票到期。

　　借:应付票据——商业承兑汇票　　　　　　　200 000
　　　贷:银行存款　　　　　　　　　　　　　　 200 000

(17) 30 日,从本市集机器厂购回机器一台,价税合计 234 000 元,采用银行本票结算。

　　借:其他货币资金——银行本票存款　　　　　351 000

贷：银行存款　　　　　　　　　　　　　　　　351 000
　　(18)31 日,开出现金支票 3 500 元,补足库存限额。
　　借：库存现金　　　　　　　　　　　　　　　　　3 500
　　　　贷：银行存款　　　　　　　　　　　　　　　　3 500
　　(19)31 日,购买 K 公司 M 材料,价税合计 46 800 元,对方开出增值税专用发票,出纳人员开出等额转账支票一张交付对方。
　　借：原材料　　　　　　　　　　　　　　　　　 40 000
　　　　应交税费——应交增值税(进项税额)　　　　　6 800
　　　　贷：银行存款　　　　　　　　　　　　　　　46 800
　　根据上述业务,出纳人员登记现金日记账,如表 6-5 所示。

6.3.2　银行存款的序时核算

　　为了全面、连续地反映和监督银行存款的收支和结存情况,企业还要对银行存款进行序时核算。企业应当设置"银行存款日记账"账户,由出纳人员根据审核无误的银行存款收、付款凭证,按照业务发生顺序逐笔登记。每日终了,应当计算当日的银行存款收入合计额、银行存款支出合计额,并结出当日余额。

　　【例 6-4】根据【例 6-3】的资料,登记银行存款日记账,如表 6-6 所示。

表 6-6　　　　　　　　银 行 存 款 日 记 账

2007　年度　　　　　　　　　　第　1　页

2010年		凭证号	摘要	借方 百十万千百十元角分	贷方 百十万千百十元角分	借或贷	余额 百十万千百十元角分
月	日						
1	1		期初余额			借	2 0 4 3 0 0 0 0
	4	银收1	销售 B 产品	1 1 7 0 0 0 0 0			
		银付1	采购 M 材料		2 3 4 0 0 0 0 0		
		银付2	办理银行汇票		2 0 0 0 0 0 0 0		
		现付3	销售款送银行	4 6 8 0 0 0			
		银收2	收到货款	5 8 9 0 0 0 0			
			本日合计	1 8 0 5 8 0 0 0	4 3 4 0 0 0 0 0	借	1 7 8 9 5 8 0 0 0
	8	银付3	支票提现		5 0 0 0 0 0		
		银收3	销售 B 产品	1 7 5 5 0 0 0 0			

表6-6(续)

2010年		凭证号	摘要	借方 百十万千百十元角分	贷方 百十万千百十元角分	借或贷	余额 百十万千百十元角分
月	日						
		银收4	银行承兑汇票兑现	2 0 0 0 0 0 0 0			
		银收4	托收承付款项已到	1 1 7 0 0 0 0 0			
			本日合计	4 9 2 5 0 0 0 0	5 0 0 0 0 0	借	2 2 7 7 0 8 0 0
	15	银收5	银行汇票收款	2 3 4 0 0 0 0 0			
		银收6	商业承兑汇票收款	5 8 5 0 0 0 0			
		借付4	借支备用金		5 0 0 0 0 0		
		银付5	信汇付材料款		1 0 0 0 0 0 0 0		
			本日合计	2 9 2 5 0 0 0 0	1 0 5 0 0 0 0 0	借	2 4 6 4 5 8 0 0 0
	30	银付6	提现发工资		1 0 0 0 0 0 0 0		
		银付7	银行承兑汇票付款		3 5 1 0 0 0 0 0		
		银付8	商业承兑汇票付款		2 0 0 0 0 0 0 0		
		银付9	银行本票付机器款		2 3 4 0 0 0 0 0		
			本日合计		8 8 5 0 0 0 0 0	借	1 5 7 9 5 8 0 0 0
	31	银付10	支票提现		3 5 0 0 0 0 0		
		银付11	购买原材料		4 6 8 0 0 0 0		
			本日合计		5 0 3 0 0 0 0 0	借	1 5 2 9 2 8 0 0 0
			本月合计	9 6 5 5 8 0 0 0	1 4 7 9 3 0 0 0 0	借	1 5 2 9 2 8 0 0 0

6.3.3 银行存款余额调节表

银行存款日记账应当定期与银行转来的对账单进行核对,每月应至少核对一次。当两者不一致时,就必须编制银行存款余额调节表进行验证。

6.3.3.1 银行存款余额调节表的含义

银行存款余额调节表(格式如表6-7所示)是出纳人员为了核对本单位银行存款日记账余额与银行方的存款账面余额而编制的,通过对双方未达账项进行调整而实现双方余额平衡的一种报表。

6.3.3.2 未达账项及种类

未达账项是指由于企业与银行取得有关凭证的时间不同而发生的,一方已经取得凭证并登记入账,另一方由于未取得凭证而尚未入账的款项。未达账项的主要包括以下两类四种情况:

(1)小企业出纳人员已经入账,银行方尚未入账的款项,具体包括:

① 单位存入银行的款项,单位已经作为存款增加入账,而银行尚未办理手续入账。如单位收到外单位的转账支票,填好进账单,并经银行受理盖章,即可记账,而银行则要办妥转账手续后,才能入账。

② 单位开出转账支票或其他付款凭证,并已作存款减少入账,银行尚未支付没有记账。如单位已开出支票,而持票人尚未去银行提现或转账等。

(2)银行方已经入账,小企业尚未入账的款项,具体包括:

① 银行代单位划转收取的款项已经收到入账,单位尚未收到银行的收账通知而未入账。如委托银行收取的贷款,银行已入账,而单位尚未收到银行的收款通知。

② 银行代单位划转支付的款项已经划出并记账,单位尚未收到付款通知而未入账。如扣借款利息、应付购货款的托收承付、代付水电费、通信费等。

出现第一类第①种和第二类第②种情况时,单位银行存款日记账账面余额会大于银行对账单的余额;反过来,出现第一类第②种和第二类第①种情况时,企业单位银行存款日记账账面余额会小于银行对账单的余额。

【例6-5】光华公司2009年10月31日银行存款日记账余额为1 529 280元,收到的银行对账单余额为1 703 480元,出纳人员进行逐笔核对后发现有以下未达账项:① K公司开出一张转账支票给本公司偿付货款,金额为46 800元。支票已送存银行,但银行尚未入账。②本公司开出5 000元现金支票一张供职工胡名作为借支的差旅费,本单位已入账;但胡名尚未到银行兑付,所以银行尚未入账。③本公司开户行代为收妥L公司货款93 600元,银行已入账;而本单位尚未收到银行收账通知,所以尚未入账。④本公司开户行代自来水公司和电力局扣划本月水电费8 000元,银行已入账;而本单位尚未收到银行的付账通知,所以公司尚未入账。根据以上资料,企业编制银行存款余额调节表,如表6-7所示。

表 6-7　　　　　光华公司银行存款余额调节表

2009 年 10 月 31 日

项　目	金　额	项　目	金　额
银行存款日记账余额	1 529 280.00	银行对账单余额	1 401 880.00
加：银行已收，		加：企业已收，	
公司未收的款项	93 600.00	银行未收的款项	46 800.00
减：银行已付，		减：企业已付，	
公司未入账的款项	8 000.00	银行未付的款项	5 000.00
调整后的银行存款余额	1 443 680.00	调整后的银行存款余额	1 443 680.00

6.4　小企业其他货币资金业务实账演练

6.4.1　其他货币资金的内容及账户设置

6.4.1.1　其他货币资金的内容

其他货币资金是指除库存现金、银行存款外的各种货币资金，主要包括银行汇票存款、银行本票存款、信用卡存款、信用证保证金存款、存出投资款、外埠存款等货币资金。

6.4.1.2　账户设置

企业应当设置"其他货币资金"账户核算银行汇票存款、银行本票存款、信用卡存款、信用证保证金存款、存出投资款、外埠存款等其他货币资金的增减变化。该账户属于资产类账户，借方登记增加的其他货币资金，贷方登记减少的其他货币资金，期末为借方余额，反映企业持有的其他货币资金。

本账户可按银行汇票或本票、信用证的收款单位，外埠存款的开户银行，分别设置"银行汇票"、"银行本票"、"信用卡"、"信用证保证金"、"存出投资款"、"外埠存款"等明科目进行明细核算。

6.4.2 银行汇票存款和银行本票存款的账务处理

6.4.2.1 银行汇票的账务处理

(1)企业办理银行汇票时,根据"银行汇票申请书"第一联存根联借记"其他货币资金——银行汇票"账户,贷记"银行存款"账户。

(2)企业采购人员持银行汇票购买货物时,借记"材料采购"、"在途物资"、"库存商品"、"应交税费——应交增值税(进项税额)"账户,贷记"其他货币资金——银行汇票"账户。

(3)如有多余款项,企业根据签发银行转来的银行汇票第四联"多余款收账通知联"中列明的"多余金额"数额借记"银行存款"账户,贷记"其他货币资金——银行汇票"账户。

6.4.2.2 银行本票的账务处理

(1)企业办理银行本票时,借记"其他货币资金——银行本票"账户,贷记"银行存款"账户。

(2)银行按规定收取的办理银行本票手续费时,企业借记"财务费用——银行手续费"账户,贷记"银行存款或库存现金"账户。

(3)企业持银行本票购买货物时,借记"材料采购"、"在途物资"、"库存商品"、"应交税费——应交增值税(进项税额)"账户,贷记"其他货币资金——银行本票"账户。

(4)如果实际购货金额大于银行本票金额,付款单位可以用支票或现金等补齐不足的款项,借记"材料采购"或"在途物资"等账户,贷记"银行存款(库存现金)"账户。

(5)如果实际购货金额小于银行本票金额,则由收款单位用支票或现金退回多余的款项,借记"银行存款(库存现金)"账户,贷记"其他货币资金——银行本票"账户。

【例6-6】光华公司2010年9月5日用银行存款办理了200 000元的银行汇票和50 000元的银行本票各一张。9月10日,采购人员使用银行汇票到广州购买材料一批,取得增值税专用发票,金额为160 000元,税额为27 200元,余款退回银行。各种发票账单已经传递到财务部门。另外用现金支付采购费用 100 元。9 月 11 日用银行本票支付广告费 49 500 元,对方用现金退回多余款项。光华公司的会计处理如下:

(1)办理银行汇票与本票

借:其他货币资金——银行汇票存款　　　　　200 000
　　　　　　　　——银行本票存款　　　　　 50 000
　　贷:银行存款　　　　　　　　　　　　　 250 000

(2)用银行汇票购买材料

借:材料采购　　　　　　　　　　　　　　　160 100
　　应交税费——应交增值税(进项税额)　　　 27 200
　　银行存款　　　　　　　　　　　　　　　 12 800
　　贷:其他货币资金——银行汇票存款　　　　200 000
　　　　库存现金　　　　　　　　　　　　　　　100

(3)支付广告费

借:销售费用　　　　　　　　　　　　　　　 49 000
　　库存现金　　　　　　　　　　　　　　　　　500
　　贷:其他货币资金——银行本票存款　　　　 49 500

6.4.3　外埠存款的账务处理

企业将款项汇往外地开立采购专户时,借记"其他货币资金——外部存款"账户,贷记"银行存款"账户;收到采购人员提供的采购发票等单证,借记"材料采购"、"在途物资"、"库存商品"、"应交税费——应交增值税(进项税额)"账户,贷记"其他货币资金——外部存款"账户;采购完毕收回剩余款项时,借记"银行存款"账户,贷记"其他货币资金——外部存款"账户。

【例 6-7】光华公司在上海银行开立采购账户并于 2010 年 9 月 10 日将 200 000 款项汇往上海,进行采购活动;采购人员于 2009 年 10 月 15 日采购材料到达企业,取得增值税专用发票注明金额为 150 000 元,税额为 22 500 元,另有采购费用等相关凭证 1 000 元。

多余款项转回当地开户银行。会计处理如下：

(1) 办理外埠存款

借：其他货币资金——外埠存款　　　　　　　200 000
　　贷：银行存款　　　　　　　　　　　　　　　200 000

(2) 材料到达公司验收入库

借：材料采购　　　　　　　　　　　　　　　151 000
　　应交税费——应交增值税(进项税额)　　　 22 500
　　贷：其他货币资金——外埠存款　　　　　　173 500

(3) 将多余的外埠存款转回当地银行结算户

借：银行存款　　　　　　　　　　　　　　　 26 500
　　贷：其他货币资金——外埠存款　　　　　　 26 500

6.5　小企业应收款项业务实账演练

企业的应收款项是指企业在日常生产经营活动中发生的各项应收而尚未收到的各种款项，包括应收票据、应收账款、其他应收款以及预付账款等。

6.5.1　应收账款的账务处理

6.5.1.1　应收账款及核算账户

应收账款是指企业因销售商品、产品、提供劳务等，应向购货单位或者接受劳务单位收取的款项，其账务处理包括对应收账款本身的处理和对坏账准备的处理。所以企业需要设置"应收账款"和"坏账准备"两个账户进行核算。

(1) "应收账款"账户

"应收账款"是资产类账户，核算企业因销售商品、提供劳务等经营活动应收取的款项。本账户借方登记发生的应收未收账款，贷方登记收回或转销的账款，期末余额一般在借方，反映企业尚未收回的应收账款。本账户可按债务人进行明细核算。

(2)"坏账准备"账户

"坏账准备"是"应收账款"账户的备抵账户,核算企业按规定从"资产减值损失——坏账损失"中提取的坏账准备,其借方登记企业已经发生的坏账损失,贷方登记按规定提取的坏账准备或收回的已经确认并转销的坏账损失,期末贷方余额反映企业已提取尚未转销的坏账准备。

6.5.1.2 应收账款的账务处理

【例6-8】光华公司发生的经济业务及会计分录如下:

2010年9月5日销售A产品100件给M公司,单价100元,并垫付包装费、运杂费共计900元,款项尚未收到;9月19日收到货款存入银行。

(1)销售A产品确认收入

借:应收账款　　　　　　　　　　　　　　12 600
　　贷:主营业务收入　　　　　　　　　　　　10 000
　　　　应交税费——应交增值税(销项税额)　　1 700
　　　　库存现金　　　　　　　　　　　　　　 900

(2)收回货款存入银行

借:银行存款　　　　　　　　　　　　　　12 600
　　贷:应收账款　　　　　　　　　　　　　　12 600

6.5.1.3 坏账准备的账务处理

小企业坏账准备会计核算的方法是备抵法,即企业按期(一般是一个会计年度)对应收款项进行检查,预计各项应收款项可能发生的坏账,并计提坏账准备;当某一应收款项全部或部分被确认为坏账时,应当根据其确认的坏账金额冲减坏账准备,同时转销相应的应收款项金额。备抵法的关键在于合理地按期估计坏账损失,即合理计提坏账准备。企业计提坏账准备的方法主要是应收账款余额百分比法。

应收账款余额百分比法,是根据企业会计期末应收账款的账面余额并按照预先确定的估计坏账率(计提比率)来估计本期坏账损失并计算本期应计提坏账准备金额的方法。

当期实际计提的坏账准备＝当期按应收账款计算的应计提的坏账准备金额－"坏账准备"账户的贷方余额

计提的坏账准备记入"资产减值损失"账户；发生坏账时，直接用"坏账准备"进行核销。

【例6-9】光华公司采用应收账款余额百分比法核算坏账损失，坏账准备的提取比例为5‰，根据如下资料编制会计分录：

(1)公司从2006年开始计提坏账准备，该年应收账款余额是100万元。

应计提坏账准备＝1 000 000×5‰＝5 000(元)(期末贷方余额)

实际计提的坏账准备5 000元

借：资产减值损失——坏账损失　　　　　　　　　5 000
　　贷：坏账准备　　　　　　　　　　　　　　　　5 000

(2)2007年和2008年年末应收账款余额分别为250万元和220万元，这两年均未发生坏账损失。

2007年应计提坏账准备＝2 500 000×5‰＝12 500(元)(期末贷方余额)

实际计提的坏账准备＝12 500－5 000＝7 500(元)(补提)

借：资产减值损失——坏账损失　　　　　　　　　7 500
　　贷：坏账准备　　　　　　　　　　　　　　　　7 500

2008年应计提坏账准备＝2 200 000×5‰＝11 000(元)(期末贷方余额)

实际计提的坏账准备＝11 000－12 500＝－1 500(元)(冲销)

借：坏账准备　　　　　　　　　　　　　　　　　1 500
　　贷：资产减值损失——坏账损失　　　　　　　　1 500

(3)2009年6月确认一笔坏账损失18 000元；2009年年末应收账款余额为200万元。

①确认坏账时

借：坏账准备　　　　　　　　　　　　　　　　　18 000

贷：应收账款　　　　　　　　　　　　　　　　　　　　18 000

　　②期末未提坏账准备前账户余额 = 11 000 - 18 000 = - 7 000(元)(借方余额)

　　期末计算应计提坏账准备 = 2 000 000 × 5‰ = 10 000(元)(期末余额)

　　实际计提坏账准备 = 10 000 - (- 7 000) = 17 000(元)
　　借：资产减值损失——坏账损失　　　　　　　　　　　17 000
　　　　贷：坏账准备　　　　　　　　　　　　　　　　　17 000

　　(4)2010 年又收回 2009 年确认的坏账;2010 年应收账款余额为 300 万元。

　　①收回 2009 年确认的坏账
　　借：银行存款　　　　　　　　　　　　　　　　　　　18 000
　　　　贷：应收账款　　　　　　　　　　　　　　　　　18 000
　　同时，
　　借：应收账款　　　　　　　　　　　　　　　　　　　18 000
　　　　贷：坏账准备　　　　　　　　　　　　　　　　　18 000

　　②期末未提坏账准备前账户余额 = 10 000 + 18 000 = 28 000(元)(贷方余额)

　　期末计算应计提坏账准备 = 3 000 000 × 5‰ = 15 000(元)
　　实际计提坏账准备 = 15 000 - 28 000 = - 13 000(元)(冲销)
　　借：坏账准备　　　　　　　　　　　　　　　　　　　13 000
　　　　贷：资产减值损失——坏账损失　　　　　　　　　13 000

6.5.2　应收票据

6.5.2.1　应收票据及核算账户

　　应收票据是指企业因销售商品、产品、提供劳务等而收到的商业汇票,包括银行承兑汇票和商业承兑汇票。企业应在收到开出、承兑的商业汇票时,按应收票据的票面价值入账。带息应收票据,应在期末计提利息,计提的利息增加应收票据的账面余额。

企业应当设置"应收票据"账户核算企业因销售商品、提供劳务等而收到的商业汇票。本账户借方登记收到的商业汇票的票面金额,贷方登记到期兑现的商业汇票的票面金额,期末余额在借方,反映企业持有的商业汇票的票面金额。本账户可按开出、承兑商业汇票的单位进行明细核算。

6.5.2.2 应收票据的账务处理

【例6-10】光华公司为一般纳税人,有关应收票据的经济业务及账务处理如下所述:

(1)销售甲产品,价款为200 000元,增值税额为34 000元,对方用支票支付了34 000元,另开出6个月期限,票面金额为200 000元的无息商业承兑汇票一张。

借:应收票据　　　　　　　　　　　　　200 000
　　银行存款　　　　　　　　　　　　　 34 000
　贷:主营业务收入　　　　　　　　　　 200 000
　　　应交税费——应交增值税(销项税额)　34 000

(2)公司将上述商业汇票背书转让给K公司,按应收票据的面值抵偿上个月所欠购货款200 000元。

借:应付账款——K公司　　　　　　　　　200 000
　贷:应收票据　　　　　　　　　　　　 200 000

(3)公司将上月收到的M公司开出的6个月期限,票面金额为200 000元的无息商业承兑汇票提前5个月到银行进行贴现。(贴现率为6%)

商业汇票的贴现方法和计算如下:
贴现所得=票据到期值-贴现利息
贴现利息=票据到期值×贴现率×贴现期
贴现期=票据期限-企业已持有票据期限
一般的贴现会计分录如下:
① 持未到期的不带息票据向银行贴现
借:银行存款(按实际收到的金额)

　　　　财务费用(按贴现息)
　　　贷：应收票据(按应收票据的票面余额)
② 持未到期的带息票据向银行贴现
借：银行存款(按实际收到的金额)
　　　财务费用(按实际收到的金额小于票面账面余额的差额)
　　　贷：应收票据(按应收票据的票面余额)
　　　　财务费用(按实际收到的金额大于票面账面余额的差额)
本例：
贴现利息 = 200 000 × 5 × 6%/12 = 5 000(元)
贴现所得 = 200 000 - 5 000 = 195 000(元)
借：银行存款　　　　　　　　　　　　　　　195 000
　　财务费用　　　　　　　　　　　　　　　　5 000
　　贷：应收票据　　　　　　　　　　　　　200 000

如果贴现的商业承兑汇票到期,承兑人(M公司)的银行账户余额不足支付,申请贴现的企业(光华公司)收到银行退回的应收票据、支款通知和拒绝付款理由书或付款人未付票款通知书时,按票面价值(如是带息票据为所付本息)作如下处理：

借：应收账款　　　　　　　　　　　　　　　200 000
　　贷：应收票据　　　　　　　　　　　　　200 000

如申请贴现企业的银行存款账户余额不足,银行作逾期贷款处理,转作贷款的本息。

借：应收账款　　　　　　　　　　　　　　　200 000
　　贷：短期借款　　　　　　　　　　　　　200 000

(4) 公司4个月前收到的一张期限为3个月、票面利率为12%的100 000元带息银行承兑汇票到期,到银行办理了手续,收回本金和利息。

借：银行存款　　　　　　　　　　　　　　　103 000
　　贷：应收票据　　　　　　　　　　　　　100 000
　　　　财务费用　　　　　　　　　　　　　　3 000

(5) 因付款人（N 公司）无力支付票款，收到银行退回的商业承兑汇票、委托收款凭证、未付票款通知书和拒绝付款证明等，按应收票据的账面余额 100 000 元转为应收账款。

借：应收账款　　　　　　　　　　　　　100 000
　　贷：应收票据　　　　　　　　　　　　　　100 000

6.5.3　预付账款

6.5.3.1　预付账款及账户设置

预付账款是指小企业按照购货合同规定预付给供应单位的款项。

企业应当设置"预付账款"账户来核算企业按照合同规定预付的款项，其借方登记在采购业务发生之前预付的货款或采购业务发生之后补付的货款，贷方登记所购货物或接受劳务的金额和退回多付的款项。期末余额一般在借方，反映企业预付的款项；期末如为贷方余额，反映企业尚未补付的款项。本账户可按供货单位进行明细核算。预付款项情况不多的，也可以不设置本账户，将预付的款项直接计入"应付账款"账户。

6.5.3.2　预付账款账务处理

小企业因购货而预付的款项，借记本账户，贷记"银行存款"等账户。

收到所购物资，按应计入购入物资成本的金额，借记"材料采购"或"原材料"、"库存商品"等账户，按应支付的金额，贷记本账户；补付的款项，借记本账户，贷记"银行存款"等账户；退回多付的款项作相反的会计分录。涉及增值税进项税额的，还应进行相应的处理。

【例 6-11】光华公司用银行存款向 B 公司预付购货款 50 000 元，8 天后收到材料入库，并取得增值税专用发票，价款为 100 000 元，增值税为 17 000 元。公司补付现金 61 700 元。光华公司账务处理如下：

(1) 预付款项

借：预付账款——B公司　　　　　　　　　　　　　　50 000
　　　　贷：银行存款　　　　　　　　　　　　　　　　　　50 000
（2）收到材料
　　借：原材料　　　　　　　　　　　　　　　　　　　100 000
　　　　应交税费——应交增值税（进项税额）　　　　　17 000
　　　　贷：预付账款　　　　　　　　　　　　　　　　117 000
（3）补付货款
　　借：预付账款　　　　　　　　　　　　　　　　　　67 000
　　　　贷：银行存款　　　　　　　　　　　　　　　　67 000

6.5.4　其他应收款

其他应收款，是指企业除应收票据、应收账款、预付账款外的其他各种应收、暂付款项，主要包括：应收的各种赔款、罚款；应收出租包装物租金；应向职工收取的各种垫付款项；不设置"备用金"账户的企业拨出的备用金；以及其他的各种应收、暂付款项。

企业应当设置"其他应收款"账户核算企业除存出保证金、应收票据、应收账款、预付账款、应收股利、应收利息、长期应收款等以外的其他各种应收及暂付款项。本账户借方登记发生的各种应收未收其他应收款项，贷方登记款项的收回或转销，期末余额在借方，反映企业尚未收回的其他应收款项。本账户可按对方单位（或个人）进行明细核算。

企业发生其他各种应收、暂付款项时，借记本账户，贷记"银行存款"、"固定资产清理"等账户；收回或转销各种款项时，借记"库存现金"、"银行存款"等账户，贷记本账户。

【例6-12】2009年9月2日，业务员李林出差预借差旅费5 000元，一个星期后回来报销差旅费5 800元。其账务处理如下：
（1）借支差旅费
　　借：其他应收款——李林　　　　　　　　　　　　　5 000
　　　　贷：库存现金　　　　　　　　　　　　　　　　　5 000

(2)报销费用

借:管理费用 5 800
  贷:其他应收款 5 000
    库存现金 800

【例6-13】光华公司财产清查后,"账存实存对比表"所列毁损D材料2 000元。经查属于自然灾害造成的损失,保险公司同意赔付1 300元。会计处理如下:

(1)批准前,调整材料账存数

借:待处理财产损溢——待处理流动资产损溢 2 340
  贷:原材料——D材料 2 000
    应交税费——应交增值税(进项税额转出) 340

(2)批准后

借:其他应收款——保险公司 1 300
  营业外支出 1 040
  贷:待处理财产损溢——待处理流动资产损溢 2 340

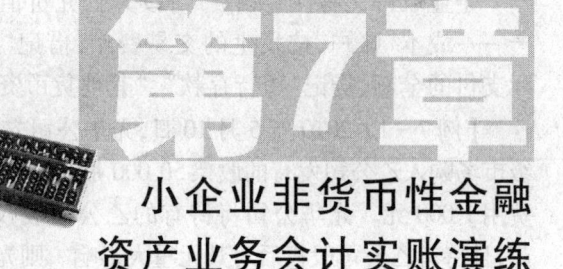

第7章 小企业非货币性金融资产业务会计实账演练

7.1 小企业交易性金融资产业务实账演练

7.1.1 交易性金融资产的含义

交易性金融资产是指小企业为了近期内出售而持有的金融资产。比如，企业以赚取差价为目的，从二级市场购入的股票、债券、基金等。

小企业应设置"交易性金融资产"账户核算企业为交易目的所持有的债券投资、股票投资、基金投资等交易性金融资产的公允价值。本账户可根据交易性金融资产的类别和品种，分别按"成本"、"公允价值变动"等账户进行明细核算。

7.1.2 交易性金融资产的账务处理

7.1.2.1 交易性金融资产的取得

交易性金融资产初始确认时，应按公允价值计量，相关交易费用应当直接计入当期损益。交易费用包括支付给代理机构、咨询公司、券商等的手续费和佣金以及其他必要支出,不包括债券溢价、折价、融资费用、内部管理成本及其他与交易不直接相关的费用。

企业取得交易性金融资产,按其公允价值,借记"交易性金融资产——成本"账户,按发生的交易费用,借记"投资收益"账户,按实际支付的金额,贷记"银行存款"、"其他货币资金"等账户。

【例7-1】2010年5月10日,光华公司支付价款500 000元从二级市场购入乙公司发行的股票50 000股,每股价格10元,另支付交易费用1 000元。光华公司将持有的乙公司股权划分为交易性金融资产,且持有乙公司股权后对其无重大影响。则光华公司的账务处理为:

借:交易性金融资产——成本　　　　　　500 000
　　投资收益　　　　　　　　　　　　　　1 000
　贷:银行存款　　　　　　　　　　　　　501 000

企业取得交易性金融资产时,如果所支付价款中包含已宣告但尚未发放的现金股利或已到付息期但尚未领取的债券利息的,应当单独确认为应收项目。

【例7-2】上例中,光华公司的购买价格为10.2元/股(包含已宣告发放但尚未支付的股利0.2元/股),其他条件不变。则账务处理为:

借:交易性金融资产——成本　　　　　　500 000
　　应收股利　　　　　　　　　　　　　 10 000
　　投资收益　　　　　　　　　　　　　　1 000
　贷:银行存款　　　　　　　　　　　　　511 000

7.1.2.2　交易性金融资产持有期间的收益计算

交易性金融资产持有期间被投资单位宣告发放的现金股利,或在资产负债表日按分期付息、一次还本债券投资的票面利率计算的利息,借记"应收股利"或"应收利息"账户,贷记"投资收益"账户。实际收到股利或利息时,借记"银行存款"、"其他货币资金"等账户,贷记"应收股利"或"应收利息"账户。

【例7-3】续【例7-1】,5月15日,乙公司宣告发放现金股利0.3元/股,光华公司5月25日收到股利。其账务处理为:

(1)5月15日乙公司宣告发放股利时

借:应收股利　　　　　　　　　　　　　　15 000
　　贷:投资收益　　　　　　　　　　　　　　　　15 000

(2)5月25日收到现金股利时

借:银行存款　　　　　　　　　　　　　　15 000
　　贷:应收股利　　　　　　　　　　　　　　　　15 000

7.1.2.3　交易性金融资产的期末计价

资产负债表日,企业应将交易性金融资产的账面价值调整成为公允价值,将其公允价值的变动确认为当期损益,计入"公允价值变动损益"。具体账务处理为,交易性金融资产的公允价值高于其账面余额的差额的,借记"交易性金融资产——公允价值变动"账户,贷记"公允价值变动损益"账户;公允价值低于其账面余额差额的,作相反的会计分录。

【例7-4】续【例7-3】,6月30日,乙公司股票公允价值为11元/股。其账务处理为:

借:交易性金融资产——公允价值变动　　　50 000
　　贷:公允价值变动损益　　　　　　　　　　　　50 000

7.1.2.4　交易性金融资产出售

交易性金融资产出售所实现的损益由两部分构成:出售该交易性金融资产时的实际收入与账面价值的差额;原来已经作为公允价值变动损益入账的金额。这两部分损益均应计入投资收益,以集中反映出售该金融资产实际实现的损益。

会计处理上,出售金融资产时,应按实际收到的金额,借记"银行存款"、"其他货币资金"等账户,按该项金融资产的成本,贷记"交易性金融资产——成本"账户;按该项交易性金融资产的公允价值变动,借记(原来记录的公允价值变动贷方净额)或贷记(原来记录的公允价值变动贷借方净额)"交易性金融资产——公允价值变动"账

· 155 ·

户;按其差额,贷记或借记"投资收益"账户。同时,将原计入该金融资产的公允价值变动转出,借记或贷记"公允价值变动损益"账户,贷记或借记"投资收益"账户。

【例7-5】续【例7-4】,8月6日,光华公司将所持有的乙公司股票以12.5元/股的价格全部售出。其账务处理为:

借:银行存款　　　　　　　　　　　　　625 000
　　贷:交易性金融资产——成本　　　　　　500 000
　　　　　　　　　　　——公允价值变动　　50 000
　　　　　　投资收益　　　　　　　　　　　75 000

同时,
借:公允价值变动损益　　　　　　　　　　50 000
　　贷:投资收益　　　　　　　　　　　　　50 000

如果交易性金融资产是部分出售的,则无论是其账面价值,还是原来已经记入公允价值变动损益的金额,均应按出售的交易性金融资产占该金融资产比例计算。

【例7-6】假设在【例7-5】中,光华公司售出30 000股乙公司股票。则其账务处理为:

借:银行存款　　　　　　　　　　　　　375 000
　　贷:交易性金融资产——成本　　　　　　300 000
　　　　　　　　　　　——公允价值变动　　30 000
　　　　　　投资收益　　　　　　　　　　　45 000

同时,
借:公允价值变动损益　　　　　　　　　　30 000
　　贷:投资收益　　　　　　　　　　　　　30 000

7.2　小企业持有至到期投资业务实账演练

7.2.1　持有至到期投资的含义及特征

持有至到期投资是指到期日固定、回收金额固定或可确定,且企业有明确意图和能力持有至到期的非衍生金融资产。比如从二级市场上购入的固定利率国债、浮动利率金融债券等。持有至到期投资具有以下特征：

(1) 金融资产到期日固定、回收金额固定或可确定；
(2) 企业有明确意图将该金融资产持有至到期；
(3) 企业有能力将该金融资产持有至到期。

对于持有至到期投资，小企业应设置"持有至到期投资"账户进行核算。"持有至到期投资"账户核算企业持有至到期投资的摊余成本。本账户可依据持有至到期投资的类别和品种，分别按"成本"、"利息调整"、"应计利息"等账户进行明细核算。

7.2.2 持有至到期投资的账务处理

7.2.2.1 持有至到期投资的取得

小企业取得持有至到期投资时，应当按照公允价值和相关交易费用之和作为初始入账金额。实际支付的价款中包括的已到付息期但尚未领取的债券利息，应单独确认为应收项目。

在会计处理上，企业取得持有至到期投资，应按该投资的面值，借记"持有至到期投资——成本"账户；按支付的价款中包含的已到付息期但尚未领取的利息，借记"应收利息"账户；按实际支付的金额，贷记"银行存款"、"其他货币资金"等账户；按其差额，借记或贷记"持有至到期投资——利息调整"账户。

【例7-7】2006年1月1日，光华公司支付价款110 000元（含交易费用）从活跃市场上购入某公司5年期债券，面值100 000元，票面利率5%，按年支付利息（即每年5 000元），本金最后一次支付。光华公司将购入的该公司债券划分为持有至到期投资，且不考虑所得税、减值损失等因素（实际利率为2.83%）。

光华公司取得该项投资时的账务处理为：
借：持有至到期投资——成本　　　　　　　　　100 000
　　　　　　　　　——利息调整　　　　　　　　10 000
　　贷：银行存款　　　　　　　　　　　　　　　110 000

7.2.2.2 持有至到期投资持有期间的收益计算

企业应在持有至到期投资持有期间,采用实际利率法,按照摊余成本和实际利率计算确认利息收入,计入投资收益。

具体账务处理上,在资产负债表日,持有至到期投资为分期付息、一次还本债券投资的,应按票面利率计算确定的应收未收利息,借记"应收利息"账户;按持有至到期投资摊余成本和实际利率计算确定的利息收入,贷记"投资收益"账户;按其差额,借记或贷记"持有至到期投资——利息调整"账户。

持有至到期投资为一次还本付息债券投资的,应于资产负债表日按票面利率计算确定的应收未收利息,借记"持有至到期投资——应计利息"账户;按持有至到期投资摊余成本和实际利率计算确定的利息收入,贷记"投资收益"账户;按其差额,借记或贷记"持有至到期投资——利息调整"账户。

【例 7-7】中,按 2.83% 的实际利率,编制利息计算表,如表 7-1 所示。

表 7-1   金额单位:元

年份	期初摊余成本(A)	实际利息收入(B)=A×2.83%	现金流入(C)	利息调整(10 000)(D=C-A)	期末摊余成本(E=A-D)
2006 年	110 000	3 113	5 000	1 887	108 113
2007 年	108 113	3 060	5 000	1 940	106 173
2008 年	106 173	3 005	5 000	1 995	104 177
2009 年	104 177	2 948	5 000	2 052	102 125
2010 年	102 125	2 874 *	105 000	2 126	0

*含尾差

光华公司相关账务处理为:
(1)2006 年 12 月 31 日
①确认实际利息收入

借：应收利息 5 000
　　贷：投资收益 3 113
　　　　持有至到期投资——利息调整 1 887
②收到票面利息
借：银行存款 5 000
　　贷：应收利息 5 000
(2)2007年12月31日
①确认实际利息收入
借：应收利息 5 000
　　贷：投资收益 3 060
　　　　持有至到期投资——利息调整 1 940
②收到票面利息
借：银行存款 5 000
　　贷：应收利息 5 000
(3)2008年12月31日
①确认实际利息收入
借：应收利息 5 000
　　贷：投资收益 3 005
　　　　持有至到期投资——利息调整 1 995
②收到票面利息
借：银行存款 5 000
　　贷：应收利息 5 000
(4)2009年12月31日
①确认实际利息收入
借：应收利息 5 000
　　贷：投资收益 2 948
　　　　持有至到期投资——利息调整 2 052
②收到票面利息
借：银行存款 5 000

    贷：应收利息　　　　　　　　　　　　　　　　　　5 000

（5）2010 年 12 月 31 日

①确认实际利息收入

借：应收利息　　　　　　　　　　　　　　　　　　5 000
　　贷：投资收益　　　　　　　　　　　　　　　　　2 874
　　　　持有至到期投资——利息调整　　　　　　　　2 126

②收到票面利息和本金

借：银行存款　　　　　　　　　　　　　　　　　105 000
　　贷：持有至到期投资——成本　　　　　　　　　100 000
　　　　应收利息　　　　　　　　　　　　　　　　　5 000

7.2.2.3　持有至到期投资的转换

小企业应当于每个资产负债表日对持有至到期投资的意图和能力进行评价。发生变化的，应当将其重新分类为可供出售金融资产进行处理。

会计处理上，应在重新分类日按其公允价值，借记"可供出售金融资产"账户，按其账面余额，贷记"持有至到期投资"账户（成本、利息调整、应计利息）；按其差额，贷记或借记"资本公积——其他资本公积"账户。已计提减值准备的，还应同时结转减值准备。

【例 7-8】续**【例 7-7】**，2007 年 1 月 1 日，由于贷款基准利率的变动和其他市场因素的影响，该债券公允价值降低为 104 500 元，光华公司将该项持有至到期投资重新分类为可供出售金融资产。其账务处理为：

借：可供出售金融资产——成本　　　　　　　　　104 500
　　资本公积——其他资本公积　　　　　　　　　　3 613
　　贷：持有至到期投资——成本　　　　　　　　　100 000
　　　　　　　　　　　　——利息调整　　　　　　　8 113

7.2.2.4　持有至到期投资的出售

小企业出售持有至到期投资时，应按实际收到的金额，借记"银行存款"、"其他货币资金"等账户；按其账面余额，贷记"持有至到期投资"账户(成本、利息调整、应计利息);按其差额,贷记或借记"投资收益"账户。已计提减值准备的,还应同时结转减值准备。

【例7-9】续【例7-8】,光华公司2007年1月1日出售了所持有的债券,价格为104 500元。其账务处理为:

  借:银行存款   104 500
    投资收益   3 613
    贷:持有至到期投资——成本   100 000
         ——利息调整   8 113

7.3 小企业可供出售金融资产业务实账演练

7.3.1 可供出售金融资产的含义

可供出售金融资产,是指初始确认时即被指定为可供出售的非衍生金融资产,以及除下列各类资产以外的金融资产:①贷款和应收款项;②持有至到期投资;③以公允价值计量且其变动计入当期损益的金融资产。例如,企业购入的在活跃市场上有报价的股票、债券和基金等。

对于可供出售金融资产,企业应设置"可供出售金融资产"账户进行核算。"可供出售金融资产"账户核算企业持有的可供出售金融资产的公允价值,包括划分为可供出售的股票投资、债券投资等金融资产。本账户按可供出售金融资产的类别和品种,分别设置"成本"、"利息调整"、"应计利息"、"公允价值变动"等账户进行明细核算。

7.3.2 可供出售金融资产的账务处理

7.3.2.1 可供出售金融资产的取得

账务处理上,小企业取得可供出售金融资产时,应按其公允价值与交易费用之和,借记"可供出售金融资产——成本"账户;按支付的价款中包含的已宣告但尚未发放的现金股利,借记"应收股利"账户;

按实际支付的金额,贷记"银行存款"、"其他货币资金"等账户。

【例7-10】光华公司于2010年4月10日从二级市场购入股票1 000 000股,每股市价15元,手续费30 000元;初始确认时,该股票划分为可供出售金融资产。光华公司账务处理为:

借:可供出售金融资产——成本　　　　　15 030 000
　贷:银行存款　　　　　　　　　　　　　　15 030 000

企业取得的可供出售金融资产为债券投资的,应按债券的面值,借记"可供出售金融资产——成本"账户;按支付的价款中包含的已到付息期但尚未领取的利息,借记"应收利息"账户;按实际支付的金额,贷记"银行存款"、"其他货币资金"等账户;按差额,借记或贷记"可供出售金融资产——利息调整"账户。

【例7-11】光华公司2010年1月3日购入可供出售的D公司于2010年1月1日发行的五年期债券,债券的面值为1 000元,票面利率为8%,企业按照1 050元的价格买入100张。该债券每年付息一次,最后一年归还本金并付最后一次利息。债券的实际利率为6.79%。假设D公司按年计算利息。则光华公司购入时的账务处理为:

借:可供出售金融资产——成本　　　　　　100 000
　　　　　　　　　　——利息调整　　　　　5 000
　贷:银行存款　　　　　　　　　　　　　　105 000

7.3.2.2　可供出售金融资产持有期间的收益计算

可供出售金融资产持有期间取得的利息或现金股利,应当计入投资收益。会计处理上,在资产负债表日,可供出售债券为分期付息、一次还本债券投资的,应按票面利率计算确定应收未收利息,借记"应收利息"账户;按可供出售债券的摊余成本和实际利率计算确定的利息收入,贷记"投资收益"账户;按其差额,借记或贷记"可供出售金融资产——利息调整"账户。

【例7-12】续【例7-11】,2010年12月31日光华公司计算利息的账务处理为:

借：应收利息 8 000
　　贷：投资收益（105 000×6.79%） 7 129.50
　　　　可供出售金融资产——利息调整 870.50

可供出售债券为一次还本付息债券投资的,应于资产负债表日按票面利率计算确定的应收未收利息,借记"可供出售金融资产——应计利息"账户;按可供出售债券的摊余成本和实际利率计算确定的利息收入,贷记"投资收益"账户;按其差额,借记或贷记"可供出售金融资产——利息调整"账户。

【例7-13】上例中,假如光华公司购买的是到期一次还本付息债券,则D公司的账务处理为：

借：可供出售金融资产——应计利息 8 000
　　贷：投资收益 7 129.50
　　　　可供出售金融资产——利息调整 870.50

7.3.2.3　可供出售金融资产的期末计价

资产负债表日,可供出售金融资产应当以公允价值计量,且公允价值变动计入资本公积(其他资本公积)。具体账务处理上,可供出售金融资产的公允价值高于其账面余额的差额,借记"可供出售金融资产——公允价值变动"账户,贷记"资本公积——其他资本公积"账户;公允价值低于其账面余额的差额作相反的会计分录。

【例7-14】续【例7-12】,假设2010年12月31日该债券的公允价值为105 400元,则光华公司的账务处理为：

借：可供出售金融资产——公允价值变动 1 270.50[①]
　　贷：资本公积——其他资本公积 1 270.50

7.3.2.4　可供出售金融资产的出售

处置可供出售金融资产时,应将取得的价款与该金融资产账面价值之间的差额,计入投资收益;同时,将原直接计入所有者权益的公允价值变动累计额对应处置部分的金额转出,计入投资收益。

---

① 105 400-(100 000+5 000-870.50)=1 270.50

具体账务处理上,出售可供出售的金融资产,应按实际收到的金额,借记"银行存款"、"其他货币资金"等账户;按其账面余额,贷记"可供出售金融资产"账户(成本、公允价值变动、利息调整、应计利息等);按应从所有者权益中转出的公允价值累计变动额,借记或贷记"资本公积——其他资本公积"账户;按其差额,贷记或借记"投资收益"账户。

【例7-15】续【例7-14】,假设D公司2009年1月5日出售所持有的债券,价格为105 800元。则D公司的账务处理为:

借:银行存款　　　　　　　　　　　　　　　105 800
　　资本公积——其他资本公积　　　　　　　1 270.50
　　贷:可供出售金融资产——成本　　　　　　100 000
　　　　　　　　　　——利息调整(5 000-870.5)
　　　　　　　　　　　　　　　　　　　　　4 129.50
　　　　　　　　　　——公允价值变动　　　　1 270.50
　　　　投资收益　　　　　　　　　　　　　1 670.50

7.4　小企业长期股权投资业务实账演练

7.4.1　长期股权投资的确认

长期股权投资是指通过投出各种资产、承担债务等方式取得被投资企业股权且不准备随时出售的投资,其主要目的是为了长远利益而影响、控制其他在经济业务上相关联的企业。企业进行长期股权投资后,成为被投资企业的股东,有参与被投资企业经营决策的权利。

由于小企业不能发行股票和债券,所以就不能通过发行证券去取得长期股权投资。

长期股权投资包括:

(1)企业持有的能够对被投资单位实施控制的权益性投资,即对子公司投资。

(2)企业持有的能够与其他合营方一同对被投资单位实施共同控制的权益性投资,即对合营企业投资。

(3)企业持有的能够对被投资单位施加重大影响的权益性投资,即对联营企业投资。

(4)企业对被投资单位不具有控制、共同控制或重大影响,且在活跃市场中没有报价、公允价值不能可靠计量的权益性投资。

7.4.2 长期股权投资取得业务实账演练

长期股权投资应在取得时按初始投资成本入账。长期股权投资的形成不同,其初始计量也不同。

7.4.2.1 同一控制下的企业合并形成的长期股权投资的账务处理

同一控制下的企业合并,在合并日取得对其他参与合并企业控制权的一方为合并方,参与合并的其他企业为被合并方。合并日是指合并方实际取得对被合并方控制权的日期。

企业应设置"长期股权投资"账户核算企业持有的采用成本法和权益法核算的长期股权投资。本账户应当按照被投资单位进行明细核算。采用权益法核算的,应当分别按"投资成本"、"损益调整"、"其他权益变动"等账户进行明细核算。

(1)合并方以支付现金、转让非现金资产或承担债务方式作为合并对价的,应在合并日按取得被合并方所有者权益账面价值的份额,借记"长期股权投资"账户,按应享有被投资单位已宣告但尚未发放的现金股利或利润,借记"应收股利"账户,按支付的合并对价的账面价值,贷记有关资产或借记有关负债账户,按其差额,贷记"资本公积——资本溢价或股本溢价"账户;为借方差额的,借记"资本公积——资本溢价或股本溢价"账户,资本公积(资本溢价或股本溢价)不足冲减的,借记"盈余公积"、"利润分配——未分配利润"账户。

合并方为进行企业合并发生的各项直接相关费用,包括为进行企业合并而支付的审计费用、评估费用、法律服务费用等,应当于发生时计入当期损益;合并方发行债券或承担其他债务支付的手续费、佣金等,应当计入所发行债券及其他债务的初始成本。

【例 7-16】甲公司和乙公司同为某集团的子公司,2010 年 7 月 1 日,甲公司以银行存款取得乙公司所有者权益的 70%,甲公司有资本公积(股本溢价)300 万元,同日乙公司所有者权益的账面价值为 1 000 万元。甲公司账务处理如下:

(1)若甲公司支付银行存款 620 万元

借:长期股权投资　　　　　　　　　　　7 000 000
　　贷:银行存款　　　　　　　　　　　　6 200 000
　　　　资本公积——股本溢价　　　　　　　800 000

(2)若甲公司支付银行存款 900 万元

借:长期股权投资　　　　　　　　　　　7 000 000
　　资本公积——股本溢价　　　　　　　2 000 000
　　贷:银行存款　　　　　　　　　　　　9 000 000

若资本公积不足冲减,则冲减留存收益。

7.4.2.2　非同一控制下的企业合并形成的长期股权投资的账务处理

非同一控制下的企业合并,在购买日取得对其他参与合并企业控制权的一方为购买方,参与合并的其他企业为被购买方。购买日,是指购买方实际取得对被购买方控制权的日期。

非同一控制下的企业合并,应以合并成本作为长期股权投资的初始成本。合并成本应当分别按以下情况确定:

(1)一次交换交易实现的企业合并,合并成本为购买方在购买日为取得对被购买方的控制权而付出的资产、发生或承担的债务的公允价值。

(2)通过多次交换交易分步实现的企业合并,合并成本为每一单项交易成本之和。

(3)购买方为进行企业合并发生的各项直接相关费用也应当计入企业合并成本。

(4)在合并合同或协议中对可能影响合并成本的未来事项作出约定的,购买日如果估计未来事项很可能发生并且对合并成本的影响金额能够可靠计量的,购买方应当将其计入合并成本。

在具体的会计处理中,应在购买日按企业合并成本(不含应自被投资单位收取的现金股利或利润),借记"长期股权投资"账户;按享有被投资单位已宣告但尚未发放的现金股利或利润,借记"应收股利"账户;按支付合并对价的账面价值,贷记有关资产或借记有关负债账户;按发生的直接相关费用,贷记"银行存款"等账户;按其差额,贷记"营业外收入"或借记"营业外支出"等账户。

非同一控制下企业合并涉及以库存商品等作为合并对价的,应按库存商品的公允价值,贷记"主营业务收入"账户,并同时结转相关的成本。涉及增值税的,还应进行相应的处理。

【例7-17】A公司于2010年3月以1 000万元取得B公司30%的股权。2011年4月,A公司又斥资1 500万元取得B公司另外20%的股权。假定A公司在取得对B公司的长期股权投资以后,B公司并未宣告发放现金股利。

本例中,A公司是通过分步购买最终取得对B公司的控制权,形成企业合并。在合并日A公司账务处理如下:

借:长期股权投资　　　　　　　　　　　15 000 000
　　贷:银行存款　　　　　　　　　　　　15 000 000

企业合并成本 = 1 000 + 1 500 = 2 500(万元)

【例7-18】甲公司2010年6月5日与乙公司签订协议(甲公司和乙公司不属于同一控制下的公司):甲公司以存货和承担乙公司的短期还贷义务换取乙公司股权;2010年9月1日,即合并日乙公司可辨认净资产公允价值为1 000万元,甲公司取得51%的份额。甲公司投出存货的公允价值为300万元,增值税为51万元,账面成本为250万元,承担归还贷款义务100万元。甲公司账务处理如下:

借：长期股权投资	4 510 000
贷：短期借款	1 000 000
主营业务收入	3 000 000
应交税费——应交增值税(销项税额)	510 000

同时，

借：主营业务成本	2 500 000
贷：库存商品	2 500 000

注：合并成本 = 300 + 51 + 100 = 451(万元)。

【例7-19】2009年5月8日，甲公司以一项专利权和银行存款100万元向丙公司投资(甲公司和丙公司不属于同一控制的两个公司)，占丙公司注册资本的51%。该专利权的账面原价为500万元，已计提累计摊销100万元，已计提无形资产减值准备20万元，公允价值为350万元。不考虑其他相关税费。甲公司账务处理如下：

借：长期股权投资(3 500 000 + 1 000 000)	4 500 000
累计摊销	1 000 000
无形资产减值准备	200 000
营业外支出	300 000
贷：无形资产	5 000 000
银行存款	1 000 000

【例7-20】2010年1月1日，甲公司以一台固定资产和银行存款100万元向乙公司投资(甲公司和乙公司不属于同一控制的两个公司)，占乙公司注册资本的60%。该固定资产的账面原价为900万元，已计提累计折旧200万元，已计提固定资产减值准备50万元，公允价值为800万元。不考虑其他相关税费。甲公司账务处理如下：

借：固定资产清理	6 500 000
累计折旧	2 000 000
固定资产减值准备	500 000
贷：固定资产	9 000 000

同时，

借：长期股权投资		8 000 000
贷：固定资产清理		6 500 000
银行存款		1 000 000
营业外收入		500 000

7.4.2.3 以企业合并以外的方式取得的长期股权投资的账务处理

（1）以支付现金取得的长期股权投资，应当按照实际支付的购买价款作为初始投资成本。

【例7－21】2010年6月1日，甲公司从证券市场上购入丁公司发行在外50万股股票作为长期股权投资，每股4元（含已宣告但尚未发放的现金股利0.3元），实际支付价款200万元，另支付相关税费30万元。甲公司账务处理如下：

借：长期股权投资	2 150 000
应收股利	150 000
贷：银行存款	2 300 000

（2）投资者投入的长期股权投资，是指投资者将其持有的对第三方的投资作为出资投入企业形成的长期股权投资，应当按照投资合同或协议约定的价值作为初始投资成本，但合同或协议约定价值不公允的除外。

【例7－22】2010年8月1日，A公司接受B公司投资，B公司将持有的对C公司的长期股权投资投入到A公司。B公司持有的对C公司的长期股权投资的账面余额为300万元，未计提减值准备。A公司和B公司投资合同约定的价值为350万元，A公司的注册资本为500万元。A公司账务处理如下：

借：长期股权投资	3 50 000
贷：实收资本	3 500 000

（3）通过非货币性资产交换取得的长期股权投资，其初始投资成本将在本书第14章中介绍。

（4）通过债务重组取得的长期股权投资，其初始投资成本应当按照《企业会计准则第12号——债务重组》相关原则确定。

7.4.3 长期股权投资的后续计量业务的核算方法

7.4.3.1 长期股权投资核算的成本法
(1) 成本法的概念及其适用范围

成本法,是指长期股权投资按成本计价的方法。该方法主要适用于以下长期股权投资:

①投资企业能够对被投资单位实施控制的长期股权投资。

②投资企业对被投资单位不具有共同控制或重大影响,并且在活跃市场中没有报价、公允价值不能可靠计量的长期股权投资。

(2) 成本法核算实账演练

采用成本法核算的长期股权投资,除取得投资时实际支付的价款或对价中包含的已宣告但尚未发放的现金股利或利润外,投资企业应当按照享有被投资单位宣告发放的现金股利或利润确认投资收益。

【例7-23】甲公司2010年1月1日,以银行存款500 000元购入乙公司5%的股份,并准备长期持有,采用成本法核算。乙公司于2011年3月1日宣告分派2010年度的现金股利1 000 000元,甲公司于2011年3月15日收到股利。该业务的账务处理如下:

①购买股份时

借:长期股权投资——乙公司　　　　500 000
　　贷:银行存款　　　　　　　　　　　　500 000

②乙公司宣告发放现金股利时

借:应收股利　　　　　　　　　　　50 000
　　贷:投资收益　　　　　　　　　　　　50 000

③收到股利时

借:银行存款　　　　　　　　　　　50 000
　　贷:应收股利　　　　　　　　　　　　50 000

7.4.3.2 长期股权投资核算的权益法
(1) 权益法的概念及其适用范围

权益法是指长期股权投资以初始投资成本计量后,在投资持有期间根据投资企业享有被投资单位所有者权益份额的变动对长期股权投资的账面价值进行调整的方法。

投资企业对被投资企业具有共同控制或重大影响的长期股权投资,应采用权益法进行核算。

采用权益法的情况下,应在"长期股权投资"下设三个明细账户,即"成本"、"损益调整"、"其他权益变动"。

(2)初始投资成本的调整

① 长期股权投资的初始投资成本大于投资时应享有被投资单位可辨认净资产公允价值份额的,不调整长期股权投资的初始投资成本。

② 长期股权投资的初始投资成本小于投资时应享有被投资单位可辨认净资产公允价值份额的,应按其差额,借记"长期股权投资——成本"账户,贷记"营业外收入"账户。

【例7-24】A 公司以银行存款 320 万元取得 B 公司 30% 的股权,取得投资时被投资单位可辨认净资产的公允价值为 1 000 万元。

①如 A 公司能够对 B 公司施加重大影响,则 A 公司应进行的账务处理如下:

  借:长期股权投资——成本   3 200 000
   贷:银行存款   3 200 000

注:商誉 20 万元(320 - 100 × 30%)体现在长期股权投资成本中。

②如投资时 B 公司可辨认净资产的公允价值为 1 200 万元,则 A 公司应进行的账务处理如下:

  借:长期股权投资——成本   3 600 000
   贷:银行存款   3 200 000
     营业外收入   400 000

(3)投资损益的账务处理

投资企业取得长期股权投资后,应当按照应享有或应分担的被投资单位实现的净损益的份额,一方面确认投资收益,另一方面作为追加投资,调整长期股权投资的账面价值,借记"长期股权投资——损益调整"账户,贷记"投资收益"账户。投资企业按照被投资单位宣告分派的利润或现金股利计算应分得的部分,相应减少长期股权投资的账面价值。

① 投资企业在确认应享有被投资单位实现的净损益的份额时,应当以取得投资时被投资单位各项可辨认资产等的公允价值为基础,对被投资单位的净利润进行调整确认。

【例7-25】某投资企业于2010年1月1日取得对联营企业30%的股权,取得投资时被投资单位的固定资产公允价值为500万元,账面价值为300万元,固定资产的预计使用年限为10年,净残值为零,按照直线法计提折旧。被投资单位2010年度利润表中净利润为400万元,其中被投资单位当期利润表中已按其账面价值计算扣除的固定资产折旧费用为30万元,按照取得投资时固定资产的公允价值计算确定的折旧费用为50万元,不考虑所得税影响。

按该固定资产的公允价值计算的调整后的净利润为380(400-20)万元,投资企业按照持股比例计算确认的当期投资收益应为114(380×30%)万元。

  借:长期股权投资——损益调整   1 140 000
    贷:投资收益   1 140 000

如果无法可靠确定投资时被投资单位各项可辨认资产等的公允价值,可以直接按照被投资单位的账面净损益与持股比例计算确认投资损益。

② 投资企业确认被投资单位发生的净亏损,应当以长期股权投资的账面价值以及其他实质上构成对被投资单位净投资的长期权益减记至零为限;在确认应分担被投资单位发生的亏损时,应当按照以下顺序进行处理:

首先,冲减长期股权投资的账面价值;

其次,长期股权投资的账面价值不足以冲减的,应冲减长期应收项目的账面价值;

最后，经过上述处理，按照投资合同或协议约定企业仍承担额外义务的，应按预计承担的义务确认预计负债，计入当期投资损失。

被投资单位以后期间实现盈利的，企业扣除未确认的亏损分担额后，应按与上述相反的顺序处理，减记已确认预计负债的账面余额、恢复其他实质上构成对被投资单位净投资的长期权益及长期股权投资的账面价值，同时确认投资收益。

【例7-26】甲企业持有乙企业30%的股权，2010年12月31日其长期股权投资的账面价值为300万元。乙企业2010年亏损600万元。假定取得投资时被投资单位各资产公允价值等于账面价值，双方采用的会计政策、会计期间相同。

则甲企业2010年应确认投资损失180万元，长期股权投资账面价值降至120万元。

如果乙企业当年度的亏损额为1 100万元，则当年年度甲企业应分担损失为330万元，长期股权投资账面价值减至0，还有30万元损失应为冲减。如果甲企业账上有应收乙企业长期应收款500万元，则应进一步确认损失。

借：投资收益　　　　　　　　　　　　　　　300 000
　　贷：长期应收款　　　　　　　　　　　　　　　300 000

③其他权益变动。在持股比例不变的情况下，被投资单位除净损益以外所有者权益的其他变动，企业按持股比例计算应享有的份额，借记或贷记"长期股权投资——其他权益变动"账户，贷记或借记"资本公积——其他资本公积"账户。

【例7-27】A公司对C公司的投资占其有表决权资本的比例为30%。C公司2010年8月20日将自用房地产转换为采用公允价值模式计量的投资性房地产，该项房地产在转换日的公允价值大于其账面价值的差额为50万元。A公司的账务处理如下：

借：长期股权投资——其他权益变动　　　　　　150 000
　　贷：资本公积——其他资本公积　　　　　　　　150 000

7.4.4 长期股权投资的处置

处置长期股权投资时,其账面价值与实际取得价款的差额,应当计入当期损益。投资企业应根据实际收到的价款,借记"银行存款"等账户;根据处置长期股权投资的账面价值,贷记"长期股权投资"等账户;根据两者的差额,借记或贷记"投资收益"账户。采用权益法核算的长期股权投资,因被投资企业除净损益以外所有者权益的其他变动而计入资本公积的数额,也应转入当期损益。

【例7-28】2010年1月5日,光华公司将其持有的A公司30%的股份全部对外转让,转让价款为250万元,相关的股权划转手续已办妥,转让价款已存入银行。转让时,光华公司对A公司长期股权投资的构成是:成本200万元,损益调整50万元,其他权益变动10万元,光华公司应做的账务处理为:

```
借:银行存款                          2 400 000
   投资收益                            200 000
   贷:长期股权投资——成本              2 000 000
            ——损益调整              500 000
            ——其他损益变动          100 000
同时,
借:资本公积——其他资本公积           100 000
   贷:投资收益                         100 000
```

7.5 小企业金融资产减值业务实账演练

7.5.1 金融资产减值损失的确认

企业应当在资产负债表日对以交易性金融资产以外的金融资产的账面价值进行检查,有客观证据表明该金融资产发生减值的,应当确认减值损失,计提减值准备。

表明金融资产发生减值的客观证据,是指金融资产初始确认后实际发生的、对该金融资产的预计未来现金流量有影响,且企业能够对该影响进行可靠计量的事项。

7.5.2 持有至到期投资减值损失的账务处理

持有至到期投资以摊余成本后计量,其发生减值时,应当将该持有至到期投资的账面价值减记至预计未来现金流量(不包括尚未发生的未来信用损失)现值,减记的金额确认为资产减值损失,计入当期损益。

预计未来现金流量现值,应当按照该持有至到期投资的原实际利率折现确定,并考虑相关担保物的价值(取得和出售该担保物发生的费用应当予以扣除)。原实际利率是初始确认该金融资产时计算确定的实际利率。对于浮动利率持有至到期投资,在计算未来现金流量现值时可采用合同规定的现行实际利率作为折现率。

持有至到期投资的减值准备应当在"持有至到期投资减值准备"账户核算。"持有至到期投资减值准备"账户可按持有至到期投资类别和品种进行明细核算。资产负债表日,持有至到期投资发生减值的,按应减记的金额,借记"资产减值损失"账户,贷记"持有至到期投资减值准备"账户。已计提减值准备的持有至到期投资价值以后又得以恢复的,应在原已计提的减值准备金额内,按恢复增加的金额,借记"持有至到期投资减值准备"账户,贷记"资产减值损失"账户。"持有至到期投资减值准备"账户期末贷方余额,反映企业已计提但尚未转销的持有至到期投资减值准备。

【例7-29】续【例7-28】,假设2007年12月31日光华公司持有的债券的预计未来能收回的现金流量为105 000元,则其计提减值准备的账务处理为:

资产减值损失 = 106 173 - 105 000 = 1 173(元)

借：资产减值损失　　　　　　　　　　　　　　1 173
　　贷：持有至到期投资减值准备　　　　　　　　　1 173

【例7-30】续【例7-29】,假设2008年12月31日光华公司持有的债券预计未来能收回的现金流量为105 500元。

2008年12月31日该持有至到期投资的减值金额为:104 177 - 105 500 = -1 323元;该项减值恢复金额为:1 173 - (-1 323) = 2 496元。账务处理为:

借：持有至到期投资减值准备　　　　　　　　　2 496
　　贷：资产减值损失　　　　　　　　　　　　　　2 496

7.5.3 可供出售金融资产减值损失的账务处理

可供出售金融资产发生减值时,即使该金融资产没有终止确认,原直接计入所有者权益中的、因公允价值下降形成的累计损失,也应当予以转出,计入当期损益。该转出的累计损失,等于可供出售金融资产的初始取得成本扣除已收回本金和已摊余金额、当前公允价值和原已计入损益的减值损失后的余额。

具体账务处理上,可供出售金融资产减值损失应当在"可供出售金融资产——公允价值变动"账户中核算。确定可供出售金融资产发生减值的,按应减记的金额,借记"资产减值损失"账户;按应从所有者权益中转出原计入资本公积的累计损失金额,贷记"资本公积——其他资本公积"账户;按其差额,贷记"可供出售金融资产——公允价值变动"账户。

对于已确认减值损失的可供出售金融资产,在随后会计期间内公允价值已上升且客观上与确认原减值损失事项有关的,应按原确认的减值损失,借记"可供出售金融资产——公允价值变动"账户,贷记"资产减值损失"账户;但可供出售金融资产为股票等权益工具投资的(不含在活跃市场上没有报价、公允价值不能可靠计量的权益工具投资),借记"可供出售金融资产——公允价值变动"账户,贷记"资本公积——其他资本公积"账户。

【例7-31】2008年1月1日,C公司按面值从债券二级市场购入M公司发行的债券10 000张,每张面值100元,票面利率3%,划分为可供出售金融资产。

2008年12月31日,该债券的市场价格为每张100元。

2009年,M公司因投资决策失误,发生严重财务困难,但仍可支付该债券当年的票面利息。2009年12月31日,该债券的公允价值下降为每张80元。C公司预计,如M不采取措施,该债券的公允价值预计会持续下跌。

2010年,M公司调整产品结构并整合其他资源,致使上半年发生的财务困难大为好转。2010年12月31日,该债券的公允价值已上升至每张95元。

假定C公司初始确认该债券时计算确定的债券实际利率为3%,且不考虑其他因素,则C公司有关的账务处理如下:

(1)2008年1月1日购入债券

借:可供出售金融资产——成本　　　　　　　1 000 000
　　贷:银行存款　　　　　　　　　　　　　　　　1 000 000

(2)2008年12月31日确认利息、公允价值变动

借:应收利息　　　　　　　　　　　　　　　　30 000
　　贷:投资收益　　　　　　　　　　　　　　　　30 000

同时,

借:银行存款　　　　　　　　　　　　　　　　30 000
　　贷:应收利息　　　　　　　　　　　　　　　　30 000

债券的公允价值变动为零,故不作账务处理。

(3)2009年12月31日确认利息收入及减值损失

借:应收利息　　　　　　　　　　　　　　　　30 000

　　　　贷：投资收益　　　　　　　　　　　　　　　　30 000
　　同时，
　　　　借：银行存款　　　　　　　　　　　　　　　　30 000
　　　　　　贷：应收利息　　　　　　　　　　　　　　30 000
　　另有，
　　　　借：资产减值损失　　　　　　　　　　　　　　200 000
　　　　　　贷：可供出售金融资产——公允价值变动　　200 000
　　由于该债券的公允价值预计会持续下跌，C公司应确认减值损失。
　　(4) 2010年12月31日确认利息收入及减值损失转回
　　①应确认的利息收入=(期初摊余成本1 000 000-发生的减值损失200 000)×3%=24 000(元)
　　　　借：应收利息　　　　　　　　　　　　　　　　30 000
　　　　　　贷：投资收益　　　　　　　　　　　　　　24 000
　　　　　　　　可供出售金融资产——利息调整　　　　6 000
　　同时，
　　　　借：银行存款　　　　　　　　　　　　　　　　30 000
　　　　　　贷：应收利息　　　　　　　　　　　　　　30 000
　　②减值损失转回前，该债券的摊余成本=1 000 000-200 000-6 000=794 000(元)
　　2010年12月31日，该债券的公允价值=950 000(元)
　　应转回的金额=950 000-794 000=156 000(元)
　　　　借：可供出售金融资产——公允价值变动　　　　156 000
　　　　　　贷：资产减值损失　　　　　　　　　　　　156 000
　　【例7-32】2008年5月1日，D公司从股票二级市场以每股15元(含已宣告发放但尚未领取的现金股利0.2元)的价格购入X公司发行的股票2 000 000股，占X公司有表决权股份的5%，对X公

第 7 章 小企业非货币性金融资产业务会计实账演练

司无重大影响。D公司将该股票划分为可供出售金融资产。其他资料如下：

(1)2008年5月10日，D公司收到X公司发放的上半年现金股利400 000元。

(2)2008年12月31日，该股票的市场价格为每股13元。D公司预计该股票的价格下跌是暂时的。

(3)2009年，X公司因违反相关证券法规，受到证券监管部门查处。受此影响，X公司股票的价格发生下挫。至2009年12月31日，该股票的市场价格下跌到每股6元。

(4)2010年，X公司整改完成，加之市场宏观面好转，股票价格有所回升，至2010年12月31日，该股票的市场价格上升到每股10元。

假定2009年和2010年均未分派现金股利，不考虑其他因素的影响，则D公司有关的账务处理如下：

(1)2008年5月1日购入股票

借：可供出售金融资产——成本　　　　29 600 000
　　应收股利　　　　　　　　　　　　　　400 000
　贷：银行存款　　　　　　　　　　　　30 000 000

(2)2008年5月收到现金股利

借：银行存款　　　　　　　　　　　　　400 000
　贷：应收股利　　　　　　　　　　　　　400 000

(3)2008年12月31日确认股票公允价值变动

借：资本公积——其他资本公积　　　　 3 600 000
　贷：可供出售金融资产——公允价值变动 3 600 000

(4)2009年12月31日，确认股票投资的减值损失

借：资产减值损失　　　　　　　　　　17 600 000
　贷：资本公积——其他资本公积　　　　3 600 000

　　　　可供出售金融资产——公允价值变动　　　14 000 000
　　(5)2010年12月31日确认股票价格上涨
　　借：可供出售金融资产——公允价值变动　　　8 000 000
　　　　贷：资本公积——其他资本公积　　　　　　　8 000 000

7.5.4　长期股权投资的减值

　　如果长期股权投资可收回金额的计量结果表明其可收回金额低于账面价值，说明长期股权投资已经发生减值损失，应当将其账面价值减记至可收回金额，借记"资产减值损失"账户，贷记"长期股权投资减值准备"账户。长期股权投资减值损失一经确认，在以后会计期间不得转回。

　　【例7-33】光华公司2008—2010年投资业务的有关资料如下：
　　(1)2008年11月5日，光华公司与A公司签订股权转让协议。该股权转让协议规定：光华公司收购A公司股份总额的30%，收购价格为270万元，收购价款于协议生效后以银行存款支付；该股权协议生效日为2008年12月31日。
　　(2)2009年1月1日，A公司股东权益总额为800万元，其中股本为400万元，资本公积为100万元，未分配利润为300万元（均为2008年度实现的净利润）。
　　(3)2009年1月1日，A公司董事会提出2008年利润分配方案。该方案如下：按实现净利润的10%提取法定盈余公积；不分配现金股利。对该方案进行会计处理后，A公司股东权益总额仍为800万元，其中股本为400万元，资本公积为100万元，盈余公积为30万元，未分配利润为270万元。假定2009年1月1日，A公司可辨认净资产的公允价值为800万元。
　　(4)2009年1月1日，光华公司以银行存款支付收购股权价款270万元，并办理了相关的股权划转手续。

(5)2009年5月1日,A公司股东大会通过2008年度利润分配方案。该分配方案如下:按实现净利润的10%提取法定盈余公积;分配现金股利200万元。

(6)2009年6月5日,光华公司收到A公司分派的现金股利。

(7)2009年6月12日,A公司因可供出售金融资产业务核算确认资本公积80万元。

(8)2009年度,A公司实现净利润400万元。

(9)2010年5月4日,A公司股东大会通过2009年度利润分配方案。该方案如下:按实现净利润的10%提取法定盈余公积;不分配现金股利。

(10)2010年度,A公司发生净亏损200万元。

(11)2010年12月31日,光华公司对A公司投资的预计可收回金额为270万元。

根据以上资料,光华公司的账务处理如下:

(1)2009年1月1日付款时

借:长期股权投资——成本　　　　　　　　　　2 700 000

　　贷:银行存款　　　　　　　　　　　　　　　2 700 000

光华公司初始投资成本270万元大于应享有A公司可辨认净资产公允价值的份额240(800×30%)万元,光华公司不调整长期股权投资的初始投资成本。

(2)2009年A公司分配现金股利

借:应收股利　　　　　　　　　　　　　　　　600 000

　　贷:长期股权投资——损益调整　　　　　　　600 000

(3)2009年收到现金股利

借:银行存款　　　　　　　　　　　　　　　　600 000

　　贷:应收股利　　　　　　　　　　　　　　　600 000

(4)2009年A公司增加资本公积
借：长期股权投资——其他权益变动   240 000
　　贷：资本公积——其他资本公积   240 000
(5)2009年A公司实现净利润400万元
借：长期股权投资——损益调整   1 200 000
　　贷：投资收益   1 200 000
(6)2010年5月4日，A公司按实现净利润的10%提取法定盈余公积，光华公司不做账务处理。
(7)2010年A公司发生净亏损200万元
借：投资收益   600 000
　　贷：长期股权投资——损益调整   600 000
(8)2010年12月31日，长期股权投资的账面余额=270-60+24+120-60=294(万元)，因预计可收回金额为270万元，所以应计提减值准备24万元。
借：资产减值损失   240 000
　　贷：长期股权投资减值准备——A公司   240 000

第8章

小企业实物资产及无形资产业务会计实账演练

8.1 小企业存货业务实账演练

8.1.1 小企业存货的内容及确认

8.1.1.1 存货的内容

存货是指小企业在日常活动中持有以备出售的产成品或商品、处在生产过程中的在产品、在生产过程或提供劳务过程中耗用的原材料和物料等。小企业存货具体包括：

(1) 原材料，它是指小企业在生产过程中经加工改变其形态或性质并构成产品主要实体的各种原料及主要材料、辅助材料、外购半成品(外购件)、燃料、修理用备件(备品备件)、包装材料等。

(2) 在产品，它是指企业正在制造尚未完工的产品，包括正在各个生产工序加工的产品和已加工完毕但尚未检验或已检验但尚未办理入库手续的产品。

(3) 半成品，它是指经过一定生产过程并已检验合格交付半成品仓库保管,但尚未制造完工成为产成品,仍需进一步加工的中间产品。

(4)产成品,它是指企业已经完成全部生产过程并已验收入库,可以按照合同规定的条件送交订货单位,或者可以作为商品对外销售的产品。企业接受来料加工制造的代制品和为外单位加工修理的代修品,制造和修理完成验收入库后,应视同企业的产成品。

(5)商品,它是指商品流通企业外购或委托加工完成验收入库、用于销售的各种商品。

(6)周转材料,它是指企业能够多次使用、逐渐转移其价值但仍保持原有形态而不确认为固定资产的材料,如包装物、低值易耗品等。其中,包装物是指为了包装本企业商品而储备的各种包装容器,如桶、箱、瓶、坛、袋等。其主要作用是盛装、装潢产品或商品。低值易耗品是指不符合固定资产确认条件的各种用具物品,如工具、管理用具、玻璃器皿、劳动保护用品,以及在经营过程中周转使用的容器等。

8.1.1.2 存货的确认

存货同时满足下列条件的,才能予以确认:

(1)该存货包含的经济利益很可能流入企业;

(2)该存货的成本能够可靠计量。

8.1.2 小企业发出存货的计价方法

小企业发出存货的实际成本可采用先进先出法、加权平均法、个别计价法等方法进行计价。小企业可在这些方法中进行选用,而且不同的存货可以采用不同的方法,但是,方法一经确定,就不得随意变更,如需变更,则应当在会计报表附注中予以说明。如果小企业采用计划成本进行日常原材料核算,在期末应将计划成本调整为实际成本。

8.1.2.1 先进先出法

先进先出法是假设先收到的存货先出售或耗用,并根据这种假设的实物流转和成本流转顺序对发出存货的期末存货进行计价的方法。采用先进先出法，存货成本是按最近购入存货确定的，期末存货的成本比较接近现行的市场价值，而发出存货的成本反映以前成本的市场价值，特别是在物价上涨时期，会减少当期成本，会造成收入与成本不配比，致使当期财务成果不够真实。

8.1.2.2 加权平均法

加权平均法亦称全月一次加权平均法，是指本月全部购入存货数量加月初存货数量作为权数，去除本月全部购入存货的成本加上本月初存货的成本，计算出存货的加权平均单价，从而确定存货的发出和期末存货成本的一种方法。计算公式如下：

$$\frac{\text{加权平均}}{\text{单价}} = \frac{\text{月初结存存货实际成本} + \text{本月收入存货实际成本}}{\text{月初结存存货数量} + \text{本月收入存货数量}}$$

本月发出存货成本 = 本月发出存货数量 × 加权平均单价

月末库存存货成本 = 月末库存存货数量 × 加权平均单价

8.1.2.3 个别计价法

个别计价法，又称分批实际法，是以某批原材料收入时的实际成本作为该批原材料存货发出的实际成本的一种计价方法。采用这种方法，必须使每一批购入的存货都要分别计量，明细分类账能分别反映每批存货购进数量、单价、金额，并能分别存放，出库时能准确认定。个别计价法下，发出存货和期末存货计价的计算公式如下：

发出某批存货的价值 = 发出该批存货数量 × 该批存货实际单位成本

本期发出存货总成本 = Σ 各批发出存货成本

期末存货价成本 = 期初存货结存成本 + 本期收入存货成本 − 本期发出存货成本

【例 8-1】光华公司 2010 年 11 月原材料 A 收入和发出的有关资料如表 8-1 所示。

表8-1　　　　　　　　A原材料收、支明细表

2010年		摘要	收入			发出			结存		
月	日		数量	单价	金额	数量	单价	金额	数量	单价	金额
4	1	期初结存							300	20	6 000
	7	购进	200	22	4 400						
	10	发出				400					
	14	购进	300	21	6 300						
	23	发出				80					
	30	发出				220					
		本期合计	500		10 700	700					

根据上述资料,采用先进先出法和加权平均法计算。

(1)先进先出法

本期发出原材料成本 = (300×20) + (200×22) + (200×21) = 14 600(元)

期末原材料存货成本 = 100×21 = 2 100(元)

(2)加权平均法

原材料存货加权平均单价 = $\frac{(6\ 000 + 10\ 700)}{(300 + 500)}$ = 20.875(元)

发出原材料存货成本 = 700×20.875 = 14 612.5(元)

期末原材料成本 = 6 000 + 10 700 - 14 612.5 = 2 087.5(元)

8.1.3　小企业原材料的账务处理

8.1.3.1　小企业原材料的核算方法

小企业原材料可按实际成本核算,也可按计划成本核算,两者取其一。前者一般适用于规模较小、原材料品种单一、采购业务不多的小企业。

(1)原材料按实际成本核算。其特点是:小企业每种原材料的收、发、结存情况,不论是明细分类核算还是总分类核算,都按实际成

本计价。设置账户如下：

①"在途物资"账户。本账户核算企业采用实际成本进行材料、商品等物资的日常核算、货款已付尚未验收入库的在途物资的采购成本。借方登记已支付或开出承兑商业汇票的材料物资实际采购成本，贷方登记验收入库材料物资的实际采购成本。期末借方余额，反映企业在途材料、商品等物资的采购成本。本账户可以按照供应单位和物资品种进行明细核算。

②"原材料"账户。本账户核算企业库存的各种材料的实际成本。借方登记外购、自制、委托加工、盘盈、接受投资等取得原材料的实际成本，贷方登记材料发出耗用、对外销售、盘亏、毁损及对外投资、捐赠原材料的实际成本。期末借方余额，反映企业库存材料的实际成本。本账户可以按照材料的保管地点（仓库）、材料的类别、品种和规格等进行明细核算。

(2)原材料按计划成本核算。其特点是：小企业每种原材料的收入、发出和结存均采用计划成本进行日常核算，同时将实际成本与计划成本的差额另行设置"材料成本差异"账户反映，期末计算发出材料和结存材料应分摊的成本差异，将发出材料和结存材料由计划成本调整为实际成本。设置账户如下：

①"材料采购"账户。本账户核算企业采用计划成本进行材料日常核算而购入材料的采购成本。借方登记采购材料的实际成本，贷方登记入库材料的计划成本；贷方大于借方的差额表示节约，计入"材料成本差异"账户的贷方；借方大于贷方的差额表示超支，计入"材料成本差异"账户的借方；期末借方余额，反映企业在途材料的采购成本。本账户可按供应单位和材料品种进行明细核算。

②"原材料"账户。本账户核算库存材料的计划成本。借方登记入库材料的计划成本，贷方登记发出材料的计划成本，期末借方余额，反映企业库存材料的计划成本。

③"材料成本差异"账户。本账户核算企业采用计划成本进行日常核算的材料计划成本与实际成本的差额。借方登记购入材料实际

成本大于计划成本的数额(超支差异)以及发出材料应分摊的成本节约差异的结转数,贷方登记购入材料实际成本小于计划成本的数额(节约差异)以及发出材料应分摊的成本超支差异的结转数。期末如果为借方余额,反映企业库存材料的实际成本大于计划成本的差异;期末如果为贷方余额,则反映企业库存材料的实际成本小于计划成本的节约差异。

发出材料应负担的成本差异根据材料成本差异率在当期(月)分摊,不得在季末或年末一次计算。

$$\text{本期材料成本差异率} = \frac{\text{期初结存材料的成本差异} + \text{本期验收入库材料的成本差异}}{\text{期初结存材料的计划成本} + \text{本期验收入库材料的计划成本}} \times 100\%$$

发出材料应负担的成本差异 = 发出材料的计划成本 × 材料成本差异率

8.1.3.2 原材料按实际成本核算的账务处理

(1)取得原材料按实际成本入账

购入原材料实际成本的组成内容包括:买价;运杂费(包括运输费、装卸费、保险费、包装费、仓储费等,不包括属于增值税一般纳税人的小企业按规定根据运费的7%计算的可抵扣的增值税额);运输途中的合理损耗;入库前的挑选整理费用(包括挑选整理中发生的工、费支出和必要的损耗,并减去回收的下脚废料价值);购入物资负担的税金(如关税等)和其他费用。

自制的原材料的实际成本,按生产过程中发生的实际支出,作为实际成本。实际支出包括自制原材料的直接原材料费、直接人工费以及应分摊的间接制造费用。

委托外单位加工完成的原材料的实际成本,包括加工过程中实际耗用的原材料的实际成本以及加工费、往返运杂费、保险费以及按规定应计入成本的税金。

投资者投入的原材料,按投资各方确认的价值,作为入账的实际成本。

【例 8-2】 光华公司 2010 年 11 月取得原材料的经济业务及账务处理如下：

① 购买甲原材料 1 000 千克，单价 100 元；乙原材料 1 500 千克，单价 80 元。用银行存款支付款项 30 000，取得增值税专用发票；同时开出票面金额为 50 000 元，期限为 6 个月的无息商业承兑汇票一张，余款暂欠；同时用现金 446.24 元支付运费。

446.24 元的运费中可抵扣增值税额为 31.24(446.24×7%)元，余下 415 元是甲材料和乙材料的共同采购费用，需要进行分摊。该例中，我们选用重量作为摊配标准。摊配率计算如下：

$$共同费用摊配率 = \frac{415}{1\,000 + 1\,500} = 0.166(元/千克)$$

甲原材料应摊配的运费 = 1 000 × 0.166 = 166(元)
乙原材料应摊配的运费 = 1 500 × 0.166 = 249(元)

借：在途物资——甲	100 166
——乙	120 249
应交税费——应交增值税（进项税额）	37 431.24
贷：银行存款（按实际支付的金额）	30 000
库存现金	446.24
应付票据	100 000
应付账款	127 400

② 购入原材料入库。

借：原材料——甲	100 166
——乙	120 249
贷：在途物资——甲	100 166
——乙	120 249

③ 自制并已验收入库的原材料丙 100 千克，单位生产成本为 200 元。

借：原材料——丙	20 000
贷：生产成本	20 000

④ 股东投入的原材料丁,确认其价值为 81 900 元。

借:原材料　　　　　　　　　　　　　　　　　　70 000
　　应交税费——应交增值税(进项税额)　　　　11 900
　　贷:实收资本　　　　　　　　　　　　　　　　81 900

(2)原材料发出的账务处理

【例 8-3】光华公司 2010 年 11 月原材料发出的经济业务汇总编制成"发出原材料汇总表",如表 8-2 所示,并根据该表进行账务处理。

表 8-2　　　　　　　　　发出原材料汇总表

用途	甲原材料 数量(千克)	单价	金额	乙原材料 数量(千克)	单价	金额	丙原材料 数量(千克)	单价	金额	金额合计
生产 A 产品	3 000	100	300 000							300 000
生产 B 产品				4 000	80	320 000	1 000	200	200 000	520 000
小计	3 000	100	300 000	4 000	80	320 000	1 000	200	200 000	820 000
车间耗用	500	100	50 000							50 000
厂部耗用				300	80	24 000				24 000
委托加工				500	80	40 000				40 000
福利领用							100	200	20 000	20 000
工程项目							1 000	200	200 000	200 000
合计	3 500	100	350 000	4 800	80	384 000	1 100	200	420 000	1 154 000

作会计分录如下:

借:生产成本——A　　　　　　　　　　　　　　300 000
　　　　　　——B　　　　　　　　　　　　　　520 000
　　制造费用　　　　　　　　　　　　　　　　　50 000
　　管理费用　　　　　　　　　　　　　　　　　24 000
　　委托加工物资　　　　　　　　　　　　　　　40 000

应付职工薪酬——福利费	20 000
在建工程	200 000
贷：原材料——甲	350 000
——乙	384 000
——丙	420 000

（3）原材料的盘盈或盘亏的账务处理

原材料的盘盈或盘亏的处理原则是：小企业的各种原材料，应当定期清查盘点，每年至少一次。盘盈的各种原材料，按该原材料的市价或同类、类似原材料的市场价格，冲减当期管理费用；盘亏或毁损的原材料，其相关的成本及不可抵扣的增值税进项税额，在减去过失人或者保险公司等赔款和残料价值之后，属于自然灾害造成的，计入当期营业外支出，属于其他情况的，计入当期管理费用。

【例8-4】光华公司月底清查盘点原材料，盘盈乙原材料100千克，单价80元；盘亏甲原材料200千克，单价100元；盘亏丙原材料200千克，单价200元。其中：甲原材料盘亏部分由保管人员赔偿30%，其余计入管理费用；丙原材料盘亏系自然灾害造成，保险公司赔偿60%。

①盘盈乙原材料

借：原材料——乙	8 000
贷：管理费用	8 000

②盘亏甲原材料

借：管理费用	17 400
其他应收款	6 000
贷：原材料——甲	20 000
应交税费——应交增值税（进项税额转出）	3 400

③盘亏丙原材料

借：营业外支出	22 800
其他应收款——保险公司	24 000
贷：原材料——丙	40 000

　　　　应交税费——应交增值税(进项税额转出)　　　　6 800
　8.1.3.3　原材料按计划成本核算的账务处理
　(1)原材料收入的账务处理
　　①外购材料购入时,无论是否验收入库,按照实际成本均应先借记"材料采购"账户,然后,根据验收入库材料的计划成本,由"材料采购"账户的贷方转入"原材料"账户的借方。实际成本与计划成本的差异结转计入"材料成本差异"账户。一般情况下,结转验收入库材料的计划成本和结转验收入库材料的成本差异均在月末进行处理。

　【例8-5】光华公司2010年9月有关购料业务如下:
　第一,2日,向本地甲公司购入A材料一批,增值税专用发票上注明价款为10 000元,增值税税额为1 700元,计划成本为11 000元,支付整理挑选费为700元,材料已验收入库,款项通过银行转账支付。

　　借:材料采购　　　　　　　　　　　　　　　　10 700
　　　　应交税费——应交增值税(进项税额)　　　　1 700
　　　贷:银行存款　　　　　　　　　　　　　　　　12 400

　第二,8日,向乙公司购入B材料一批,根据合同以银行存款预付50 000元货款。

　　借:预付账款——乙公司　　　　　　　　　　　　50 000
　　　贷:银行存款　　　　　　　　　　　　　　　　50 000

　第三,10日,上述向乙公司购入的B材料,增值税专用发票上注明材料价款为100 000元,增值税税额为17 000元,发生装卸费3 000元,该材料计划成本为101 000元。材料已验收入库。已通过银行结清余款。

　　借:材料采购　　　　　　　　　　　　　　　　103 000
　　　　应交税费——应交增值税(进项税额)　　　　17 000
　　　贷:预付账款——乙公司　　　　　　　　　　　120 000

　　同时,

借：预付账款——乙公司　　　　　　　　　　　　70 000
　　贷：银行存款　　　　　　　　　　　　　　　70 000

第四,26 日,向丙公司购入 C 材料一批,增值税专用发票上注明的价款为 200 000 元,增值税税额为 34 000 元,银行转来的结算凭证已到,款项尚未支付。另外以银行存款支付装卸费 5 000 元,材料已验收入库,该材料计划成本为 210 000 元。

借：材料采购　　　　　　　　　　　　　　　205 000
　　应交税费——应交增值税(进项税额)　　　　34 000
　　贷：应付账款——丙公司　　　　　　　　　234 000
　　　　银行存款　　　　　　　　　　　　　　5 000

第五,月末,光华公司汇总结转本月入库材料的计划成本,会计处理如下：

本月入库材料的计划成本 = 11 000 + 101 000 + 210 000 = 322 000(元)

借：原材料　　　　　　　　　　　　　　　　322 000
　　贷：材料采购　　　　　　　　　　　　　　322 000

本月入库材料的实际成本 = 10 700 + 103 000 + 205 000 = 318 700(元)

材料成本差异 = 318 700 - 322 000 = -3 300(元)(节约差异)

借：材料采购　　　　　　　　　　　　　　　　3 300
　　贷：材料成本差异　　　　　　　　　　　　　3 300

② 企业自制的材料,直接按取得材料的计划成本,借记"原材料"账户；按确定的实际成本,贷记"生产成本"账户；按实际成本与计划成本之间的差额,借记或贷记"材料成本差异"账户。

【例 8-6】企业辅助生产车间为生产所需,自制丁材料一批,其实际成本为 5 500 元,按照材料交库单所列计划成本 5 200 元验收入库,并结转超支差异 300 元。根据有关的凭证,进行会计处理如下：

借：原材料　　　　　　　　　　　　　　　　　5 200

材料成本差异		300
贷：生产成本——辅助生产成本		5 500

③ 投资人以材料对企业进行投资，当企业接受投资后，应根据收料单等有关凭证，按材料的计划成本借记"原材料"账户；按专用发票上注明的增值税税额，借记"应交税费——应交增值税（进项税额）"账户；按双方协议确定的价值，贷记"实收资本"、"股本"等账户；按计划成本与投资各方确认的价值之间的差额，借记或贷记"材料成本差异"账户。

【例 8-7】光华公司的甲投资者以一批原材料作为投资，投入该企业。增值税专用发票上注明的材料价款为 200 000 元，增值税税额为 34 000 元。投资各方确认按该发票金额作为甲投资者的投入资本，折换为光华公司每股面值 1 元的股票 150 000 股。该批原材料计划成本为 205 000 元。根据有关的凭证，进行会计处理：

借：原材料		205 000
应交税费——应交增值税（进项税额）		34 000
贷：股本——甲股东		150 000
资本公积——股本溢价		84 000
材料成本差异		5 000

(2) 原材料发出的账务处理

月末，企业根据领料单、退料单等编制"发出材料汇总表"，结转发出材料的计划成本，根据所发出材料的用途按计划成本分别记入"生产成本"、"制造费用"、"销售费用"、"管理费用"等账户。同时，企业应计算本月发出材料应负担的成本差异，根据领用材料的用途，计入相关成本或者费用账户，从而将发出材料的计划成本调整为实际成本。

【例 8-8】光华公司于 2010 年 9 月末，将本月领料单等汇总后，编制成"发出材料汇总表"，如表 8-3 所示。

表 8-3　　　　　　　　　发出材料汇总表

2010 年 9 月　　　　　　　　　　单位：元

用途＼类别	原料及主要材料	辅助材料	燃料	修理用备件	合计
基本生产车间领用	400 000				400 000
车间一般性消耗		13 000	2 000	1 000	16 000
行政管理部门领用		4 000		4 000	8 000
合计	400 000	17 000	2 000	5 000	424 000

①假设本月初,原材料的计划成本为 300 000 元,成本差异为超支差异 1 200 元;本月入库材料计划成本为 450 000 元,成本差异为节约差异 4 100 元。该公司根据发出材料汇总表等有关凭证,进行会计处理：

　　借：生产成本——基本生产成本　　　　　　400 000
　　　　制造费用　　　　　　　　　　　　　　 16 000
　　　　管理费用　　　　　　　　　　　　　　　8 000
　　　贷：原材料　　　　　　　　　　　　　　424 000

②材料成本差异率 =（1 200 - 4 100）÷（300 000 + 450 000）× 100% = -0.39%

结转发出材料的成本差异 = 424 000 ×（-0.39%）= -1 653.6（元）

　　借：材料成本差异　　　　　　　　　　　　 1 653.6
　　　贷：生产成本——基本生产成本　　　　　 1 560
　　　　　制造费用　　　　　　　　　　　　　　 62.4
　　　　　管理费用　　　　　　　　　　　　　　 31.2

8.1.4　低值易耗品的账务处理

低值易耗品是指小企业中单位价值较低、使用期限较短,不能作为固定资产的各种用具、物品,如工具、管理用具、玻璃器皿等。为核算低值易耗品的收、发、结存情况,小企业应设置"低值易耗品"账户或"周转材料——低值易耗品"账户,借方反映入库低值易耗品的成本,贷方反映领用、发出和报废的低值易耗品成本,余额在借方,反映小企业期末库存未用低值易耗品的实际成本。如果小企业的低值易耗品不多,可以不设置"低值易耗品"账户,即在"原材料"账户中进行核算。

低值易耗品的增加与原材料增加的核算内容和方法是大致相同的,这里只就低值易耗品的摊销进行讲解。

小企业在生产经营活动中领用的低值易耗品根据具体情况,采用一次摊销或五五摊销的方法。

(1)一次摊销法,它是指小企业在领用低值易耗品时,将其价值一次、全部计入有关成本费用的一种摊销方法。它主要适用于一次领用数量不多、价值较低、使用期限较短或者容易破损的低值易耗品的摊销。

【例8-9】光华公司对低值易耗品采用一次摊销法核算。生产车间领用低值易耗品一批,实际成本为2 000元;管理部门领用低值易耗品一批,实际成本3 000元。作会计分录如下:

借:制造费用　　　　　　　　　　　　　　　　2 000
　　管理费用　　　　　　　　　　　　　　　　3 000
　　贷:低值易耗品　　　　　　　　　　　　　　5 000

若上述车间领用的低值易耗品报废,收回残料入库,估价500元,账务处理如下:

借:原材料　　　　　　　　　　　　　　　　　500
　　贷:制造费用　　　　　　　　　　　　　　　500

(2)五五摊销法,它是指领用低值易耗品时,先行摊销其价值的一半,报废时,再摊销剩余的一半。采用五五摊销法,"低值易耗品"总账下应设置"在库低值易耗品"、"在用低值易耗品"、"低值易耗品摊销"三个明细账户。

五五摊销法的核算手续较简便,适用于每月领用、报废数额较均衡的低值易耗品。领用时，由"在库低值易耗品"账户转入"在用低值易耗品"账户，摊销其价值的一半，并计入有关成本费用；报废时，再摊销其另一半价值，同时注销低值易耗品价值。

【例8-10】2010年5月光华公司生产车间领用一般工具一批，实际成本为6 000元。采用五五摊销法进行摊销。根据有关低值易耗品领用凭证，进行会计处理如下：

①领用工具

借：低值易耗品——在用低值易耗品　　　　　　6 000
　　贷：低值易耗品——在库低值易耗品　　　　　　6 000

②领用时摊销其价值的50%

借：制造费用　　　　　　　　　　　　　　　　3 000
　　贷：低值易耗品——低值易耗品摊销　　　　　　3 000

【例8-11】承【例8-10】，2010年10月该批工具报废，残料计价100元交材料库。

①报废时摊销其价值的另外50%

借：制造费用　　　　　　　　　　　　　　　　3 000
　　贷：低值易耗品——低值易耗品摊销　　　　　　3 000

②回收残料，并冲减制造费用

借：原材料　　　　　　　　　　　　　　　　　　100
　　贷：制造费用　　　　　　　　　　　　　　　　　100

③注销报废低值易耗品价值

借：低值易耗品——低值易耗品摊销　　　　　　6 000
　　贷：低值易耗品——在用低值易耗品　　　　　　6 000

8.1.5　小企业存货期末计量

8.1.5.1　小企业期末存货的计价方法

小企业在资产负债表日，存货应当按照成本与可变现净值孰低计量。这里存货成本是指期末存货的实际成本。可变现净值，是指在日常活动中，存货的估计售价减去至完工时估计将要发生的成本、估计的销售费用和相关税费后的金额。

资产负债表日,当存货成本低于存货可变现净值时,存货按实际成本计价;当存货可变现净值低于存货成本时,存货按可变现净值计价,并计提存货跌价准备,计入当期损益。存货的可变现净值低于成本时,表明该存货会给企业带来的未来经济利益低于其账面成本,因而应将这部分损失从资产价值中扣除,计入当期损益。

8.1.5.2 可变现净值的确定

(1)无销售合同约定的产成品、商品等(不包括用于出售的材料)直接用于出售的商品存货,在正常生产经营过程中,应当以该存货的一般销售价格(即市场销售价格)减去估计的销售费用和相关税费后的金额确定其可变现净值。

【例8-12】2010年12月31日,甲公司有库存A产品10台,其账面成本为4 000元/台,设备的市场销售价格为4 500元/台,预计发生的相关费用为100元/台。该公司没有与购货方签订有关销售合同。A产品可变现净值的确定如下:

A产品可变现净值 = (4 500 - 100) × 10 = 44 000元

A产品的可变现净值440 000元大于其成本400 000元。因此,A产品的期末价值应为其成本,即A产品应按400 000元列示在2010年12月31日资产负债表的存货项目中。

(2)用于出售的材料,通常以市场价格减去估计的销售费用和相关税费后的金额,确定其可变现净值。这里的市场价格是指材料等的市场销售价格。如果用于出售的材料存在销售合同约定,则应按合同价格作为其可变现净值的计算基础。

【例8-13】2010年12月31日,甲公司决定停止生产B产品,因此将专门用于该产品生产的乙材料全部出售。2010年12月31日,乙材料的账面成本为200 000元,市场销售价格为150 000元,预计发生的销售费用及相关税费为2 000元。该公司没有与购货方签订有关销售合同。乙材料可变现净值的确定如下:

乙材料的可变现净值 = 150 000 - 2 000 = 148 000(元)

乙材料的可变现净值 148 000 元小于其成本 200 000 元。因此，乙材料的期末价值应为其可变现净值，即乙材料应按 148 000 元列示在 2010 年 12 月 31 日资产负债表的存货项目中。

(3)用于生产的材料、在产品或自制半成品等需要经过加工的材料存货，在正常生产经营过程中，应当以所生产的产成品的估计售价减去至完工时估计将要发生的成本、估计的销售费用以及相关税费后的金额确定其可变现净值。

用于生产而持有的材料等，用其生产的产成品的可变现净值高于成本(生产成本)的，则该材料仍然应当按成本计量；材料价格的下降表明产成品的可变现净值低于成本的，该材料应当按照可变现净值计量。

【例 8-14】2010 年 12 月 31 日，甲公司库存原材料丙材料的账面成本为 30 万元，市场销售价格总额为 28 万元，假定不发生其他销售费用。用丙材料生产的产成品 C 的可变现净值高于成本。

根据上述资料可知，2010 年 12 月 31 日，K 材料的账面成本高于其市场价格，但是由于用其生产的产成品 C 的可变现净值高于成本，也就是用该原材料生产的最终产品此时并没有发生价值减损，因而，丙材料即使其账面成本已高于市场价格，仍应按成本 30 万元列示在 2010 年 12 月 31 日的资产负债表的存货项目之中。

【例 8-15】2008 年 12 月 31 日，甲公司库存甲材料的账面价值为 200 000 元，市场价格为 198 000 元。用该批甲材料生产 A 产品 100 台。由于甲材料的市场价格下跌，导致 A 产品的市场价格从 3 000 元/台下降为 2 500 元/台。A 产品的生产成本是 2 600 元/台，将甲材料加工成 A 产品尚需投入 60 000 元，估计销售税费为 4 000 元。甲公司甲材料可变现净值的计算如下：

甲材料的可变现净值 = A 产品的估计售价 - 进一步加工需投入的成本 - 估计销售费用及相关税费 = 2 500 × 100 - 60 000 - 4 000 = 186 000(元)

甲材料的可变现净值 186 000 元小于其成本 200 000 元。由于甲材料价格的下降导致产成品的可变现净值低于成本,因此,甲材料的期末价值应为其可变现净值,即甲材料应按 186 000 元列示在 2008 年 12 月 31 日资产负债表的存货项目中。

(4)为执行销售合同或者劳务合同而持有的存货,应当以该存货的合同价格为基础计算其可变现净值;企业持有存货的数量多于销售合同订购数量的,超出部分存货的可变现净值应当以一般销售价格为基础计算。

【例8-16】2009 年 10 月 1 日,甲公司与大宇公司签订了一份不可撤销的销售合同,根据合同规定,2010 年 3 月 1 日,甲公司应按每台 3 000 元的价格向大宇公司提供 A 产品 10 台。2009 年 12 月 31 日,甲公司 A 产品的账面成本为 2 500 元/台,数量为 10 台;2009 年 12 月 31 日,A 产品的市场销售价格为 2 600 元/台。假设不考虑销售费用和相关税费。

本例中,计算 A 产品的可变现净值应以销售合同约定的价格作为计量基础。即该批设备的可变现净值为 300 000(30 000×10)元。

A 产品的可变现净值 300 000 元大于其成本 250 000 元。因此,A 产品的期末价值应为其成本,即 A 产品应按 250 000 元列示在 2010 年 12 月 31 日资产负债表的存货项目中。

【例8-17】承上例,如果 2009 年 12 月 31 日,甲公司 A 产品的账面数量为 15 台,销售过程中支付相关销售费用为 500 元/台,其他资料不变。

合同约定部分 A 产品的可变现净值 = 3 000 × 10 - 500 × 10 = 25 000(元)

超出合同约定部分 A 产品可变现净值 = 2 600 × 5 - 500 × 5 = 10 500(元)

A 产品的可变现净值 = 25 000 + 10 500 = 35 500(元)

有合同约定的 10 台 A 产品的可变现净值 25 000 元等于其成本 25 000 元。因此,应按 25 000 元列示在 2009 年 12 月 31 日资产负债表的存货项目中。

无合同约定的 5 台 A 产品的可变现净值 10 500 元小于其成本 12 500(2 500×5)元。因此，A 产品应按可变现净值 105 000 元列示在 2009 年 12 月 31 日资产负债表的存货项目中。

8.1.5.3 存货跌价准备的账务处理

(1)存货跌价准备的计提。小企业应当设置"存货跌价准备"账户来核算存货的跌价准备。在资产负债表日，如果存货可变现净值低于其成本，应按存货可变现净值计价，并将可变现净值低于成本的部分，计提存货跌价准备，借记"资产减值损失"账户，贷记"存货跌价准备"账户。

企业计提存货跌价准备时，按下列公式计算确定本期计提的存货跌价准备金额：

本期计提的存货跌价准备 = 当期可变现净值低于成本的差额 − "存货跌价准备"账户原有余额

① 如果计提存货跌价准备前，"存货跌价准备"账户无余额，应按本期存货可变现净值低于存货成本的差额计提存货跌价准备，借记"资产减值损失"账户，贷记"存货跌价准备"账户；

② 如果本期存货可变现净值低于成本的差额与"存货跌价准备"账户原有贷方余额相等，则不需要计提存货跌价准备；

③ 如果本期存货可变现净值低于成本的差额小于"存货跌价准备"账户原有贷方余额，企业应当按两者之差冲减已计提的存货跌价准备，借记"存货跌价准备"账户，贷记"资产减值损失"账户。

【例 8 − 18】光华公司在 2010 年 12 月 31 日，A 商品的账面成本为 200 000 元，可变现净值为 190 000 元；B 商品的账面成本为 50 000 元，可变现净值为 51 000 元。

A 商品可变现净值低于成本的差额 = 200 000 − 190 000 = 10 000(元)

借：资产减值损失　　　　　　　　　　　　　10 000
　　　贷：存货跌价准备——A 商品　　　　　　　　10 000

B 商品可变现净值大于成本，不提存货跌价准备。

即,在2010年12月31日的资产负债表日,A商品应按可变现净值190 000元列示其价值,B商品应按成本50 000元列示其价值。

如果以前减记存货价值的影响因素已经消失,则减记的金额应当予以恢复,并在原已计提的存货跌价准备的金额内转回,转回的金额计入当期损益。转回时,借记"存货跌价准备"账户,贷记"资产减值损失"账户。

(2)存货跌价准备的结转。小企业已经计提的跌价准备的存货,如果其中部分已经销售,则在结转销售成本时,应同时结转已经对其计提的存货跌价准备。

对于因债务重组、非货币性交易转出的存货,应同时结转已计提的存货跌价准备,按债务重组和非货币性交易的原则进行处理。

【例8-19】2009年12月31日,光华公司库存B产品1 000件台,每件成本100元,已计提存货跌价准备10 000元。2010年,该公司将库存的1 000件B产品全部出售,每台售价110元。假设不考虑预计发生的销售费用及相关税费。该公司根据有关凭证,结转存货成本的会计处理如下:

借:主营业务成本　　　　　　　　　　　　　　90 000
　　存货跌价准备　　　　　　　　　　　　　　10 000
　　贷:库存商品——B产品　　　　　　　　　　100 000

(3)存货跌价准备的核算演练。

【例8-20】光华公司2008—2010年,有关甲商品期末计量的资料及相应的会计处理如下:

① 2008年12月31日,甲商品的账面成本为200 000元,可变现净值为180 000元。

可变现净值低于成本的差额=200 000-180 000=20 000(元)

借:资产减值损失　　　　　　　　　　　　　　20 000
　　贷:存货跌价准备——甲商品　　　　　　　　20 000

在2008年12月31日的资产负债表日,甲商品应按可变现净值180 000元列示其价值。

② 2009年度，在出售甲商品并结转成本时，相应地结转存货跌价准备 10 000 元。2009 年 12 月 31 日，甲商品账面成本为 96 000 元，可变现净值为 85 000 元；计提存货跌价准备之前，"存货跌价准备"账户余额为 10 000 元。

可变净值低于成本的差额 = 96 000 − 85 000 = 11 000（元）

本年应计提存货跌价准备 = 11 000 − 10 000 = 1 000（元）

借：资产减值损失　　　　　　　　　　　　　　　1 000
　　贷：存货跌价准备——甲商品　　　　　　　　　　1 000

本年计提存货跌价准备之后，"存货跌价准备"账户贷方余额为 11 000 元；在 2009 年 12 月 31 日的资产负债表中，甲商品按可变现净值 85 000 元列示其价值。

③ 2010年度，在出售甲商品并结转成本时，相应地结转存货跌价准备 8 000 元。2010 年 12 月 31 日，甲商品账面成本为 59 000 元，可变现净值为 64 000 元；计提存货跌价准备之前，"存货跌价准备"账户贷方余额为 3 000 元。

可变现净值高于成本的差额 = 64 000 − 59 000 = 5 000（元），即为应当恢复存货的价值，但"存货跌价准备"账户贷方余额为 3 000 元，所以，本期只能恢复 3 000 元，将其"存货跌价准备"账户贷方余额减至为零为止。

借：存货跌价准备——甲商品　　　　　　　　　　3 000
　　贷：资产减值损失　　　　　　　　　　　　　　3 000

本年计提存货跌价准备之后，"存货跌价准备"账户贷方余额为 0 元；在 2010 年 12 月 31 日的资产负债表中，甲商品应按可变现净值 64 000 元列示其价值。

8.2 小企业固定资产业务实账演练

8.2.1 小企业固定资产的标准与分类

8.2.1.1 小企业固定资产的标准

小企业的固定资产是指为生产产品、提高劳务、出租或者经营管理而持有的,且使用年限超过一个会计年度的有形资产。小企业可以根据自己的实际情况,在满足上述条件时,具体确定其构成固定资产价值的金额限额,一旦确定,应保持相对稳定;如有变化,必须在会计报表附注中予以披露。

8.2.1.2 小企业固定资产的分类

(1)生产经营用固定资产,是指直接服务于小企业生产经营过程的各种固定资产。如厂房、生产经营使用的机器、设备、器具、工具等。

(2)非生产经营用固定资产,是指不直接服务于小企业生产经营过程的各种固定资产。如职工宿舍、浴室、食堂、托儿所等使用的房屋、设备和其他资产等。

(3)租出固定资产,是指在经营性租赁方式下出租给外单位使用的固定资产。

(4)未使用固定资产,是指已完工或已购建但尚未交付使用的新增固定资产,以及因改建、扩建等原因暂停使用的固定资产。

(5)不需用固定资产,是指本企业多余或不适用,准备进行处理的固定资产。

(6)融资租入固定资产,是指企业以融资租赁方式租入的固定资产,在租赁期内,应视同自有固定资产进行管理。

小企业根据实际情况采用合适的分类方法后,必须在固定资产目录中详细列出固定资产的分类,制定固定资产目录。

小企业中未作为固定资产管理的工具、器具等,作为低值易耗品核算。

8.2.2 固定资产初始计量实账演练

固定资产的初始计量,是指小企业取得固定资产时成本的确定。

8.2.2.1 外购固定资产的成本

外购固定资产的成本包括买价、相关税费,以及为使固定资产达到预定可使用状态前所发生的可直接归属于该固定资产的其他支出,如场地整理费、运输费、装卸费、安装费和专业人员服务费等。

8.2.2.2 自制、自建的固定资产的成本

自制、自建的固定资产,按建造该项资产达到预定可使用状态前所发生的必要支出作为其投入成本。

8.2.2.3 投资者投入的固定资产的成本

投资者投入固定资产的成本,应当按照投资合同或协议约定的价值确定,但合同或协议约定价值不公允的除外。

8.2.2.4 接受捐赠的固定资产的成本

接受捐赠的固定资产应按以下规定确定其入账价值:

(1)捐赠方提供了有关凭据的,按凭据上标明的金额加上应支付的相关税费,作为固定资产的成本。

(2)捐赠方没有提供有关凭据的,按照其市价或同类、类似固定资产的市场价格,加上由小企业负担的运输费、保险费、安装调试费等作为固定资产的成本。

8.2.2.5 债务重组取得的固定资产的成本

小企业接受的债务人以非现金资产抵偿债务方式取得的固定资产,或以应收债权换入固定资产的,按债务重组的有关规定确定固定资产的成本。

8.2.2.6 以非货币性交易换入的固定资产

小企业以非货币性交易换入的固定资产,按非货币性交易的有关规定确定换入固定资产的成本。

小企业固定资产的成本中,还应当包括小企业为取得固定资产而交纳的契税、耕地占用税、车辆购置税等相关税费。

【例8-21】光华公司2010年11月发生的有关固定资产增加的业务及账务处理如下:

(1)5日,购入不需要安装的机器设备一台,取得增值税发票,价款为200 000元,进项税税额为34 000元,全部用银行存款支付。

借:固定资产——机器　　　　　　　　　　　　　200 000
　　应交税费——应交增值税(进项税额)　　　　34 000
　　贷:银行存款　　　　　　　　　　　　　　　234 000

如购入的固定资产需要安装,则先计入"在建工程"科目,待安装完毕交付使用时再转入"固定资产"账户。

(2)6日,公司自行建造的一个车间,已经达到预定可使用状态,之前发生的必要支出共计110 000元。

借:固定资产——车间　　　　　　　　　　　　110 000
　　贷:在建工程　　　　　　　　　　　　　　　110 000

(3)10日,股东投入仪器一台,各方确认的价值为50 000元,其中有10 000元超过了该股东所占的股份份额。

借:固定资产　　　　　　　　　　　　　　　　50 000
　　贷:实收资本　　　　　　　　　　　　　　　40 000
　　　　资本公积　　　　　　　　　　　　　　　10 000

(4)接受外商捐赠的汽车一辆,价值200 000元。

借:固定资产　　　　　　　　　　　　　　　　200 000
　　贷:营业外收入　　　　　　　　　　　　　　200 000

8.2.3　固定资产折旧的账务处理

8.2.3.1　固定资产折旧的含义和范围

(1)固定资产折旧是指在固定资产使用寿命内,按照确定的方法对其应计折旧额进行的系统分摊。

应计折旧额是指应当计提折旧的固定资产的原价扣除其预计净残值后的金额。已计提减值准备的固定资产,还应当扣除已计提的固定资产减值准备累计金额。

预计净残值是指假定固定资产预计使用寿命已满,并处于使用寿命终了时的预期状态,目前从该项资产处置中获得的扣除预计处置费用后的金额。

(2)小企业应当计提折旧固定资产的范围。小企业应当对所有固定资产计提折旧;但是,已提足折旧但仍继续使用的固定资产和单独计价入账的土地除外。

(3)计提固定资产折旧的时间。小企业一般应按月提取折旧;当月增加的固定资产,当月不提折旧,从下月起计提折旧;当月减少的固定资产,当月照提折旧,从下月起不提折旧。

固定资产提足折旧后,不论能否继续使用,均不再提取折旧;提前报废的固定资产,也不再补提折旧。所谓提足折旧,是指已经提足该项固定资产应提的折旧总额。应提的折旧总额为固定资产原价减去预计残值加上预计清理费用后的金额。

8.2.3.2 固定资产折旧方法

小企业可供选择采用的折旧方法包括年限平均法、工作量法、年数总和法以及双倍余额递减法等。折旧方法一经确定,不得随意变更;如需变更,应将变更的内容及原因在变更当期的会计报表附注中说明。

(1)年限平均法

年限平均法又称直线法,是指将固定资产的应计提折旧额均衡地分摊到各期的一种方法。应计提的折旧额等于固定资产原价减去预计残值再加上清理费用。计算公式为:

$$\text{固定资产年折旧额} = \frac{\text{固定资产原价} - (\text{预计残值收入} - \text{清理费用})}{\text{预计使用年限}}$$

固定资产月折旧额 = 固定资产年折旧额 ÷ 12

(2)工作量法

工作量法是指按照固定资产预计完成的工作总量计提折旧的一种方法。这种方法是假定固定资产的价值随着其使用程度而磨损,因此,固定资产的原始价值应该平均分摊到固定资产提供的各个工

作量中。其计算公式为:

$$\frac{每单位工作量}{折旧额} = \frac{固定资产原价-(预计残值收入-清理费用)}{预计使用期内可以完成的工作总量}$$

某期折旧额 = 某期实际完成的工作量 × 每单位工作量折旧额

(3) 双倍余额递减法

双倍余额递减法,是指将固定资产期初账面净值乘以不考虑残值情况下的直线法折旧率的两倍来计算各期固定资产折旧额的一种方法。其计算公式为:

年折旧率 = 2/折旧年限 × 100%

年折旧额 = 固定资产账面净值 × 年折旧率

注意在采用此法时,为了避免固定资产的账面净值降低到它的预计净残值以下,应当在其固定资产折旧年限到期的前两年内,将固定资产账面净值扣除预计净残值后的余额平均摊销。

(4) 年数总和法

年数总和法,是指将固定资产原值减去残值后的净额乘以一个逐年递减的分数计算每年折旧额的一种方法。这个分数的分子代表固定资产尚可使用的年数,分母代表使用年限的各年年数之和。其计算公式为:

$$年折旧率 = \frac{折旧年限-已使用年限}{(1+2+3+\cdots+n)} \times 100\% \quad (n\text{ 为折旧年限})$$

$$= \frac{折旧年限-已使用年限}{折旧年限 \times (折旧年限+1) \div 2} \times 100\%$$

$$= \frac{尚可使用的年数}{年数总和} \times 100\%$$

年折旧额 = (固定资产原值 - 预计净残值) × 年折旧率

= 应计提折旧总额 × 年折旧率

【例8-22】光华公司有一台生产用设备,原值为50 000元,预计净残值为2 000元,使用年限为5年。下面用以上方法计算年折旧额:

(1)使用年限平均法

年折旧额=(50 000-2 000)÷5=9 600(元)

年折旧率=9 600÷50 000=19.2%

月折旧率=19.2%÷12=1.6%

(2)使用双倍余额递减法

年折旧率=2÷5×100%=40%

其各年折旧额计算结果如表8-4所示。

表8-4　　　双倍余额递减法的各年折旧额计算表　　　单位:元

年份	期初账面净额	年折旧率	年折旧额	累计折旧额	期末账面价值
1	50 000	40%	20 000	20 000	30 000
2	30 000	40%	12 000	32 000	18 000
3	18 000	40%	7 200	39 200	10 800
4	10 800		4 400	43 600	6 400
5			4 400	48 000	2 000

(3)使用年数总和法

年数总和=1+2+3+4+5=15

应计提折旧总额=50 000-2 000=48 000(元)

其各年折旧额计算结果如表8-5所示。

表8-5　　　年限总和法的各年折旧额计算表　　　单位:元

年份	应计提折旧总额	尚可使用年限	年折旧率	年折旧额	累计折旧额
1	48 000	5	5/15	16 000	16 000
2	48 000	4	4/15	12 800	28 800
3	48 000	3	3/15	9 600	38 400
4	48 000	2	2/15	6 400	44 800
5	48 000	1	1/15	3 200	48 000

8.2.3.3 固定资产折旧率

在实际工作中,小企业按月计提折旧额的,首先是先确定折旧率,再利用折旧率来计算固定资产折旧额。折旧率是指折旧额占固定资产原值的比率,它反映固定资产的磨损程度。其计算公式如下:

$$固定资产折旧率 = \frac{年折旧额}{固定资产原值} \times 100\%$$

(或)

$$= \frac{1 - 预计净残值率}{使用年限} \times 100\%$$

其中:

$$预计净残值率 = \frac{预计残值收入 - 预计清理费用}{固定资产原始价值} \times 100\%$$

固定资产折旧率分为个别折旧率、分类折旧率和综合折旧率三种:

(1)个别折旧率是按每项固定资产分别计算的。

(2)分类折旧率是将性质、结构和使用年限大体相同的固定资产归并为不同类别计算的。

(3)综合折旧率是按整个企业的全部固定资产综合计算的。

月度固定资产折旧额 = 固定资产原值 × 月折旧率

8.2.3.4 固定资产折旧的账务处理

小企业是按月计提折旧,并通过按月编制"固定资产折旧计算表"进行的。小企业当月增加的固定资产,当月不提折旧,从下月起计提折旧;当月减少的固定资产,当月照提折旧,从下月起不提折旧。

本月计提的折旧额是以上月所计提的折旧额为基础,对上月固定资产的增减情况进行调整后计算而得的。其计算公式为:

本月固定资产应计提的折旧额 = 上月固定资产计提的折旧额 + 上月增加的固定资产本月应计提的折旧额 - 上月减少的固定资产和已提足折旧固定资产计提的折旧额

小企业按月计提的折旧额,按固定资产的不同用途,分别借记"制造费用"、"管理费用"等科目,贷记"累计折旧"科目。

"累计折旧"科目只进行总分类核算,不进行明细分类核算。需要查明某项固定资产已提取的折旧,可以根据固定资产卡片上所记载的该项固定资产原价、折旧率和使用年数等进行计算。

【例8-23】光华公司2010年10月编制的固定资产折旧表如表8-6所示。

表8-6　　　　　　　固定资产折旧表　　　　　　　单位:元

使用部门	固定资产类别	上月折旧额	上月增加固定资产原价	上月增加固定资产折旧额	上月减少固定资产原价	上月减少固定资产折旧额	本月折旧额
车间	厂房	10 000					10 000
	机器设备	25 000	500 000	2 500	200 000	1 000	26 500
	其他设备	2 000					2 000
	小计	37 000	500 000	2 500	200 000	1 000	38 500
厂部管理部门	房屋建筑	5 000					5 000
	设备	2 000					2 000
	小计	7 000					7 000
租出设备		3 000					3 000
合计		47 000	500 000	2 500	200 000	1 000	48 500

根据上述固定资产折旧计算表编制会计分录:

借:制造费用　　　　　　　　　　　　　　　　38 500
　　管理费用　　　　　　　　　　　　　　　　7 000
　　其他业务成本　　　　　　　　　　　　　　3 000
　　贷:累计折旧　　　　　　　　　　　　　　48 500

8.2.4　小企业在建工程的账务处理

8.2.4.1　在建工程的含义

在建工程是指小企业正在进行的、尚未完工的各项工程,包括施工前期准备、正在施工中的建筑工程、安装工程、技术改造工程等。工程项目较多且工程支出较大的企业,应当按照工程项目的性质分项核算。

8.2.4.2 在建工程成本的确定

在建工程应当按照实际发生的支出确定其工程成本,并单独核算。

(1)小企业的自营工程,应当按照直接材料、直接工资、直接机械施工费等计量;采用发包工程方式的企业,按照应支付的工程价款等计量;设备安装工程,按照所安装设备的价值、工程安装费用、工程试运转等所发生的支出等确定工程成本。

(2)小企业在工程达到预定可使用状态前因进行试运转所发生的净支出,计入工程成本。企业的在建工程项目在达到预定可使用状态前所取得的试运转过程中形成的、能够对外销售的产品,其发生的成本,计入在建工程成本,销售或转为库存商品时,按实际销售收入或按预计售价冲减工程成本。

(3)在建工程发生单项或单位工程报废或毁损的,减去残料价值和过失人或保险公司等赔款后的净损失,计入继续施工的工程成本;如因非常原因造成的报废或毁损,或在建工程项目全部报废或毁损,应将其净损失直接计入当期营业外支出。

8.2.4.3 自营工程的账务处理

【例8-24】光华公司于2010年5月开始一项固定资产建设,有关经济业务及会计处理如下:

(1)购入工程物资1 000 000元,进项增值税为170 000元,用银行存款支付了870 000元。

  借:工程物资   1 170 000
    贷:银行存款   870 000
      应付账款   300 000

(2)工程领用工程物资1 170 000元。

  借:在建工程——建筑工程   1 170 000
    贷:工程物资   1 170 000

(3)工程领用本企业A材料10 000元,作为工程物资。

借：在建工程——建筑工程　　　　　　　　　　　11 700
　　贷：原材料——A材料　　　　　　　　　　　10 000
　　　　应交税费——应交增值税(进项税额转出)　1 700
(4)该工程领用本企业的生产的甲产品50 000元作为工程物资
借：在建工程——建筑工程　　　　　　　　　　　58 500
　　贷：库存商品——甲　　　　　　　　　　　　50 000
　　　　应交税费——应交增值税(销项税额)　　　8 500
(5)该工程应负担的人员工资60 000元及福利费8 500元。
借：在建工程——建筑工程　　　　　　　　　　　68 500
　　贷：应付职工薪酬——工资　　　　　　　　　60 000
　　　　　　　　　　——福利费　　　　　　　　8 500
（6）该工程耗用辅助生产部门提供的水电及其他劳务10 000元。
借：在建工程——建筑工程　　　　　　　　　　　10 000
　　贷：生产成本——辅助生产成本　　　　　　　10 000
(7)该工程用银行存款支付了发生的工程管理费、征地费、可行性研究费、临时设施费、公证费、监理费等共计20 000元。
借：在建工程——建筑工程　　　　　　　　　　　20 000
　　贷：银行存款　　　　　　　　　　　　　　　20 000
(8)完工后对领用的剩余工程物资117 000元办理退库手续。
借：工程物资　　　　　　　　　　　　　　　　　117 000
　　贷：在建工程　　　　　　　　　　　　　　　117 000
(9)工程完工后剩余的工程物资有117 000元，转作本企业的存货。
借：原材料　　　　　　　　　　　　　　　　　　100 000
　　应交税费——应交增值税(进项税额)　　　　　17 000
　　贷：工程物资　　　　　　　　　　　　　　　117 000
(10)该工程完工,转入固定资产。
固定资产成本=(1 170 000-117 000)+11 700+58 500+

· 213 ·

68 500 + 10 000 + 20 000 = 1 221 700(元)

借：固定资产　　　　　　　　　　　　　　　1 221 700
　　贷：在建工程——建筑工程　　　　　　　　　　1 221 700

8.2.4.4　发包工程的账务处理

【例8-25】光华公司购买了设备后，以20 000元的价格将工程安装工作包发给某安装公司进行，有关业务及账务处理如下：

（1）用银行存款购买生产线一条，取得增值税专用发票，价税合计585 000元；生产线已投入安装。

借：在建工程——生产线　　　　　　　　　　500 000
　　应交税费——应交增值税(进项税额)　　　　85 000
　　贷：银行存款　　　　　　　　　　　　　　　585 000

（2）按合同规定，向承包单位预付工程款的50%。

借：在建工程——安装工程　　　　　　　　　　10 000
　　贷：银行存款　　　　　　　　　　　　　　　10 000

（3）向承包单位拨付工程物资5 000元。

借：在建工程——安装工程　　　　　　　　　　5 000
　　贷：工程物资　　　　　　　　　　　　　　　5 000

（4）安装完毕，结算、补付工程价款10 000元。

借：在建工程——安装工程　　　　　　　　　　10 000
　　贷：银行存款　　　　　　　　　　　　　　　10 000

（5）将安装完毕的生产线转入固定资产。

固定资产成本 = 500 000 + 5 000 + 20 000 = 525 000(元)

借：固定资产　　　　　　　　　　　　　　　525 000
　　贷：在建工程　　　　　　　　　　　　　　　525 000

8.2.5　固定资产处置的账务处理

8.2.5.1　出售、报废和毁损等原因而减少的固定资产的账务处理步骤

小企业因出售、报废和毁损等原因而减少的固定资产账务处理，

一般可分以下几个环节：

(1) 固定资产转入清理。小企业因出售、报废、毁损等原因而减少的固定资产，按减少的固定资产净值，借记"固定资产清理"科目；按已提折旧，借记"累计折旧"科目；按固定资产原价，贷记"固定资产"科目。

(2) 发生的清理费用。固定资产清理过程中发生的清理费用（支付清理人员的工资等），借记"固定资产清理"科目，贷记"银行存款"等科目。

(3) 计算缴纳的营业税。小企业销售房屋、建筑物等不动产，按照税法的有关规定，应按其销售额计算缴纳营业税，计算的营业税应计入"固定资产清理"科目，借记"固定资产清理"科目，贷记"应交税费——应交营业税"科目。

(4) 出售收入和残料等的处理。小企业收回出售固定资产的价款、报废固定资产的残料价值和变价收入等，应冲减清理支出。按实际收到的出售价款及残料变价收入等，借记"银行存款"、"材料"等科目，贷记"固定资产清理"科目。

(5) 保险赔偿的处理。小企业计算或收到的、应由保险公司或过失人赔偿的固定资产的损失，应冲减清理支出，借记"银行存款"或"应收账款"科目，贷记"固定资产清理"科目。

(6) 清理净损益的处理。固定资产清理后的净收益（一般属于生产经营期间，下同），借记"固定资产清理"科目，贷记"营业外收入"科目；固定资产清理后的净损失，借记"营业外支出"科目，贷记"固定资产清理"科目。

8.2.5.2 固定资产处置实账演练

【例8-26】光华公司出售一台机器，原价为200 000元，已提折旧80 000元，实际出售价格为150 000元，已通过银行收回价款。作会计分录如下：

(1) 将出售的固定资产转入清理，注销其原值和已提折旧

借：固定资产清理　　　　　　　　　　　　120 000

　　　　累计折旧　　　　　　　　　　　　　　　　　　80 000
　　　　　贷：固定资产　　　　　　　　　　　　　　　　200 000
　　（2）将出售固定资产的价款存入银行
　　　　借：银行存款　　　　　　　　　　　　　　　　150 000
　　　　　贷：固定资产清理　　　　　　　　　　　　　　150 000
　　（3）计算销售该机器应缴纳的营业税，按规定适用的营业税税率为5%
　　应纳营业税额 = 150 000 × 5% = 7 500(元)
　　　　借：固定资产清理　　　　　　　　　　　　　　　7 500
　　　　　贷：应交税费——应交营业税　　　　　　　　　7 500
　　（4）用现金支付清理费500元
　　　　借：固定资产清理　　　　　　　　　　　　　　　500
　　　　　贷：库存现金　　　　　　　　　　　　　　　　500
　　（5）结转出售固定资产实现的净收益
　　净收益 = 150 000 - 120 000 - 7 500 - 500 = 22 000(元)
　　　　借：固定资产清理　　　　　　　　　　　　　　　22 000
　　　　　贷：营业外收入　　　　　　　　　　　　　　　22 000

【例8-27】光华公司因发生火灾而毁损机器一台，该机器原值300 000元，已提折旧50 000元，清理中以现金支付清理费100元，残值变价收入4 000元已存入银行，经保险公司核定应赔偿损失150 000元，尚未收到赔款。账务处理如下：

　　（1）将毁损的机器转入清理，注销其原值和累计折旧
　　　　借：固定资产清理　　　　　　　　　　　　　　　250 000
　　　　　　累计折旧　　　　　　　　　　　　　　　　　50 000
　　　　　贷：固定资产　　　　　　　　　　　　　　　　300 000
　　（2）用现金支付清理费100元
　　　　借：固定资产清理　　　　　　　　　　　　　　　100
　　　　　贷：库存现金　　　　　　　　　　　　　　　　100

(3) 收到残值出售的变价收入时
借：银行存款　　　　　　　　　　　　　　4 000
　　贷：固定资产清理　　　　　　　　　　　　　4 000
(4) 确定应当由保险公司理赔的损失
借：应收账款——保险公司　　　　　　　150 000
　　贷：固定资产清理　　　　　　　　　　　　150 000
(5) 结转固定资产清理的净损失
净损失 = 250 000 + 100 - 4 000 - 150 000 = 96 100(元)
借：营业外支出　　　　　　　　　　　　　96 100
　　贷：固定资产清理　　　　　　　　　　　　96 100

8.3 小企业无形资产业务实账演练

8.3.1 无形资产的确认

(1) 无形资产的含义

无形资产是指小企业拥有或者控制的、没有实物形态的可辨认非货币性资产。无形资产定义中的可辨认性标准是：

①能够从企业中分离或者划分出来，并能单独或者与相关合同、资产或负债一起，用于出售、转移、授予许可、租赁或者交换；

②源自合同性权利或其他法定权利，无论这些权利是否可以从企业或其他权利和义务中转移或者分离。

(2) 无形资产的确认条件

同时满足下列条件的无形项目，才能确认为无形资产：

①符合无形资产的定义；

②与该资产相关的预计未来经济利益很可能流入企业；

③该资产的成本能够可靠计量。

8.3.2 无形资产的分类

(1)按无形资产的经济内容分类

无形资产按其反映的经济内容一般分为专利权、非专利技术、商标权、著作权、特许权、土地使用权等。

①专利权。它是指国家专利主管机关依法授予发明创造专利申请人对其发明创造在法定期限内所享有的专有权利。包括发明专利权、实用新型专利权和外观设计专利权。

②非专利技术。它是指不为外界所知,在生产经营活动中已采用了的,不享有法律保护的各种技术和经验。非专利技术一般包括:工业专有技术、商品贸易专有技术、管理专有技术等。非专利技术具有经济性、机密性、动态性等特点。

③商标权。商标是用来辨认特定商品或劳务的标记。商标权是指企业专门在某种指定的商品上使用特定的名称、图案、标记的权利。商标经过登记注册,就获得了法律上的保护。商标权包括:独占使用权和禁止使用权。

④著作权。著作权也称版权,是指作者对其创作的文学、科学和艺术作品依法享有的某些特殊权利。著作权包括:发表权、署名权、修改权、保护作品完整权、使用权和获得报酬权等。著作权可以转让、出售或者赠予。

⑤土地使用权。它是指国家允许某一单位在一定时期对国有土地享有开发、利用、经营的权力。根据我国土地管理法的规定,我国土地实行公有制,任何单位和个人不得侵占、买卖或者以其他形式非法转让。

⑥特许权。特许权又称经营特许权、专营权。它是指企业在某一地区经营或者销售某种特定商品的权利或者是一家企业接受另一家企业使用其商标、商号、技术秘密等的权利。

(2)按无形资产的不同来源分类

无形资产按其来源途径可以分为外来无形资产和自创无形资

产。外来无形资产是指企业用货币资金购入,或以非货币性资产换入,或通过债务重组获得以及接受投资等形成的无形资产。自创无形资产是指企业自行开发、研制的无形资产。

(3)按无形资产有无期限分类

无形资产按有无期限可以分为期限确定的无形资产和期限不确定的无形资产。

期限确定的无形资产是指有关法律中规定有最长有效期限的无形资产,如专利权、商标权、著作权、土地使用权和特许权等。

期限不确定的无形资产是指没有相应法律规定其有效期限的无形资产,如非专利技术等。这些无形资产的有效期限取决于技术进步的快慢以及技术保密工作的好坏等因素。

8.3.3 账户设置

(1)"无形资产"账户

为了核算无形资产,小企业应当设置"无形资产"账户。该账户为资产类账户,核算企业持有的无形资产成本,包括专利权、非专利技术、商标权、著作权、土地使用权等。本账户借方登记取得无形资产等所引起的无形资产增加,贷方登记无形资产的处置等引起的无形资产的减少,期末余额在贷方,反映期末无形资产的成本。本账户可按无形资产项目进行明细核算。

(2)"累计摊销"账户

"累计摊销"账户是"无形资产"账户的备抵账户,对使用寿命有限的无形资产计提的累计摊销进行核算。该账户贷方登记每期摊销金额,借方登记处置无形资产时转出的累计摊销额;期末贷方余额,反映企业无形资产的累计摊销额。

8.3.4 无形资产的初始计量

小企业的无形资产按照成本进行初始计量。

8.3.4.1 购入无形资产的初始计量

外购无形资产按成本进行初始计量。外购无形资产的成本,包括购买价款、相关税费以及直接归属于使该项资产达到预定用途所发生的其他支出。其他支出包括专业服务费用以及无形资产测试等费用。

【例8-28】光华公司从市场上购入专利技术A,以银行存款支付买价和相关费用合计为200 000元;从当地政府购入一块土地的使用权,以银行存款支付转让价款3 000 000元,并开始建造厂房等开发工程。

(1)购买专利权

借:无形资产——专利权　　　　　　　　　　200 000
　　贷:银行存款　　　　　　　　　　　　　　200 000

(2)支付转让土地价款

借:无形资产——土地使用权　　　　　　　3 000 000
　　贷:银行存款　　　　　　　　　　　　　3 000 000

(3)土地转入开发时

借:在建工程　　　　　　　　　　　　　　3 000 000
　　贷:无形资产——土地使用权　　　　　　3 000 000

8.3.4.2 投资者投入的无形资产

投资者投入的无形资产成本应当按照投资合同或协议定的价值确定,但合同或协议约定价值不公允的除外。

8.3.4.3 接受捐赠的无形资产

接受捐赠的无形资产,捐赠方提供了有关凭据的,按凭据上标明的金额加上应支付的相关税费,作为其实际成本;捐赠方没有提供有关凭据的,按其市价或同类、类似无形资产的市场价格作为其实际成本。

【例8-29】光华公司收到甲公司投入的一项专利技术,合同约定的价值为300 000元;同时接受另一单位捐赠的商标权一项,双方确定的实际成本为100 000元。光华公司账务处理如下:

(1)投资者投入无形资产
借：无形资产——专利技术　　　　　　　　　300 000
　　贷：实收资本——甲公司　　　　　　　　　　300 000
(2)接受捐赠的无形资产
借：无形资产——商标　　　　　　　　　　　100 000
　　贷：营业外收入　　　　　　　　　　　　　　100 000

8.3.4.4　自行开发取得的无形资产

自行开发取得的无形资产成本包括开发阶段能够资本化的支出以及发生的注册费、聘请律师费等。

【例8-30】光华公司从2010年6月1日开始研发某项新产品专利技术，至2010年12月28日该新产品专利技术最终开发成功。在研究开发过程中共发生材料费60万元，人工工资30万元，以及其他费用40万元，总计130万元。其中，开发阶段能够资本化的支出为80万元；申请专利权等事项花费4 000元。光华公司无形资产的账务处理如下：

(1)发生研发支出时
借：研发支出——费用化支出　　　　　　　　500 000
　　　　　　——资本化支出　　　　　　　　800 000
　　贷：原材料　　　　　　　　　　　　　　　600 000
　　　　应付职工薪酬　　　　　　　　　　　　300 000
　　　　银行存款　　　　　　　　　　　　　　400 000
(2)2010年12月该专利技术已经达到预定用途
借：管理费用　　　　　　　　　　　　　　　500 000
　　无形资产——专利权　　　　　　　　　　800 000
　　贷：研发支出——费用化　　　　　　　　　400 000
　　　　　　　　——资本化　　　　　　　　　800 000
(3)申请专利权等事项
借：无形资产——专利权　　　　　　　　　　4 000
　　贷：银行存款　　　　　　　　　　　　　　4 000

该无形资产入账价值 = 800 000 + 4 000 = 804 00(元)

8.3.5　无形资产后续计量的账务处理

8.3.5.1　无形资产使用寿命的确认
（1）企业无形资产使用寿命的确定方法
① 企业持有的来源于合同性权利或其他法定权利的无形资产，其使用寿命不应超过合同性权利或其他法定权利的期限；合同性权利或其他法定权利在到期时因续约等延续、且有证据表明企业续约不需要付出大额成本的，续约期应当计入使用寿命。
② 合同或法律没有规定使用寿命的，企业应当综合各方面因素判断，以确定无形资产能为企业带来经济利益的期限。比如，与同行业的情况进行比较、参考历史经验或聘请相关专家进行论证等。
③ 按照上述方法仍无法合理确定无形资产为企业带来经济利益期限的，该项无形资产应作为使用寿命不确定的无形资产。
（2）无形资产使用寿命的复核
企业应当至少于每年年度终了时，对使用寿命有限的无形资产的使用寿命及未来经济利益消耗方式进行复核。无形资产的预计使用寿命及未来经济利益的预期消耗方式与以前估计不同的，应当改变摊销期限和摊销方法。
企业应当在每个会计期间对使用寿命不确定的无形资产的使用寿命进行复核。如果有证据表明无形资产的使用寿命是有限的，应当估计其使用寿命，并对使用寿命确定的无形资产进行会计处理。

8.3.5.2　小企业使用寿命有限无形资产摊销
小企业使用寿命有限的无形资产一般采用直线法进行摊销。计算公式如下：

$$年无形资产摊销额 = \frac{无形资产实际成本}{摊销年限}$$

摊销无形资产价值时，借记"管理费用"、"其他业务成本"账户，贷记"累计摊销"账户。

【例8-31】续【例8-30】,该专利技术使用寿命为10年:

年摊销额=804 000/10=80 400(元)

月摊销额=80 400/12=6 700(元)

每月摊销时的会计分录为:

借:管理费用——无形资产摊销　　　　　　　　　6 700

　　贷:累计摊销——专利权　　　　　　　　　　　　6 700

8.3.5.3　小企业使用寿命有限无形资产减值处理

小企业应当在资产负债表日判断资产是否存在可能发生减值的迹象。如果资产存在减值迹象的,应当进行减值测试,估计其可收回金额;如果可收回金额的计量结果表明,资产的可收回金额低于其账面价值的,应当将资产的账面价值减记至可收回金额,减记的金额确认为资产减值损失,计入当期损益,同时计提相应的资产减值准备。

资产减值损失确认后,减值资产的折旧或者摊销费用应当在未来期间作相应调整,以使该资产在剩余使用寿命内,系统地分摊调整后的资产账面价值(扣除预计净残值)。资产减值损失一经确认,在以后会计期间不得转回。

【例8-32】续【例8-31】,该专利技术在2012年年末对其进行减值测试,估计其可收回金额为604 800元,同时估计使用寿命将缩短两年。光华公司账务处理如下:

(1)2012年12月31日该专利权账面价值=804 000-(80 400×2)=643 200(元)

可收回金额为604 800元,小于账面价值,计提减值准备:

借:资产减值损失　　　　　　　　　　　　　　　38 400

　　贷:无形资产减值准备　　　　　　　　　　　　　38 400

(2)重新计算摊销额

剩余使用年限=10-2-2=6(年)

年摊销额=604 800/6=100 800(元)

月摊销额=100 800/12=8 400(元)

每月摊销时的会计分录为：

借：管理费用——无形资产摊销　　　　　　　　8 400

　　贷：累计摊销——专利权　　　　　　　　　　8 400

8.3.5.4　小企业使用寿命不确定无形资产的账务处理

对于使用寿命不确定的无形资产，在持有期间内不需要摊销，但无论是否存在减值迹象，每年都应当进行减值测试。如经减值测试表明已发生减值，则需要计提相应的减值准备，其相关的账务处理为：借记"资产减值损失"账户，贷记"无形资产减值准备"账户。

【例8-33】2010年1月1日，光华公司用银行存款300万元购入一项技术先进的非专利技术，预计该技术在较长时期内将为公司带来良好的经济利益和现金流量，但不能估计和确定其使用寿命。公司将该非专利技术确认为使用寿命不确定的无形资产。该公司在2014年年末对该非专利技术进行减值测试，确定其可收回金额为252万元；公司在2015年年末对其进行分析，根据技术进步的要求，该非专利技术还能够为企业服务4年，4年后将被新的技术代替。

光华公司各年的会计处理如下：

(1)2010年1月1日购入非专利技术

借：无形资产——非专利技术　　　　　　　　3 000 000

　　贷：银行存款　　　　　　　　　　　　　　3 000 000

(2)2010—2014年，该项非专利技术为使用寿命不确定无形资产，故不摊销。

(3)2014年年末计提减值准备 = 3 000 000 - 2 520 000 = 480 000（元）

借：资产减值损失　　　　　　　　　　　　　　480 000

　　贷：无形资产减值准备——非专利技术　　　　480 000

(4)2015年该非专利技术确认为使用寿命确定的无形资产，从2016年起至2020年每年均应摊销。

年摊销额 = 2 520 000 ÷ 5 = 504 000（元）

月摊销额 = 504 000 ÷ 12 = 42 000（元）

借：管理费用——非专利技术　　　　　　　　　42 000
　　贷：累计摊销　　　　　　　　　　　　　　42 000

8.3.6　无形资产处置的账务处理

8.3.6.1　无形资产出售

企业出售无形资产时,应按实际收到的金额,借记"银行存款"等账户;按已计提的累计摊销,借记"累计摊销"账户;原已计提减值准备的,借记"无形资产减值准备"账户;按应支付的相关税费,贷记"应交税费"等账户;按其账面余额,贷记"无形资产"账户;按其差额,贷记"营业外收入——处置非流动资产利得"账户或借记"营业外支出——处置非流动资产损失"账户。

【例8-34】续【例8-33】,2015年1月光华公司将该专利权出售,取得收入400 000元,应交的营业税税率为5%,城市维护建设税税率为7%,教育费附加税税率为3%。

(1)该专利权的账面价值 = 804 000 - (80 400 × 2 + 100 800 × 2) - 38 400 = 403 200(元)

(2)收到价款
借：银行存款　　　　　　　　　　　　　　400 000
　　累计摊销　　　　　　　　　　　　　　362 400
　　无形资产减值准备　　　　　　　　　　 38 400
　　营业外支出——处置非流动资产损失　　 25 200
　　贷：无形资产——专利权　　　　　　　804 000
　　　　应交税费——应交营业税　　　　　 20 000
　　　　　　　　——应交城市维护建设税　　1 400
　　　　　　　　——应交教育费附加　　　　　600

8.3.6.2　用无形资产进行对外投资

小企业可以用无形资产进行投资,即企业用无形资产的所有权对其他企业进行长期投资。投资时,转出无形资产的账面价值,并按无形资产的评估值或者合同、协议约定的价值作为投资额,两者的差额作为资本公积金处理。

【例8-35】光华公司用一项专利权对C公司进行投资,该专利权的账面余额为300 000元,已经累计摊销100 000元。经双方认定,该专利权的价值为350 000元。

光华公司的账务处理如下:

借:长期股权投资——C公司　　　　　　　250 000
　　累计摊销　　　　　　　　　　　　　　100 000
　贷:无形资产　　　　　　　　　　　　　　300 000
　　　资本公积　　　　　　　　　　　　　　 50 000

8.3.6.3　无形资产的报废

无形资产预期不能为企业带来经济利益的,应将其报废并予以转销。转销时按已计提的累计摊销,借记"累计摊销"账户;原已计提减值准备的,借记"无形资产减值准备"账户;按其账面余额,贷记"无形资产"账户;按其差额,借记"营业外支出"账户。

【例8-36】续【例8-35】2017年1月光华公司预计用该专利技术生产的产品已没有销路,决定应予转销该项专利技术。

账务处理如下:

累计摊销额 = 80 400 × 2 + 100 800 × 4 = 564 000(元)

借:累计摊销　　　　　　　　　　　　　　564 000
　　无形资产减值准备　　　　　　　　　　 38 400
　　营业外支出　　　　　　　　　　　　　201 600
　贷:无形资产——专利权　　　　　　　　　804 000

第9章 小企业纳税业务会计实账演练

9.1 小企业纳税业务主要核算账户

9.1.1 "应交税费"账户

小企业应当设置"应交税费"账户来核算小企业应缴纳的各种税金,如增值税、消费税、营业税、所得税、资源税、土地增值税、城市维护建设税、房产税、土地使用税、车船税、教育费附加、矿产资源补偿费、个人所得税等。

小企业缴纳的印花税、耕地占用税以及其他不需要预计应交数的税金,不在本账户中核算。

小企业应当按照税种在"应交税费"账户下设置以下明细账来具体核算各种税金:

(1)"应交增值税"明细账户;
(2)"应交消费税"明细账户;
(3)"应交营业税"明细账户;

(4)"应交资源税"明细账户；
(5)"应交所得税"明细账户；
(6)"应交土地增值税"明细账户；
(7)"应交城市维护建设税"明细账户；
(8)"应交房产税"明细账户；
(9)"应交土地使用税"明细账户；
(10)"应交车船税"明细账户；
(11)"应交教育费附加"明细账户；
(12)"应交矿产资源补偿费"明细账户；
(13)"应交个人所得税"明细账户等。

"应交税费"账户期末如为贷方余额，反映小企业尚未缴纳的各种税金；如为借方余额，反映小企业多交或尚未抵扣的各种税金。

9.1.2 "营业税金及附加"账户

小企业应当设置"营业税金及附加"账户来核算小企业经营活动应负担的税金及附加，包括营业税、消费税、城市维护建设税、资源税和教育费附加等。与投资性房地产相关的房产税、土地使用税不在本账户中核算。

小企业按照规定计算出应由日常经营活动负担的税金及附加，借记本科目，贷记"应交税费——应交营业税"、"应交税费——应交消费税"、"应交城市维护建设税"、"应交教育费附加"等账户。

小企业收到因多计等原因退回的消费税、营业税等原记入本科目的各种税金，应于收到时冲减当期的营业税金及附加，借记"银行存款"科目，贷记本科目。

期末将本账户余额转入"本年利润"账户，结转后本账户无余额。

9.1.3 "管理费用"账户

在"管理费用"账户中核算的税金及附加主要包括房产税、土地使用税、车船税、印花税和矿产资源补偿费等。

按规定计算出房产税、土地使用税、车船税、矿产资源补偿费,借记"管理费用"账户,贷记"应交税费"账户;购买的印花税票,借记"管理费用"账户,贷记"银行存款"或"库存现金"账户。

9.2 小企业流转税业务实账演练

9.2.1 小企业增值税的会计核算

9.2.1.1 设置账户

(1)一般纳税人的小企业应当在"应交税费"下设置二级明细账"应交增值税",同时在该明细账内,设置"进项税额"、"已交税金"、"减免税款"、"出口抵减内销产品应纳税额"、"转出未交增值税"、"销项税额"、"出口退税"、"进项税额转出"、"转出多交增值税"等专栏,并按规定进行核算。

(2)小规模纳税人的小企业只需设置"应交增值税"明细科目,不需要在"应交增值税"明细科目中设置上述专栏。

9.2.1.2 一般纳税人的增值税计算方法及账务处理

一般纳税人采用购进扣税法计算应纳增值税额,其计算公式为:

当期应纳增值税额 = 当期销项税额 – 当期进项税额

当期销项税额 = 当期计税销售额 × 适用增值税税率

当期进项税额是指,小企业因购进货物或应税劳务所支付或者负担的增值税税额,也就是购买货物或应税劳务时购货发票上注明的增值税税额(购进免税农业产品、支付的运输费用、废旧物资收购部门向社会收购的废旧物资除外)。小企业允许抵扣的进项税额包括:

(1)从销售方取得的增值税专用发票上注明的增值税税额。

(2)购进免税农业产品进项税额的抵扣。一般纳税人向农业生产者或者小规模纳税人购买免税农业产品,允许按买价的13%作为扣除率计算进项税额,计算公式为:

进项税额=免税农业产品的购买价格×13%

(3)支付运费进项税额的抵扣。一般纳税人外购货物(固定资产除外),所支付的运费,根据运费结算清单,按7%的扣除率计算进项税额,并允许抵扣,但是随同运费支付的装卸费、保险费等其他杂费不能合并计算扣除进项税额。一般纳税人销售货物所支付的运费,除不能并入销售额的代垫运费外,也按7%的扣除率计算进项税额,准予抵扣。

(4)收购废旧物资进项税额的抵扣。对专门从事废旧物资经营的一般纳税人收购的废旧物资,且不能取得增值税发票的,可按收购金额的10%计算进项税额予以抵扣。

一般纳税人的增值税税率分为17%的基本税率和13%的低税率。

13%的低税率适用于:农业产品;粮食、食用植物油;自来水、暖气、冷气、热水、煤气、石油液化气、天然气、沼气、居民用煤炭制品;图书、报纸、杂志;饲料、化肥、农药、农机、农模;金属矿、非金属矿采选产品和煤炭六类。

【例9-1】光华公司系一般纳税人,2010年11月发生的与增值税有关的经济业务及会计分录如下:

(1)4日购进A材料一批,价值为200 000万元,取得增值税发票,支付运费1 000元,取得运输发票。款项均以银行存款支付。

增值税进项税额=200 000×17%+1 000×7%=34 070(元)

材料的入账价值=200 000+1 000×(1-7%)=200 930(元)

借:原材料——A   200 930
    应交税费——应交增值税(进项税额)   34 070
  贷:银行存款   235 000

(2)5日用银行存款购进免税农业产品B一批,价值100 000万元。

增值税进项税额=100 000×13%=13 000(元)

借:原材料——B   87 000

　　　　应交税费——应交增值税(进项税额)　　　　　13 000
　　　　　贷：银行存款　　　　　　　　　　　　　　　100 000
　　(3)6日收到丙投资者投入材料一批，同时提供了增值税专用发票，发票上标明，价款为450 000元，增值税税额为76 500元，该投资者所占份额为500 000元。
　　　　借：原材料　　　　　　　　　　　　　　　　　450 000
　　　　　　应交税费——应交增值税(进项税额)　　　　　76 500
　　　　　贷：实收资本——丙　　　　　　　　　　　　500 000
　　　　　　　资本公积——资本溢价　　　　　　　　　　26 500
　　(4)9日基本建设部门领用甲产品10件，单位生产成本为800元，每件市场价格为1 000元。
　　　　增值税应当按市场价格计算：10 000×17% = 1 700(元)
　　　　借：在建工程　　　　　　　　　　　　　　　　　9 700
　　　　　贷：库存商品　　　　　　　　　　　　　　　　8 000
　　　　　　　应交税费——应交增值税(销项税额)　　　　1 700
　　(5)10日销售产品甲200件，每件价格1 000元，货已经发出，开出了增值税发票，款项尚未收到。
　　　　借：应收账款　　　　　　　　　　　　　　　　234 000
　　　　　贷：主营业务收入　　　　　　　　　　　　　200 000
　　　　　　　应交税费——应交增值税(销项税额)　　　34 000
　　(6)11日企业将自己生产的一批甲产品对外投资，双方协定按实际成本作价。该批产品实际成本为100 000元，计税价格为120 000元。
　　　　增值税应当按计税价格计算：120 000×17% = 20 400(元)
　　　　借：长期股权投资　　　　　　　　　　　　　　120 400
　　　　　贷：主营业务收入　　　　　　　　　　　　　100 000
　　　　　　　应交税费——应交增值税(销项税额)　　　20 400
　　(7)12日销售产品500 000元，增值税为85 000元，产品包装费为1 170元。对方尚未付款。

企业随同商品出售单独计价的包装物,按规定是要征收增值税的。

借:应收账款　　　　　　　　　　　　　　586 170
　贷:主营业务收入　　　　　　　　　　　　500 000
　　　其他业务收入　　　　　　　　　　　　 1 000
　　　应交税费——应交增值税(销项税额)　 85 170

(8)15日购进原材料乙一批,增值税专用发票上注明材料价款为100 000元,增值税为17 000元。购买当日用银行存款付款,材料已验收入库。20日基本建设工程领用乙材料50 000元。

购进的物资、在产品、产成品发生非正常损失,以及购进物资改变用途时,按照税法规定,其进项税额不能抵扣,应把其进项税额相应转入有关账户。

购进材料

借:原材料——乙　　　　　　　　　　　　100 000
　　应交税费——应交增值税(进项税额)　 17 000
　贷:银行存款　　　　　　　　　　　　　　117 000

工程建设项目领用

借:在建工程　　　　　　　　　　　　　　 58 500
　贷:材料——乙　　　　　　　　　　　　　 50 000
　　　应交税费——应交增值税(进项税额转出) 8 500

(9)计算本月应纳增值税额并上缴。

当期销项税额 = 1 700 + 34 000 + 20 400 + 85 170 = 141 270(元)

当期进项税额 = 34 070 + 13 000 + 76 500 + 17 000 - 8 500 = 132 070(元)

本期应纳增值税额 = 141 270 - 132 070 = 9 200(元)

借:应交税费——应交增值税　　　　　　　 9 200
　贷:银行存款　　　　　　　　　　　　　　 9 200

(10)月度终了,将本月应交未交或多交的增值税额自"应交税费——应交增值税(转出未交增值税或转出多交增值税)"账户转入

"应交税费——未交增值税"账户。结转后,"应交税费——应交增值税"明细账户的期末借方余额,反映尚未抵扣的增值税。

9.2.1.3 小规模纳税人增值税的计算方法及账务处理

凡是年应税销售额(包括增值税销售额、出口销售额和免税销售额)在80万元以下的小规模商业企业,认定为小规模纳税人;工业企业年应税销售额在50万元以下,也认定为小规模纳税人。

小规模纳税人增值税的计算方法,不采用购进扣税法,而是直接按照不含增值税的销售额和规定的征收率计算应纳增值税额,不得抵扣任何进项税额。计算公式为:

应纳增值税额 = 计税销售额 × 征收率

小规模纳税人的征收率为3%。

【例9-2】某公司是小规模纳税人,用银行存款购进商品一批,取得对方开具的增值税专用发票,不含税价为20 000元,增值税额为3 400元;后将该批商品全部卖出,开出普通发票,金额为30 900元,款项已存入银行。

(1) 购进商品时

借:库存商品 23 400
  贷:银行存款 23 400

(2) 销售商品时

不含税价 = 30 900/(1 + 3%) = 30 000(元)

应交增值税额 = 30 000 × 3% = 900(元)

借:银行存款 30 900
  贷:主营业务收入 30 000
    应交税费——应交增值税 900

9.2.2 小企业消费税的会计核算

9.2.2.1 设置账户

小企业应当在"应交税费"账户下设置"应交消费税"二级账户来核算企业按规定应交的消费税。"应交消费税"明细账户借方发生额反映实际缴纳的消费税和代扣的消费税,贷方发生额反映按规定应缴纳的消费税。期末贷方余额反映尚未缴纳的消费税,期末借方余额反映多交或代扣的消费税。

小企业销售需要缴纳消费税的物资时,计算应交的消费税,是通过"营业税金及附加"账户来核算的。

9.2.2.2 消费税应纳税额的计算及会计核算

计算应纳消费税税额有三种方式。

(1)从价定率计算征税下:

应纳消费税额 = 应税消费品的计税销售额 × 适用消费税税率

(2)从量定额计算征税下:

应纳税额 = 应税消费品的计税数量 × 适用单位税额

(3)从价定率与从量定额复合计算征税,即复合计税下:

$$应纳税额 = \frac{应税消费品}{的销售额} \times \frac{消费税}{比例税率} + \frac{应税消费}{品数量} \times \frac{消费税}{单位税额}$$

9.2.2.3 小企业消费税业务的财务处理

(1)小企业自产自销应税消费品的应纳税额的计算与账务处理。

【例 9-3】某日用化小企业是一般纳税人,2010 年 11 月份销售本企业生产的化妆品,价款为 500 000 元,化妆品的包装物单独计价,应收取的包装费为 1 000 元(不含税)。价税款已存入银行。化妆品适用 30% 的消费税税率。

应纳消费税额 = 500 000 × 30% + 1 000 × 30% = 150 300(元)

应纳增值税额 = (500 000 + 1 000) × 17% = 85 170(元)

借:银行存款   586 170
  贷:主营业务收入——化妆品   500 000
    其他业务收入——包装物   1 000
    应交税费——应交增值税(销项税额) 85 170

同时,

借:营业税金及附加   150 000
  其他业务成本   300

贷：应交税费——应交消费税　　　　　　　　　　150 300

　　（2）用已税消费品作为中间投入物生产的应税消费品消费税的计算与账务处理。

　　计算纳税人自产自销的使用已税消费品生产的应税消费品的应纳税额时，应扣除所用已税消费品已纳的消费税税款。

　　① 对于使用外购的已税消费品连续生产应税消费品的应纳税额的扣除。在计税时按当期生产领用数量计算准予扣除外购的应税消费品已缴纳的消费税税款。当期准予扣除外购应税消费品已纳消费税税款的计算公式如下：

　　当期准予扣除外购应税消费品已纳消费税税额＝当期准予扣除的外购应税消费品的买价×外购应税消费税的适用税率

　　当期准予扣除的外购应税消费品的买价＝期初库存的外购应税消费品的买价＋当期购进的外购应税消费品的买价－期末库存的外购应税消费品的买价

　　【例9－4】某日用化小企业5月销售化妆品1 000 000万元，外购原材料为已缴纳过消费税的原材料，原材料期初库存的买价为200 000万元，本期入库原材料的买价为400 000元，期末库存原材料的买价为300 000元，外购原材料及化妆品的消费税税率均为30%。

　　应纳消费税税额＝1 000 000×30%－（200 00＋400 000－300 000）×30%＝210 000（元）

　　借：营业税金及附加　　　　　　　　　　　　　210 000
　　　　贷：应交税费——应交消费税　　　　　　　　210 000

　　② 对于使用委托加工收回的应税消费品连续生产应税消费品的应纳税额的扣除。因为已经由受托方将委托加工的原材料应纳消费税税款计算出并代扣代缴，故可直接按当期生产领用数量从应纳消费税税额中计算准予扣除的已纳消费税税款，其计算公式为：

　　当期准予扣除的委托加工应税消费品已纳消费税税款＝期初库存的委托加工应税消费品已纳消费税税款＋当期收回的委托加工应

税消费品已纳消费税税款-期末库存的委托加工应税消费品已纳消费税税款

(3)小企业自产自用应税消费品的应纳消费税额的计算。

小企业使用自己生产的应税消费品,如果是用于连续生产应税消费品的,不纳税;如果是用于生产非应税消费品和其他方面消费的,则在移送使用时纳税。计算用于其他消费的应税消费品的应纳税额时,一般以纳税人生产的同类消费品的销售价格为计税依据;如果没有同类消费品销售价格,则可以组成计税价格为计税依据;如果用于其他消费的应税消费品是用外购或委托加工收回的已税消费品作为原材料生产的,所用外购或委托加工收回的已税消费品已缴纳的消费税税款也准予从应纳税额中扣除。

【例9-5】某日用化工小企业(一般纳税人)2010年11月份将生产的化妆品作为福利分发给职工,查知无同类产品销售价格,其生产成本为15 000元,成本利润率为5%,适用税率为30%。

组成计税价格 = 成本 × (1 + 成本利润率) / (1 - 消费税税率)
            = 15 000 × (1 + 5%) / (1 - 30%)
            = 22 500(元)

应纳消费税税额 = 22 500 × 30% = 6 750(元)
应交增值税税额 = 22 500 × 17% = 3 825(元)

借:应付职工薪酬——福利费	25 574
贷:库存商品	15 000
应交税费——应交消费税	6 750
——应交增值税(销项税额)	3 825

(4)委托加工应税消费品的应纳税额的计算及账务处理。

需要缴纳消费税的委托加工物资,由受托方代收代缴税款(除受托加工或翻新改制金银首饰按规定由受托方缴纳消费税外)。委托加工物资收回后,直接用于销售的,将代收代缴的消费税计入委托加工物资的成本,借记"委托加工物资"等账户,贷记"应付账款"、"银行存款"等账户;委托加工物资收回后用于连续生产的,按规定准予抵扣的,按代收代缴的消费税,借记"应交税费——应交消费税"账户,贷记"应付账款"、"银行存款"等账户。

【例9-6】某卷烟厂委托B公司加工烟丝,卷烟厂提供烟叶价值100 000元,B公司收取加工费46 800元。消费税税率为30%。

①发出材料时

借:委托加工物资　　　　　　　　　　　　100 000
　贷:原材料　　　　　　　　　　　　　　　　　100 000

②支付加工费时

借:委托加工物资　　　　　　　　　　　　　40 000
　　应交税费——应交增值税(进项税额)　　　6 800
　贷:银行存款　　　　　　　　　　　　　　　　46 800

③支付代扣代缴消费税=[(100 000+40 000)/(1-30%)]×30%=60 000(元)

④如果卷烟厂将加工后的烟丝直接用于销售,在支付消费税时,有:

借:委托加工物资　　　　　　　　　　　　　60 000
　贷:银行存款　　　　　　　　　　　　　　　　60 000

⑤如果卷烟厂将加工后的烟丝直接用于连续生产卷烟,则将支付的代扣代缴消费税作为今后的可抵扣税额。

借:应交税费——应交消费税　　　　　　　60 000
　贷:银行存款　　　　　　　　　　　　　　　　60 000

⑥以本企业生产的商品作为股权投资、用于在建工程、非生产机构等,按规定应缴纳的消费税,借记"长期股权投资"、"固定资产"、"在建工程"、"营业外支出"等账户,贷记"应交税费——应交消费税"账户。

⑦需要缴纳消费税的进口物资,其缴纳的消费税应计入该项物资的成本,借记"固定资产"、"在途物资"、"库存商品"等账户,贷记"银行存款"等账户。

【例9-7】某日用化妆品生产小企业从国外进口化妆品一批,到岸价格为 200 000 元,关税税率为 10%,增值税税率为 17%,消费税税率为 30%。

组成计税价格 = 200 000(1 + 10%)/(1 - 30%) = 314 285.71(元)

应交关税 = 200 000 × 10% = 20 000(元)

应交消费税 = 314 285.71 × 30% = 94 285.71(元)

应交增值税 = 314 285.71 × 17% = 53 428.57(元)

会计分录如下:

①借:库存商品　　　　　　　　　　　　　　　314 285.71
　　应交税费——应交增值税(进项税额)　　　　53 428.57
　　贷:银行存款　　　　　　　　　　　　　　367 714.28

②实际缴纳消费税 94 285.71 元。

借:应交税费——应交消费税　　　　　　　　　94 285.71
　贷:银行存款　　　　　　　　　　　　　　　94 285.71

9.2.3　小企业营业税的会计核算

9.2.3.1　营业税的征收范围

营业税是对在我国境内提供劳务、转让无形资产和销售不动产取得的营业收入征收的一种税,主要有 9 个营业税税目:交通运输业、建筑业、金融保险业、邮电通信业、文化体育业、娱乐业、服务业、转让无形资产和销售不动产。

9.2.3.2　营业税的税率

现行营业税税率如表 9 - 1 所示。

表 9 - 1　　　　　　　营业税税目税率表

税　目	征收范围	税率
交通运输业	陆路运输、水路运输、航空运输、管道运输、装卸搬运	3%
建筑业	建筑、安装、修缮、装饰及其他工程作业	3%
金融保险业	金融、保险	5%

表9-1(续)

税　目	征收范围	税率
邮电通信业		3%
文化体育业		3%
娱乐业	歌厅、舞厅、卡拉OK歌舞厅、音乐茶座、台球、高尔夫球、保龄球、游艺	5%~20%
服务业	代理业、旅店业、饮食业、旅游业、仓储业、租赁和广告业及其他服务业	5%
转让无形资产	转让土地使用权、专利权、非专利技术、商标权、著作权、商誉	5%
销售不动产	销售建筑物及其土地附着物	5%

我国从2001年5月1日起,对夜总会、歌厅、舞厅、射击、狩猎、跑马、游戏、高尔夫球、保龄球、台球、游艺、电子游戏厅等娱乐行为一律按20%的税率征税。

9.2.3.3 小企业营业税的计算及账务处理

(1)按营业收入全额计算,其计算公式为:

应纳营业税额=营业收入×适用营业税税率

【例9-8】某卡拉OK歌舞厅2010年11月份的营业收入为500 000元,适用税率为20%;当期用银行存款完税。

①本月应纳营业税额=500 000×20%=100 000(元)

借:营业税金及附加　　　　　　　　100 000
　　贷:应交税费——应交营业税　　　　　　100 000

②缴纳营业税

借:应交税费——应交营业税　　　　100 000
　　贷:银行存款　　　　　　　　　　　　100 000

【例9-9】光华公司(工业企业)对外提供运输服务,收入50 000元,营业税税率为3%。

应纳营业税额=50 000×3%=1 500(元)

借：其他业务成本　　　　　　　　　　　　　　1 500
　　贷：应交税费——应交营业税　　　　　　　　　1 500

（2）按营业收入差额计算，其计算公式为：

应纳营业税额 =（营业收入 - 允许扣除金额）× 适用税率

【例9-10】某运输小企业2010年10月份取得的运营收入为1 500 000元，联运业务支出为300 000元，已知交通运输业的适用税率为3%。

本月应纳营业税额 =（1 500 000 - 300 000）× 3% = 36 000（元）

借：营业税金及附加　　　　　　　　　　　　　36 000
　　贷：应交税费——应交营业税　　　　　　　　 36 000

（3）按组成计税价格计算，其计算应纳税额的公式为：

$$组成计税价格 = \frac{营业成本或工程成本 \times (1 + 成本利润率)}{1 - 营业税税率}$$

应纳营业税额 = 组成计税价格 × 适用税率

【例9-11】某建筑安装公司2010年6月份自建一栋商住办公楼并已全部销售，取得销售额12 000 000元，建筑安装工程成本为8 000 000元。该公司发生自建建筑物和销售不动产两项应税行为，应分别按3%和5%营业税适用税率计算应纳额，已知当地主管税务机关规定的建筑工程成本利润率为15%。

$$应纳营业税额 = \left[\frac{8\ 000\ 000 \times (1 + 15\%)}{1 - 3\%}\right] \times 3\% + 12\ 000\ 000 \times 5\% = 884\ 536.08（元）$$

借：营业税金及附加　　　　　　　　　　　　　884 536.08
　　贷：应交税费——应交营业税　　　　　　　　884 536.08

9.2.4　小企业资源税的会计核算

9.2.4.1　资源税的税目及税率

资源税采用从量定额征收，其税目和税率如表9-2所示。

表9-2　　　　　　　　　资源税税目税率表

税　目	税额幅度(%)	单位
石油	8～30	元/吨
天然气	2～15	元/千立方米
煤炭	0.3～5	元/吨
其他非金属原矿	0.5～20	元/吨或者千/立方米
黑色金属矿原矿	2～30	元/吨
有色金属矿原矿	0.4～30	元/吨
盐		
固体盐	10～60	元/吨
液体盐	2～10	元/吨

9.2.4.2 资源税的计算及账务处理

应纳资源税额 = 课税数量 × 单位税额

【例9-12】某小煤矿2011年5月自产原煤2 000吨,将500吨用于产品生产,其余的全部外销。每吨原煤应交资源税3元,已用银行存款完税。

企业对外销售原煤应纳资源税额 = 1 500 × 3 = 4 500(元)

企业自产自用原煤应纳资源税额 = 500 × 3 = 1 500(元)

借：营业税金及附加　　　　　　　　　　　　　6 000
　　贷：应交税费——应交资源税　　　　　　　　　6 000

同时,

借：应交税费——应交资源税　　　　　　　　　6 000
　　贷：银行存款　　　　　　　　　　　　　　　6 000

【例9-13】某盐厂生产销售原盐1 000吨,此外还用生产的原盐加工粉洗盐1 500吨,粉精盐2 000吨,精制盐2 000吨。该盐厂1吨原盐可加工0.8吨粉洗盐,或可加工0.75吨粉精盐,或可加工0.6吨精制盐。资源税单位税额为20元/吨。

分析：要把加工的粉洗盐、粉精盐和精制盐数量换算为原盐的数

241

量,然后再计算应纳税额。

应纳税原盐 = 1 000 + 1 500/0.8 + 2 000/0.75 + 2 000/0.6 = 8 875(吨)

应纳资源税额 = 8 750 × 20 = 177 500(元)

借:营业税金及附加　　　　　　　　　　　　177 500
　　贷:应交税费——应交资源税　　　　　　　　177 500

9.2.5　小企业城市维护建设税的会计核算

9.2.5.1　城市维护建设税的计税依据和税率

(1)城市维护建设税的计税依据是小企业当期实际缴纳的增值税、消费税、营业税之和。

(2)城市维护建设税的税率依小企业所在地点不同分为3档:

①小企业所在地为市区的,税率为7%;

②小企业所在地为县城、建制镇的,税率为5%;

③小企业所在地不在市区、县城或者镇的,税率为1%。

9.2.5.2　城市维护建设税的账务处理

小企业计算出来的应纳城市维护建设税计入"营业税金及附加"账户。

【例9-14】光华公司2010年11月实际缴纳增值税100 000元、消费税50 000元,适用的城市维护建设税税率为7%,用银行存款完税。

应纳城市维护建设税额 = (100 000 + 50 000) × 7% = 10 500(元)

借:营业税金及附加　　　　　　　　　　　　10 500
　　贷:应交税费——应交城市维护建设税　　　　10 500

同时,

借:应交税费——应交城市维护建设税　　　　10 500
　　贷:银行存款　　　　　　　　　　　　　　10 500

9.3 小企业所得税业务实账演练

9.3.1 企业所得税的税率

(1) 基本税率

企业所得税实行比例税率,其基本税率为25%。

(2) 优惠税率

①年度应纳税所得额不超过30万元的小型微利企业,减至按20%的税率征收企业所得税。

②国家需要重点扶持的高新技术企业,减至按15%的税率征收企业所得税。

9.3.2 所得税的计税依据

所得税计算的直接依据是应纳税所得额,又称纳税所得。小企业每一纳税年度的收入总额,减去不征税收入、免税收入、各项扣除以及允许弥补的以前年度亏损后的余额,为应纳税所得额。计税公式为:

应纳税所得额 = 收入总额 − 各项扣除 − 允许弥补的以前年度亏损

(1) 收入总额是指企业以货币形式和非货币形式从各种来源取得的收入,包括:销售货物收入、提供劳务收入、转让财产收入、股息、红利等权益性投资收益;利息收入、租金收入;特许权使用费收入;接受捐赠收入;其他收入。

(2) 各项扣除是指企业实际发生的与取得收入有关的、合理的支出,包括成本、费用、税金、损失和其他支出。这些支出准予在计算应纳税所得额时扣除。

① 成本是指企业在生产经营活动中发生的销售成本、销货成本、业务支出以及其他耗费。

② 费用是指企业在生产经营活动中发生的销售费用、管理费用和财务费用,已经计入成本的有关费用除外。

③ 税金是指企业发生的除企业所得税和允许抵扣的增值税以外的各项税金及其附加。

④ 损失是指企业在生产经营活动中发生的固定资产和存货的盘亏、毁损、报废损失,转让财产损失,呆账损失,坏账损失,自然灾害等不可抗力因素造成的损失以及其他损失。

(3) 扣除有比例限制的项目包括:

① 企业发生的公益性捐赠支出,在年度利润总额12%以内的部分,准予在计算应纳税所得额时扣除。

② 企业发生的职工福利费支出,不超过工资薪金总额14%的部分,准予扣除。

③ 企业拨缴的工会经费,不超过工资薪金总额2%的部分,准予扣除。

④ 企业发生的职工教育经费支出,不超过工资薪金总额2.5%的部分,准予扣除;超过部分,准予在以后纳税年度结转扣除。

⑤ 企业发生的与生产经营活动有关的业务招待费支出,按照发生额的60%扣除,但最高不得超过当年销售(营业)收入的5‰。

⑥ 企业发生的符合条件的广告费和业务宣传费支出,不超过当年销售(营业)收入15%的部分,准予扣除;超过部分,准予在以后纳税年度结转扣除。

(4) 在计算应纳税所得额时,下列支出不得扣除项目:

① 向投资者支付的股息、红利等权益性投资收益款项;

② 企业所得税税款;

③ 税收滞纳金;

④ 罚金、罚款和被没收财物的损失;

⑤ 公益性捐赠支出;

⑥ 赞助支出;

⑦ 未经核定的准备金支出,即各项资产减值准备、风险准备等

准备金支出(坏账准备除外);

⑧ 与取得收入无关的其他支出。

(5)企业纳税年度发生的亏损,准予向以后年度结转,用以后年度的所得弥补,但结转年限最长不得超过五年。

9.3.3 应纳所得税额

应纳税额 = 应纳税所得额×适用税率 − 减免税额 − 抵免税额

公式中的减免税额和抵免税额,是指依照企业所得税法和国务院的税收优惠规定减征、免征和抵免的应纳税额。

9.3.4 小企业所得税的会计核算方法

小企业所得税核算的方法是资产负债表债务法,它是从资产负债表出发,通过比较资产负债表上列示的资产、负债的账面价值与其计税基础,对于两者之间的差异,分别确认为递延所得税资产后递延所得税负债,并在此基础上确定每一个会计期间利润表中的所得税费用。具体程序如下:

第一步,确定资产负债表中资产和负债的账面价值,这是按照企业会计准则规范确定的,也就是小企业在会计工作中实际会计数据。

第二步,确定资产负债表中资产和负债的计税基础。

(1)资产的计税基础,是指企业收回资产账面价值过程中,计算应纳税所得额时按照税法规定可以自应税经济利益中抵扣的金额。

(2)负债的计税基础,是指负债的账面价值减去未来期间计算应纳税所得额时按照税法规定可予抵扣的金额。

第三步,确定暂时性差异。

暂时性差异,是指资产或负债的账面价值与其计税基础之间的差异,分为两类:

一类是可抵扣暂时性差异,产生于资产的账面价值小于其计税基础或者资产的账面价值大于其计税基础两种情况。

另一类是应纳税暂时性差异,产生于资产的账面价值大于其计税基础或者资产的账面价值小于其计税基础两种情况。

第四步,计算递延所得税资产和递延所得税负债。

(1)递延所得税资产=可抵扣暂时性差异×适用所得税税率

(2)递延所得税负债=应纳税暂时性差异×适用所得税税率

第五步,确定利润表中的所得税费用。

所得税费用=当期所得税+递延所得税费用

9.3.5 小企业所得税账务处理

小企业在计算后缴纳的所得税,是在利润总额的基础上调整后,确定应纳税所得额,再计算当期的所得税。

应纳税所得额=利润总额±纳税调整项目

(1)纳税调加项目

一是违法经营的罚款和被没收财产的损失;各项纳税的滞纳金、罚款和罚金;自然灾害或意外事故有赔偿的部分;各种非公益性、救济性捐赠;各种赞助支出;除坏账准备以外的其他资产减值准备(存货跌价准备和短期投资跌价准备)等。

二是超过规定标准的项目有:

① 超过计提比例部分的职工福利费、职工教育经费、工会经费;

②纳税人用于公益、救济性的捐赠超过年度应纳税所得额12%以上的部分;

③超过标准的广告费业务宣传费;

④超过标准的业务招待费;

⑤超过税法规定提取的固定资产折旧费;

⑥超过标准摊销的无形资产。

(2)纳税调整减少的项目

①弥补以前年度发生的亏损,但弥补期最长不得超过5年;

②无形资产研发费用附加扣除额,按照税法规定,在计算所得税扣除项目中,可按研发费用的150%计入;

③国债利息所得;

④免税的补贴收入;
⑤免税的纳入预算管理的基金、收费或附加;
⑥免于补税的投资收益;
⑦免税的技术转让收益;
⑧治理"三废"收益。

【例9-15】光华公司2010年利润表中的利润总额为1 000 000元,所得税税率为25%,其他资料如下:

①用当年利润弥补2008年的亏损100 000元。

②公司持有一项交易性金融资产,成本为200 000元,期末公允价值为150 000元。

③招待费超标50 000元。

④公益性捐赠超标10 000元。

⑤非公益性捐赠25 000元。

⑥各种赞助支出50 000元。

⑦纳税滞纳金5 000元。

⑧当年投资收益中有国库券利息收入10 000元。

⑨公司年初购买了一项费专利技术,取得成本为1 000 000元,该无形资产寿命不能确定。

光华公司2010年所得税账务处理如下:

第一步,确定资产负债表中资产和负债的账面价值和计税基础及暂时性差异。

光华公司本年除一项交易性金融资产和一项非专利技术外,其他的资产和负债的账面价值与计税基础相同。

交易性金融资产账面价值是按公允价值计量,而税法规定,要按成本计税。

按会计准则规定,使用寿命部确定的无形资产是不进行摊销,而税法规定应当按10年进行摊销。

交易性金融资产和非专利技术账面价值和计税基础及形成的暂时性差异如表9-3所示。

247

表9-3 资产账面价值和计税基础及形成的暂时性差异表　　单位：元

项目	账面价值	计税基础	应纳税暂时性差异	可抵扣暂时性差异
交易性金融资产	150 000	200 000		50 000
无形资产	1 000 000	90 000	10 000	
合计			10 000	50 000

第二步，计算递延所得税。

递延所得税资产 = 50 000 × 25% = 12 500(元)

递延所得税负债 = 10 000 × 25% = 2 000(元)

递延所得税费用 = 2 000 - 12 500 = -10 500(元)

第三步，计算当期所得税。

调减项目合计 = ① + ⑧ + ⑨ = 100 000 + 10 000 + (1 000 000 ÷ 10) = 210 000(元)

调增项目合计 = ② + ③ + ④ + ⑤ + ⑥ + ⑦ = (200 000 - 150 000) + 50 000 + 10 000 + 25 000 + 50 000 + 5 000 = 190 000(元)

应纳税所得额 = 1 000 000 + 190 000 - 210 000 = 980 000(元)

当期所得税 = 980 000 × 25% = 245 000(元)

第四步，计算所得税费用。

所得税费用 = 245 000 + (-10 500) = 234 500(元)

作会计分录如下：

①借：递延所得税资产　　　　　　　　　　　12 500

　　　所得税费用　　　　　　　　　　　　　234 500

　　贷：应交税费——应交所得税　　　　　　245 000

　　　　递延所得税负债　　　　　　　　　　　2 000

②所得税费用转入"本年利润"账户

借：本年利润　　　　　　　　　　　　　　　234 500

　　贷：所得税费用　　　　　　　　　　　　234 500

9.4 小企业代扣代缴个人所得税业务实账演练

小企业按规定计算应代扣代缴的职工个人所得税,借记"应付职工薪酬"账户,贷记"应交税费——应交个人所得税"账户。

【例 9-16】光华公司 2010 年 9 月给职工发放 100 000 元薪酬,其中,企业代扣代缴个人所得税 3 000 元。

(1)发放工资时

借:应付职工薪酬——工资　　　　　　　　100 000
　贷:银行存款　　　　　　　　　　　　　　97 000
　　　应交税费——应交个人所得税　　　　　3 000

(2)企业实际缴纳个人所得税时

借:应交税费——应交个人所得税　　　　　　3 000
　贷:银行存款　　　　　　　　　　　　　　3 000

9.5 小企业房产税、土地使用税、车船税业务实账演练

房产税、土地使用税、车船税核算都是通过"管理费用"账户和"应交税费"账户进行的。

9.5.1 房产税的计算与核算

9.5.1.1 房产税的计税依据和税率

(1)房产税的计税依据是房产的计税价值或房产的租金收入。

按房产计税价值征收的称为从价计征,以房产余值为计税依据。房产余值是房产原值减除 10% ~ 30% 后的余值。

按房产租金收入计征收的称为从租计征,以房屋出租取得的租金收入为计税依据。

(2)房产税的税率。

房产税采用比例税率,分为两种:

① 从价计征的税率为 1.2%；

② 从租计征的税率为 12%。

9.5.1.2 小企业房产税的账务处理

(1) 小企业从价计征应纳房产税额的计算和核算

应纳房产税额 = 应税房产原值 × (1 - 扣除率) × 1.2%

【例 9 - 17】光华公司的固定资产账户上的房产原值为 1 000 000 元，扣除率为 20%。房产税每半年用银行存款缴纳一次，该企业上半年应纳的房产税计算如下：

上半年应纳房产税 = 1 000 000 × (1 - 20%) × 1.2% ÷ 2 = 4 800(元)

① 借：管理费用　　　　　　　　　　　　　　4 800
　　　贷：应交税费——应交房产税　　　　　　　4 800

② 实际缴纳时

借：应交税费——应交房产税　　　　　　　　4 800
　　贷：银行存款　　　　　　　　　　　　　　　4 800

(2) 小企业从租计征应纳房产税额的计算和核算

应纳房产税额 = 房产租金收入 × 12%

【例 9 - 18】光华公司 2010 年出租房屋，收到租金 24 000 元。

小企业出租房屋，每个月的租金收入是作为其他业务收入，并缴纳 5% 的营业税。半年末或年末计算应缴的房产税。

年应纳房产税额 = 24 000 × 12% = 2 880(元)

年应纳营业税额 = 24 000 × 5% = 1 200(元)

① 计算税金时

借：管理费用　　　　　　　　　　　　　　　24 000
　　营业税金及附加　　　　　　　　　　　　 1 200
　　贷：应交税费——应交房产税　　　　　　　24 000
　　　　　　　　——应交营业税　　　　　　　 1 200

② 实际缴纳时

借：应交税费——应交房产税　　　　　　　　24 000
　　　　　　——应交营业税　　　　　　　　 1 200
　　贷：银行存款　　　　　　　　　　　　　 25 200

9.5.2 土地使用税的计算与核算

(1)城镇土地使用税的计税依据,是小企业实际占用的土地面积。纳税人实际占用的土地面积按下列办法确定:

①凡由省、自治区、直辖市人民政府确定的单位组织测定土地面积的,以测定的面积为准。

②尚未组织测量,但纳税人持有政府部门核发的土地使用证书的,以证书确认的土地面积为准。

③尚未核发土地使用证书的,应由纳税人申报土地面积,据此纳税。待核发土地使用证以后再作调整。

(2)城镇土地使用税的税率,采用地区差别幅度定额税率,按大、中、小城市和县城、建制镇、工矿区分别规定每平方米土地使用税年应纳税额。具体标准如下:

① 大城市 0.5 元~10 元;
② 中等城市 0.4 元~8 元;
③ 小城市 0.3 元~6 元;
④ 县城、建制镇、工矿区 0.2 元~4 元。

(3)城镇土地使用税税额的计算公式如下:

全年应纳税额 = 实际占用应税土地面积(平方米)×适用单位税率

(4)小企业土地使用税的账务处理。

【例9-19】光华公司实际占用应税土地面积2 000平方米,适用单位税率为每平方5元。

①年应纳土地使用税额 = 2 000×5 = 10 000(元)

借:管理费用　　　　　　　　　　　　　　　　10 000
　　贷:应交税费——应交土地使用税　　　　　　　　10 000

②实际缴纳时

借:应交税费——应交土地使用税　　　　　　　10 000
　　贷:银行存款　　　　　　　　　　　　　　　　10 000

9.5.3 车船税的会计核算

(1) 车船税的计税依据

车船税对各类车船分别以车辆、净吨位和载重吨位为计税依据。具体包括:

①乘人汽车、电车、摩托车、自行车、人力车和畜力车,以"辆"为计税依据。

②载货汽车、机动船,以"净吨位"为计税依据。

③非机动船,以"载重吨位"为计税依据。

(2) 车船税的税目与税率

车船税实行定额税率,其税目与税率如表9-4所示。

表9-4　　　　　车辆税税目税额表

税　目	计税单位	每年税额	备　注
载客汽车	每辆	60元~660元	包括电车
载货汽车	按自重每吨	16元~120元	包括半挂牵引车、挂车
三轮汽车低速货车	按自重每吨	24元~120元	
摩托车	每辆	36元~180元	
船舶	按净吨位每吨	3元~6元	拖船后非机动驳船分别按船舶吨位的50%计算

(3) 车船税税额的计算公式

机动船和载货车应纳税额 = 净吨位数 × 适用单位税额

非机动船应纳税额 = 载重吨位数 × 适用单位税额

除载货汽车以外的机动车和非机动车的应纳税额 = 车辆数 × 适用单位税额

机动车挂车应纳税额 = 挂车净吨位 × (载货汽车净吨位年税额 × 70%)

从事运输业务的拖拉机应纳税额 = 所挂拖车净吨位 × (载货汽车净吨位年税额 × 50%)

客货两用汽车应纳税额的计算分两部分计算后在加总：
① 乘人部分应纳税额 = 辆数 ×（适用乘人汽车税额 × 50%）
② 载货部分应纳税额 = 净吨位 × 适用税率
（4）车船税的账务处理

【例 9 - 20】光华公司有载人汽车 5 辆，载货汽车 3 辆，净吨位为 30 吨位。载人汽车的单位税额为 120 元；载货汽车的单位税额为 50 元。

① 年应纳车船使用税税额 = 5 × 120 + 30 × 50 = 2 100（元）

借：管理费用　　　　　　　　　　　　　　　　2 100
　　贷：应交税费——应交车船税　　　　　　　　2 100

② 实际缴纳时

借：应交税费——应交车船税　　　　　　　　　2 100
　　贷：银行存款　　　　　　　　　　　　　　　2 100

9.6　小企业印花税业务实账演练

9.6.1　印花税的计税依据

印花税的计税依据是指计算印花税税额的依据，有应税凭证所载金额和应税凭证的件数，即称计税金额和应税凭证件数。具体有：

（1）购销合同的计税依据。即为购销金额。

（2）加工承揽合同的计税依据。即为加工或承揽收入额，这里的加工或承揽收入额是指合同中规定的受托方的加工费收入和提供的辅助材料金额之和。

（3）建设工程勘察设计合同的计税依据。即为收取的费用。

（4）建筑安装工程承包合同的计税依据。即为承包金额。

（5）财产租赁合同的计税依据。即为租赁金额。

（6）货物运输合同的计税依据。即为运输费用，但不包括装卸费用。

（7）仓储保管合同的计税依据。即为仓储保管费用。

（8）借款合同的计税依据。即为借款金额。

(9)财产保险合同的计税依据。即为保险费收入。

(10)技术合同的计税依据。即为合同所载金额。

(11)产权转移书据的计税依据。即为书据所载金额。

(12)营业账簿的计税依据。营业账簿中记载资金的账簿的计税依据为"实收资本"与"资本公积"两项的合计金额。其他账簿的计税依据为应税凭证件数,即账簿的本数。

(13)权利、许可证照的计税依据。即为应税凭证件数。

9.6.2 印花税税目与税率

印花税税目税率如表 9-5 所示。

表 9-5　　　　　　　印花税税目税率表

序号	税目	税率	纳税人
①	购销合同	按购销金额 3‰贴花	立合同人
②	加工承揽合同	按加工或承揽收入 5‰贴花	立合同人
③	建设工程勘察设计合同	按收取费用收入 5‰贴花	立合同人
④	建筑安装工程承包合同	按承包金额 3‰贴花	立合同人
⑤	财产租赁合同	按租赁金额 1‰贴花,税额不足一元按一元贴花	立合同人
⑥	货物运输合同	按运输费用 3‰贴花	立合同人
⑦	仓储保管合同	按仓储保管费用 1‰贴花	立合同人
⑧	借款合同	按借款金额 0.5‰贴花	立合同人
⑨	财产保险合同	按保险费收入 1‰贴花	立合同人
⑩	技术合同	按所载金额 3‰贴花	立合同人
⑪	产权转移合同	按所载金额 5‰贴花	立据人
⑫	营业账簿	记载资本的账簿,按实收资本后资本公积金的合计金额 5‰贴花,其他每本账簿按件贴花 5 元	立账簿人
⑬	权利、许可证照	按件贴花 5 元	领受人

9.6.3 印花税应纳税额的计算与账务处理

小企业印花税应纳税额,根据应纳税凭证的性质,按比例税率或者定额税率计算。印花税应纳税额的计算可分为三类。

(1)合同和具有合同性质的凭证以及产权转移书据。

应纳印花税税额 = 计税金额 × 适用税率

【例9-21】光华公司与乙企业签订供货合同,合同价值1 000 000元。

应缴纳印花税税额 = 1 000 000 × 3‰ = 300(元)

借:管理费用　　　　　　　　　　　　　　　　300
　　贷:库存现金　　　　　　　　　　　　　　　　300

(2)资金账簿。

应纳印花税税额 = (实收资本 + 资本公积) × 适用税率

【例9-22】光华公司记载资金的账簿记载实收资本1 000 000元、资本公积200 000元,计算资金账簿应缴纳的印花税税额。

应纳税额 = (1 000 000 + 200 000) × 5‰ = 600(元)

借: 管理费用　　　　　　　　　　　　　　　　600
　　贷:银行存款　　　　　　　　　　　　　　　　600

(3)权利、许可证照和其他账簿。

应纳印花税税额 = 应税凭证件数 × 单位税额

【例9-23】某新办公司领受工商营业执照、土地使用证、商标注册证3本证照,并建其他账簿6本,计算这3本证照和6本其他账簿应缴纳的印花税税额。

应纳印花税税额 = 9 × 5 = 45(元)

借:管理费用　　　　　　　　　　　　　　　　45
　　贷:库存现金　　　　　　　　　　　　　　　　45

9.7 小企业土地增值税业务实账演练

9.7.1 土地增值税及税率

土地增值税实行四级超额累进税率,如表9-6所示。

表9-6　　　　　　　　土地增值税税率表

级数	级　　距	税率	速算扣除率
1	增值额未超过扣除项目金额50%的部分	30%	0
2	增值额超过扣除项目金额50%、未超过扣除项目金额100%的部分	40%	5%
3	增值额超过扣除项目金额100%、未超过扣除项目金额200%的部分	50%	15%
4	增值额超过扣除项目金额200%的部分	60%	35%

9.7.2 土地增值税的计税依据

土地增值税的计税依据是出售房地产所取得的土地增值额。增值额为未转让房地产所取得的收入减去税法规定扣除的项目金额后的余额。

9.7.3 土地增值税的计算与核算

土地增值税的具体计算步骤如下:
第一步,计算土地增值额。
土地增值额=转让房地产的总收入-扣除项目金额
第二步,计算土地增值额与扣除项目比例。

$$\frac{土地增值额与}{扣除项目比例} = \frac{转让房地产的总收入-扣除项目金额}{扣除项目金额}$$

第三步,计算土地增值税税额。
应纳土地增值税税额=土地增值额×适用税率-扣除项目金额

×速算扣除率

【例9-24】某房地产开发公司,2005年5月转让房地产所取得的收入为1 000 000元,其中扣除的项目金额为250 000元。

(1)土地增值额 = 1 000 000 - 250 000 = 750 000(元)

(2)土地增值额与扣除项目比例 = $\dfrac{750\ 000}{250\ 000} \times 100\% = 300\%$

(3)应纳土地增值税税额 = 750 000 × 60% - 250 000 × 35% = 362 500(元)

  ①借：固定资产   362 500
    贷：应交税费——应交土地增值税 362 500
  ②实际缴纳时
  借：应交税费——应交土地增值税 362 500
    贷：银行存款   362 500

第10章 小企业收入、费用和利润业务会计实账演练

10.1 小企业收入实账演练

10.1.1 小企业收入的确认

10.1.1.1 小企业各项收入的确认原则

(1)小企业销售商品的收入,应当在下列条件同时满足时予以确认:

① 小企业已将商品所有权上的主要风险和报酬转移给购货方;

② 小企业既没有保留通常与所有权相联系的继续管理权,也没有对已售出的商品实施控制;

③ 相关经济利益很可能流入企业;

④ 收入的金额能够可靠地计量;

⑤ 相关的、已发生的或将要发生的成本能够可靠计量。

小企业实现的商品销售收入,应按实际收到或应收的价款入账。

(2)小企业向其他单位提供劳务所取得的劳务收入,按以下原则

予以确认:

① 在同一会计年度内开始并完成的劳务,应当在完成劳务时确认收入。

② 如果劳务的开始和完成分属于不同的会计年度,且提供劳务交易结果在资产负债表日能够可靠估计,可以按完工百分比法确认提供劳务收入。提供劳务交易结果能够可靠估计的条件为:

一是收入的金额能够可靠计量;

二是相关的经济利益很可能流入企业;

三是交易的完工程度能够可靠确定;

四是交易中已发生的和将要发生的成本能够可靠计量。

③ 提供劳务结果不能可靠估计的劳务收入区分不同情况确认:

一是对已发生的劳务成本预计能够得到全部或部分补偿的,应按已发生的劳务成本确认收入,并按相同金额结转成本;

二是对已发生的劳务成本预计不能得到补偿的,应当将已发生的劳务成本计入当期损益,不确认提供劳务收入。

小企业实现的劳务收入按实际收到或应收的价款入账。

(3)小企业因让渡资产使用权而发生的使用费等收入应于满足下列条件时确认:

① 与交易相关的经济利益很可能流入企业;

② 收入的金额能够可靠地计量。

让渡资产使用权的收入应按小企业与其资产使用者签订的合同或协议规定的收费时间和方法确定。

10.1.1.2 小企业的现金折扣、销售折让和销售退回的规定

(1)现金折扣,是指债权人为鼓励债务人在规定的期限内付款,而向债务人提供的债务扣除。现金折扣在实际发生时债权人直接计入当期财务费用。

购买方实际获得的现金折扣,冲减取得当期的财务费用。

(2)销售折让,是指小企业因售出商品的质量不合格等原因而在售价上给予的减让。销售折让应在实际发生时直接从当期的销售收

入中冲减。

(3)销售退回,是指小企业售出的商品,由于质量、品种不符合要求等原因而发生的退货。小企业发生的销售退回应当分别按情况处理:

① 未确认收入的已发出商品的退回,不进行账务处理。

② 已经确认收入的售出商品发生销售退回的,应当冲减退回当月的销售收入、销售成本。如果该项销售已发生现金折扣,应当在退回当月一并处理。

③ 对于报告年度资产负债表日至财务会计报告批准报出日之间发生报告年度或以前年度销售退回的,应增设"以前年度损益调整"账户进行核算,并调整报告年度会计报表相关项目。

10.1.2 小企业主营业务收入账务处理

小企业为了核算主营业务的收入,应当设置"主营业务收入"账户。该账户贷方登记小企业直接从事主营业务活动所取得的营业收入;借方登记因销售退回冲减的本期销售收入和期末转入"本年利润"账户的营业收入;结转后,本账户期末应无余额。小企业主营业务收入的核算还涉及"库存现金"、"银行存款"、"应收账款"、"应收票据"、"应付账款"、"应交税费"等账户。

10.1.2.1 销售商品收入的账务处理

(1)正常销售的账务处理

在正常的商品销售中,小企业只要符合上述收入确认的原则,无论货款收到与否,都应当确认收入,并贷记"主营业务收入"账户。收到的现金和银行存款直接借记"库存现金"和"银行存款"账户;暂时未收到的款项,借记"应收账款"或"应收票据"账户。

【例10-1】光华公司2010年6月份销售甲产品一批,价款为200 000元,增值税税率为17%,已收到购货方开出的转账支票50 000元和3个月的无息商业承兑汇票一张,面值100 000元,余款暂欠。作会计分录如下:

借：银行存款	50 000
应收票据	100 000
应收账款	84 000
贷：主营业务收入	200 000
应交税费——应交增值税(销项税额)	34 000

(2) 小企业采用预收货款销售方式的账务处理

小企业采用预收货款方式的情况不太多，所以，小企业可以不用单独设置"预收账款"账户，而是并入"应收账款"账户一起核算。小企业发生预收货款时，应记入"应收账款"账户的贷方；待收入实现时，按实现的收入总额借记"应收账款"账户，贷记"主营业务收入"账户；属于增值税一般纳税人的小企业，应按专用发票上注明的增值税额贷记"应交税费——应交增值税(销项税额)"。若预收货款大于实际购货款与增值税款合计数的，则应将余款退回，借记"应收账款"账户，贷记"银行存款"或"应付账款"等账户；若预收货款小于实际购货款与增值税款合计数的，应要求购货方在一定时期内将不足的部分补齐，并于补回余款时，借记"银行存款"账户，贷记"应收账款"账户。预收款项较多的小企业也可以单独设置"预收账款"进行核算。

【例10-2】光华公司5日收到A企业预付购买甲产品的货款100 000元，存入银行；光华公司于15日向A企业发出甲产品100 000元；A企业于20日用银行存款补足款项。光华公司作会计分录如下：

① 收到预收货款时

借：银行存款	100 000
贷：应收账款——A企业	100 000

② 发出商品，确认收入时

借：应收账款——A企业	117 000
贷：主营业务收入	100 000
应交税费——应交增值税(销项税额)	17 000

③ 收到余款时

借：银行存款 17 000
　　贷：应收账款——A 企业 17 000

（3）分期收款方式销售商品的账务处理

分期收款方式销售商品时，小企业应当按合同约定的收款日期分期确认收入。同时，按商品全部销售成本与全部销售收入的比率计算出本期应结转的销售成本。

【例 10-3】光华公司于 2010 年 5 月 10 日采用分期收款方式向 B 企业销售甲产品 1 000 件，单位售价为 100 元（不含税价）。合同约定分 4 个月等额付款。甲产品的单位生产成本为 80 元。两个企业都是一般纳税人。

光华公司的会计处理如下：

① 发出商品时

借：发出商品（1 000×80） 80 000
　　贷：库存商品 80 000

② 按合同规定取得本月（第 1 期）货款，存入银行时

借：银行存款 29 250
　　贷：主营业务收入（1 000×100/4） 25 000
　　　　应交税费——应交增值税（销项税额） 4 250

③ 结转销售成本

借：主营业务成本 20 000
　　贷：发出商品（1 000×80/4） 20 000

（4）代销商品收入的会计核算

代销商品分视同买断和收取手续费代销两种。

第一种：视同买断代销方式。

在这种销售方式下，商品所有权上的风险和报酬并未转移给受托方。因此，委托方在交付商品时不确认收入，受托方也不作商品购进处理。受托方将商品销售后，应当按照售价确认为销售收入，并向委托方开具代销清单。委托方收到代销清单时，再确认收入。

【例10-4】2010年5月1日光华公司委托M商场代销甲产品1 000件，协议价为100元/件。该商品成本为80元/件，增值税税率为17%。5月28光华公司收到M商场开来的代销清单，并开具了增值税发票，发票上填写内容为：金额100 000元，税额17 000元。M商场实际销售价格为120元/件。5月30日光华公司收到M商场送来的支票。

(1) 光华公司（委托方）的会计处理如下：
① 公司发出商品时
借：委托代销商品　　　　　　　　　　　80 000
　　贷：库存商品　　　　　　　　　　　　80 000
② 公司收到代销清单时
借：应收账款——M商场　　　　　　　117 000
　　贷：主营业务收入　　　　　　　　　100 000
　　　　应交税费——应交增值税（销项税额）　17 000
③ 收到M商场的支票
借：银行存款　　　　　　　　　　　　117 000
　　贷：应收账款——M商场　　　　　　117 000

(2) M商场（受托方）的会计处理如下：
① 收到代销商品时
借：受托代销商品　　　　　　　　　　100 000
　　贷：代销商品款　　　　　　　　　　100 000
② 实际销售商品时
借：银行存款　　　　　　　　　　　　140 400
　　贷：主营业务收入　　　　　　　　　120 000
　　　　应交税费——应交增值税（销项税额）　20 400
借：主营业务成本　　　　　　　　　　100 000
　　贷：受托代销商品　　　　　　　　　100 000
借：代销商品款　　　　　　　　　　　100 000
　　应交税费——应交增值税（进项税额）　17 000

  贷：应付账款——光华公司　　　　　　　　117 000
  ③ 按合同协议价将款项付给光华公司时
  借：应付账款——光华公司　　　　　　　　117 000
    贷：银行存款　　　　　　　　　　　　　117 000
  第二种：收取手续费代销方式。
  这种代销方式是受托方根据所代销的商品数量向委托方收取手续费。在这种代销方式下，委托方应在受托方将商品销售，并向委托方开具代销清单后，确认收入；受托方在商品销售后，按应收取的手续费确认收入。

  【例10－5】假如在【例10－4】中，M商场按每件100元的价格将甲产品出售给顾客，光华公司按售价的10%支付M商场手续费。M商场实际销售时，即向买方开出一张增值税专用发票，发票上注明该商品售价为100 000元，增值税税额为17 000元；光华公司在收到M商场交来的代销清单时，向M商场开具一张相同金额的增值税发票。
  光华公司的会计处理如下：
  ① 发出商品时
  借：委托代销商品　　　　　　　　　　　　　80 000
    贷：库存商品　　　　　　　　　　　　　　80 000
  ② 收到代销清单时
  借：应收账款——M商场　　　　　　　　　117 000
    贷：主营业务收入　　　　　　　　　　　100 000
      应交税费——应交增值税(销项税额)　17 000
  借：主营业务成本　　　　　　　　　　　　　80 000
    贷：委托代销商品　　　　　　　　　　　　80 000
  借：销售费用　　　　　　　　　　　　　　　10 000
    贷：应收账款——M商场　　　　　　　　10 000
  ③ 收到M商场汇来的货款净额时
  借：银行存款　　　　　　　　　　　　　　　107 000
    贷：应收账款——M商场　　　　　　　　107 000

M 商场的会计处理如下：
① 收到代销商品时
借：受托代销商品　　　　　　　　　　　　　　　80 000
　　贷：代销商品款　　　　　　　　　　　　　　　80 000
② 实际销售商品时
借：银行存款　　　　　　　　　　　　　　　　　117 000
　　贷：应付账款——光华公司　　　　　　　　　100 000
　　　　应交税费——应交增值税(销项税额)　　　17 000
借：应交税费——应交增值税(进项税额)　　　　　17 000
　　贷：应付账款——光华公司　　　　　　　　　　17 000
借：代销商品款　　　　　　　　　　　　　　　　100 000
　　贷：受托代销商品　　　　　　　　　　　　　100 000
③ 归还光华公司货款并计算代销手续费时
借：应付账款——光华公司　　　　　　　　　　　117 000
　　贷：银行存款　　　　　　　　　　　　　　　107 000
　　　　主营业务收入　　　　　　　　　　　　　　10 000

(5)现金折扣的会计核算

发生现金折扣时，小企业应按实际收到的金额，借记"银行存款"等账户；按应给予的现金折扣，借记"财务费用"账户；按应收取的款项，贷记"应收账款"、"应收票据"等账户。购买方实际获得的现金折扣，直接冲减取得当期的财务费用。

【例10-6】光华公司2010年5月8日销售一批商品6 000件，增值税专用发票上注明售价为600 000元，增值税税额是102 000元，销售信用条件为：5/10，2/20，n/30。假定计算折扣时不考虑增值税因素。

① 5月8日销售实现时，应按照总价确认收入
借：应收账款　　　　　　　　　　　　　　　　　702 000
　　贷：主营业务收入　　　　　　　　　　　　　600 000
　　　　应交税费——应交增值税(销项税额)　　102 000

· 266 ·

② 若购买方在10天内付款,享受5%的现金折扣
现金折扣 = 600 000 × 5% = 30 000(元)
借：银行存款　　　　　　　　　　　　　672 000
　　财务费用　　　　　　　　　　　　　 30 000
　贷：应收账款　　　　　　　　　　　　　702 000
③ 若购买方在20天内付款,享受2%的现金折扣
现金折扣 = 600 000 × 2% = 12 000(元)
借：银行存款　　　　　　　　　　　　　690 000
　　财务费用　　　　　　　　　　　　　 12 000
　贷：应收账款　　　　　　　　　　　　　702 000
④ 若购买方在20天以后付款,不享受现金折扣
借：银行存款　　　　　　　　　　　　　702 000
　贷：应收账款　　　　　　　　　　　　　702 000
⑤ 购买方实际获得的现金折扣应当于获得时直接冲减当期的财务费用。
借：应付账款　　　　　　　　　　　　　702 000
　贷：银行存款　　　　　　　　　　　　　672 000
　　　财务费用　　　　　　　　　　　　　 30 000

(6) 销售折让的会计核算

销售折让可能发生在小企业确认收入之前,也可能发生在企业确认收入之后。发生在销售收入确认之前的销售折让,其处理相当于商业折扣,只要按扣除销售折让之后的净额确认销售收入即可,不需要作专门的账务处理;发生在收入确认之后的销售折让,应在实际发生时直接从当期实现的收入中冲减。发生销售折让时,如按规定允许扣减当期销项税额,应同时用红字冲减"应交税费——应交增值税"账户的"销项税额"专栏。

【例10-7】光华公司销售一批商品,增值税专用发票上注明的售价为50 000元,增值税税额为8 500元,货到后买方发现商品质量不合格,要求价格上给予5 000元的折让。

① 销售实现时
借：应收账款　　　　　　　　　　　　　　　58 500
　　贷：主营业务收入　　　　　　　　　　　　500 000
　　　　应交税费——应交增值税（销项税额）　8 500
② 发生销售折让时
借：主营业务收入　　　　　　　　　　　　　5 000
　　应交税费——应交增值税（销项税额）　　850
　　贷：应收账款　　　　　　　　　　　　　　5 850
③ 实际收到货款时
借：银行存款　　　　　　　　　　　　　　　52 650
　　贷：应收账款　　　　　　　　　　　　　　52 650

（7）销售退回的会计核算

已经确认收入的售出商品发生销售退回的，应当冲减退回当月的销售收入、销售成本。如果该项销售已发生现金折扣，则应当在退回当月一并处理。

【例10-8】在【例10-6】中，光华公司于2010年5月8日销售甲产品6 000件，每件售价为100元，销售成本为80元/件。该批产品于2010年11月份因质量问题发生退货1 000件，货款已退回。当时购买方在10内付款，根据付款条件已经取得了5%的现金折扣。作销售退回会计分录如下：

借：主营业务收入　　　　　　　　　　　　　100 000
　　贷：银行存款　　　　　　　　　　　　　　112 000
　　　　财务费用　　　　　　　　　　　　　　5 000
　　　　应交税费——应交增值税（销项税额）　17 000

同时，冲减当期的主营业务成本并增加库存商品，作会计分录如下：

借：库存商品　　　　　　　　　　　　　　　80 000
　　贷：主营业务成本　　　　　　　　　　　　80 000

对于报告年度资产负债表日至财务会计报告批准报出日之间发

生报告年度或以前年度销售退回的,应增设"以前年度损益调整"账户进行核算,并调整报告年度会计报表相关项。

【例 10-9】如果【例 10-8】的退货发生在 2010 年 2 月 15 日(财务报告披露之前),货款已退回。则通过"以前年度损益调整"账户进行调整,作会计分录如下:

借:以前年度损益调整　　　　　　　　　　　100 000
　　贷:银行存款　　　　　　　　　　　　　　112 000
　　　　财务费用　　　　　　　　　　　　　　　5 000
　　　　应交税费——应交增值税(销项税额)　　17 000

同时,冲减当期的主营业务成本并增加库存商品,作会计分录如下:

借:库存商品　　　　　　　　　　　　　　　80 000
　　贷:以前年度损益调整　　　　　　　　　　80 000

经过上述调整后:

借:利润分配——未分配利润　　　　　　　　20 000
　　贷:以前年度损益调整　　　　　　　　　　20 000

10.1.2.2 提供劳务收入的账务处理

以提供劳务为主业的小企业按确认提供劳务收入的金额,借记"应收账款"、"银行存款"等账户,贷记"主营业务收入"等账户。结转成本时,借记"主营业务成本"账户,贷记有关成本账户。

【例 10-10】某安装企业于 2010 年 9 月 1 日接受一项安装任务,安装期 6 个月,合同总收入 500 000 元,至年底已预收款项 400 000 元,实际发生成本 300 000 元,预计还将发生成本 100 000 元(适用营业税税率为 3%)。该小企业作账务处理如下:

(1)按实际发生的成本占估计总成本的比例确定劳务的完成程度。

实际发生的成本占估计总成本的比例 = 300 000/400 000 × 100% = 75%

2010 年确认的收入 = 500 000 × 75% = 375 000(元)
2010 年结转的成本 = 400 000 × 75% = 300 000(元)
（2）作会计分录如下：
①发生劳务成本时
借：劳务成本　　　　　　　　　　　　　　300 000
　　贷：银行存款　　　　　　　　　　　　　　300 000
②预收款项时
借：银行存款　　　　　　　　　　　　　　400 000
　　贷：应收账款　　　　　　　　　　　　　　400 000
③ 2010 年 12 月 31 日确认当期收入时
借：应收账款　　　　　　　　　　　　　　375 000
　　贷：主营业务收入　　　　　　　　　　　　375 000
计算应纳营业税额 = 375 000 × 3% = 11 250(元)
借：营业税金及附加　　　　　　　　　　　　11 250
　　贷：应交税费——应交营业税　　　　　　　11 250
同时结转劳务成本：
借：主营业务成本　　　　　　　　　　　　300 000
　　贷：劳务成本　　　　　　　　　　　　　　300 000

10.1.3　小企业其他业务收入账务处理

小企业主业之外的业务产生的收入都是通过"其他业务收入"账户进行核算。各类小企业的主业不同，其他业务收入包括的内容也有所不同。一般来讲，工商类型的小企业，销售材料的收入、提供劳务的收入、出租包装物的收入、出租无形资产的收入、使用费收入等都属于其他业务收入的范围。

【例 10 - 11】光华公司销售 L 材料一批，成本为 4 000 元，不含税售价为 5 000 元，增值税为 850 元，款项已收存银行。会计分录如下：
①借：银行存款　　　　　　　　　　　　　　5 850

    贷：其他业务收入　　　　　　　　　　　　　　5 000
        应交税费——应交增值税(销项税额)　　　850
②月终,结转销售材料的成本
借：其他业务成本　　　　　　　　　　　　　　4 000
    贷：原材料——L　　　　　　　　　　　　　　4 000

【例10-12】C公司和D公司达成协议,C公司允许D公司经营其连锁店。协议规定,C公司向D公司收取特许权费500 000元,其中:提供家具、柜台等收费200 000元,这些家具和柜台的成本为180 000元;提供初始服务,如帮助选地址、培训人员、融资、广告等收费200 000元,发生成本150 000元;提供后续服务收费100 000元,发生成本50 000元。

假定款项在协议开始时一次付清,则C公司的会计处理如下：
(1)收到款项时
借：银行存款　　　　　　　　　　　　　　　500 000
    贷：应收账款　　　　　　　　　　　　　　　500 000
(2)在家具、柜台等的所有权转移时
借：应收账款　　　　　　　　　　　　　　　200 000
    贷：其他业务收入　　　　　　　　　　　　　200 000
借：其他业务成本　　　　　　　　　　　　　180 000
    贷：库存商品　　　　　　　　　　　　　　　180 000
(3)在提供初始服务时
借：应收账款　　　　　　　　　　　　　　　200 000
    贷：其他业务收入　　　　　　　　　　　　　200 000
借：其他业务成本　　　　　　　　　　　　　150 000
    贷：银行存款　　　　　　　　　　　　　　　150 000
(4)在提供后续服务时
借：应收账款　　　　　　　　　　　　　　　100 000
    贷：其他业务收入　　　　　　　　　　　　　100 000
借：其他业务成本　　　　　　　　　　　　　 50 000

贷：银行存款　　　　　　　　　　　　　　　　　　50 000

10.2　小企业成本费用业务实账演练

10.2.1　小企业成本费用核算的一般要求

小企业成本和费用核算的一般要求为：

（1）小企业应当合理确定期间费用和成本的界限。期间费用应当直接计入当期损益；成本应当计入所生产的产品、提供劳务的成本。企业应将当期已销产品或已提供劳务的成本转入当期的费用；商品流通企业应将当期已销商品的进价转入当期的费用。

（2）企业必须分清本期成本费用和下期成本费用的界限，不得任意预提和摊销费用。工业企业必须分清各种产品成本的界限，分清在产品成本和产成品成本的界限，不得任意压低或提高在产品和产成品的成本。

（3）小企业在生产经营过程中所耗用的各项材料，应按实际耗用数量和账面单价计算，计入成本、费用。

（4）小企业支付职工的工资，应当根据规定的工资标准、工时、产量记录等资料，计算职工工资，并计入成本、费用。小企业按规定给予职工的各种工资性质的补贴，也应计入各工资项目。

（5）小企业应当根据国家规定，计算提取福利费和各种社会保险费、住房公积金、工会经费、职工教育经费等，计入成本、费用。

（6）小企业在生产经营过程中所发生的其他各项费用，应当以实际发生数计入成本、费用。

（7）小企业应当根据本企业的生产经营特点和管理要求，选择适合本企业的成本核算对象、成本项目和成本计算方法。成本核算对象、成本项目以及成本计算方法一经确定，不得随意变更；如需变更，应在会计报表附注中予以说明。

10.2.2 生产成本账务处理

小企业发生的直接材料和直接人工通过"生产成本"账户来直接核算。发生的各种制造费用首先在"制造费用"账户中进行归集；其次按照一定的分配方法，分配计入"生产成本"账户；最后，通过"生产成本"账户核算出完工产品成本和在产品成本。

10.2.2.1 材料费用的会计核算

小企业仓库发出的材料按不同用途分别计入有关账户。直接用于生产产品的材料费用，计入"生产成本"账户；用于生产部门的一般耗用，计入"制造费用"账户；用于企业行政管理的一般耗用，计入"管理费用"账户。

【例 10-13】光华公司仓库根据当月领料凭证，编制 2010 年 6 月发料汇总表，如表 10-1 所示。

表 10-1　　　　　　　　发出材料汇总表

用途	A 材料 数量(吨)	A 材料 单价	A 材料 金额	B 材料 数量(吨)	B 材料 单价	B 材料 金额	C 材料 数量(吨)	C 材料 单价	C 材料 金额	金额合计
生产甲产品	10	625	6 250.00	10	809.37	8 093.70				14 343.70
生产乙产品	5	625	3 125.00	5	809.37	4 046.85				7 171.85
小计	15	625	9 375.00	15	809.37	12 140.55				
车间耗用							10	1 039.28	10 392.80	10 392.80
厂部耗用							20	1 039.28	20 785.60	20 785.60
合计	15	625	9 375.00	15	809.37	12 140.55	30	1 038.28	31 178.40	52 693.95

根据发出材料汇总表，作会计分录如下：

借：生产成本——甲产品　　　　　　　　14 343.70
　　　　　　　——乙产品　　　　　　　　 7 171.85
　　制造费用　　　　　　　　　　　　　10 392.80
　　管理费用　　　　　　　　　　　　　20 785.60

贷：原材料——A 材料　　　　　　　　　　9 375.00
　　　　　　　　——B 材料　　　　　　　　　　12 140.55
　　　　　　　　——C 材料　　　　　　　　　　31 178.40

10.2.2.2　职工薪酬费用的核算

本月应付职工的各种薪酬,分别按不同用途记入不同账户。其中生产工人薪酬应记入"生产成本"账户;生产部门行政管理人员薪酬应记入"制造费用"账户;公司本部行政管理人员薪酬应记入"管理费用"账户。

【例 10 - 14】光华公司计算 2010 年 6 月应付工资 16 000 元及按 14% 提取的福利费 2 240 元,按其用途归集如下:

(1) 生产工人工资 9 000 元

　　其中:甲产品生产工人工资 4 000 元;
　　　　　乙产品生产工人工资 5 000 元。

(2) 车间行政管理人员工资 2 000 元

(3) 厂部行政管理人员工资 5 000 元

作会计分录如下:

　借：生产成本——甲产品　　　　　　　　　　4 560
　　　　　　　　——乙产品　　　　　　　　　　5 700
　　　制造费用　　　　　　　　　　　　　　　　2 280
　　　管理费用　　　　　　　　　　　　　　　　5 700
　　贷：应付职工薪酬——工资　　　　　　　　16 000
　　　　　　　　　　——福利费　　　　　　　　2 240

10.2.2.3　其他费用的核算

生产经营过程中,生产部门和公司本部会因为组织、管理生产而发生一些费用,比如固定资产折旧费、财产保险费、机器修理费等,这些费用视发生地点和作用应分别计入"制造费用"和"管理费用"账户的借方;同时计入有关账户的贷方。

【例 10 - 15】光华公司 2010 年 6 月发生有关经济业务及会计分录如下:

① 以银行存款支付本月办公费 1 800 元,其中生产部门 1 000 元,公司本部 800 元。

借:制造费用   1 000
　　管理费用   800
　　贷:银行存款   1 800

② 计提本月固定资产折旧 3 000 元。其中:生产部门 2 000 元,公司本部 1 000 元。

借:制造费用   2 000
　　管理费用   1 000
　　贷:累计折旧   3 000

③ 以现金支付生产部门本月机器修理费用 280 元。

借:制造费用   280
　　贷:库存现金   200

④ 以银行存款支付财产保险费 360 元。

借:管理费用   360
　　贷:银行存款   360

⑤ 用银行存款支付固定资产修理费 1 500 元。其中:生产部门固定资产修理费 800 元,公司本部固定资产修理费 700 元。

借:制造费用   800
　　管理费用   700
　　贷:银行存款   1 500

⑥ 用银行存款支付下半年的报刊费 1 800 元,其中生产部门订阅报刊费用 800 元,公司本部行政管理部门订阅报刊费 1 000 元。

借:制造费用   800
　　管理费用   1 000
　　贷:银行存款   1 800

10.2.2.4 分配结转本月发生的制造费用

制造费用是指小企业为生产产品和提供劳务而发生的各项间接费用,包括工资和福利费、折旧费、修理费、办公费、水电费、机物料消耗、劳动保护费、季节性和修理期间的停工损失等。制造费用应当按企业成本核算办法的规定,分配计入有关的成本核算对象,其分配方法主要有:

① 按生产工人工资分配;
② 按生产工人工时分配;
③ 按机器工时分配;
④ 按耗用原材料的数量或成本分配;
⑤ 按直接成本(原材料、燃料、动力、生产工人工资及应提取的福利费之和)分配;
⑥ 按产品产量分配。

具体采用哪种分配方法,由小企业自行决定。但是,制造费用的分配方法一经确定,不得随意变更;如需变更,应当在会计报表附注中予以说明。

【例10-16】光华公司2010年6月份"制造费用"账户本期借方发生额为16 852.80元,在甲、乙两种产品之间进行分配。

根据该企业实际情况,制造费用以生产甲和乙产品的工人工资为分配标准,其中,生产甲产品工人工资为4 000元,生产乙产品工人工资为5 000元。

分配率 = 16 852.8/(4 000 + 5 000) = 1.872 53

应分配给甲产品的制造费用 = 1.872 53 × 4 000 = 7 409.12(元)

应分配给B产品的制造费用 = 1.872 53 × 5 000 = 9 362.68(元)

作会计分录如下:

借:生产成本——甲产品　　　　　　　　　7 409.12
　　　　　　——乙产品　　　　　　　　　9 362.68
　　贷:制造费用　　　　　　　　　　　　16 852.80

10.2.2.5　完工产品成本的计算及结转

在工业企业里,生产完工并经过验收合格入库的产品即成为企业可供销售的库存商品。月末应计算当月完工产品的生产成本,并从"生产成本"账户的贷方转入"库存商品"账户的借方。若"生产成本"账户结转后仍有余额,则表示期末在产品成本。

生产费用在完工产品和在产品之间的分配一般采用约当产量比例法。此法是将月末在产品数量按照完工程度折算为相当于完工产品产量,即约当产量,然后按照完工产品产量与在产品约当产量的比例分配计算完工产品成本和在产品成本。

计算约当产量时,要根据加工程度和投料程度分别不同的项目计算:

①材料成本项目按月末在产品的投料程度来确定其约当产量,如果材料是在生产过程开始时一次投入,每件完工产品与每件在产品所耗的材料费用是相同的,这种情况下,材料费用产过程中陆续投入的,就需要按其投料程度计算约当产量。

②人工费用和制造费用均应按照在产品的完工程度来计算约当产量。

③企业完工产品的计算及结转是通过"生产成本"明细账或成本计算单进行。

【例10-17】光华公司6月份甲产品完工500台,在产品100台;乙产品完工400台,在产品50台。有关期初成本资料分别如表10-2和表10-3所示。两种产品的材料均是生产过程开始时一次投入。在产品完工程度为60%。

(1)甲产品成本的计算:

月末在产品约当产量 = 100 × 60% = 60(台)

① 材料费用分配率 = (12 656.30 + 14 343.70)/600 = 45

完工产品材料费用 = 500 × 45 = 22 500(元)

在产品材料费用 = 100 × 45 = 4 500(元)

②人工费用分配率 = (3 840 + 4 000 + 560)/560 = 15

完工产品人工费用 = 500 × 15 = 7 500(元)

在产品人工费用 = 60 × 15 = 900(元)

③制造费用分配率 = (3 709.88 + 9 490.12)/560 = 20

完工产品制造费用 = 500×20 = 10 000(元)

在产品制造费用 = 60×20 = 1 200(元)

甲产品单位成本 = 45 + 15 + 20 = 80(元)

甲产品完工总成本 = 500×80 = 40 000(元)

登记甲产品"生产成本"明细账,如表10-2所示。

表10-2　　　　　　　生产成本　明细账

产品名称:甲产品　　　　　2010年6月　　　　完工产品:500台

月末在产品:100

2010年		凭证号	摘要	借方				贷方
月	日			直接材料	直接人工	制造费用	合计	
6	1		期初余额	12 656.30	3 840.00	3 709.88	20 206.18	
6	30	10	直接材料	14 343.70				
		11	工人工资费用		4 000.00			
		14	工人福利费		560.00			
		22	分配制造费用			7 490.12		
			合计	27 000	8 400.00	11 200.00	46 600.00	
			约当产量	600	560	560		
			单位成本	45.00	15.00	20.00	80.00	
			完工产品	22 500.00	7 500.00	10 000.00	40 000.00	40 000.00
			在产品	4 500.00	900.00	1 200.00	6 600.00	

(2)同理,可以计算出乙产品的单位成本为85元,完工产品总成本为34 000元,具体如表10-3所示。

表10-3　　　　　　　生产成本　明细账

产品名称:乙产品　　　　　2010年6月　　　　完工产品:400台

月末在产品:50

2010年		凭证号	摘要	借方				贷方
月	日			直接材料	直接人工	制造费用	合计	
6	1		期初余额	6 328.15	2 800.00	5 512.32		

表10-3(续)

2010年		凭证号	摘要	借方				贷方
月	日			直接材料	直接人工	制造费用	合计	
1	30	10	直接材料	7 171.85				
		11	工人工资费用		5 000.00			
		14	工人福利费		700.00			
		22	分配制造费用			9 362.68		
			合 计	13 500.00	8 500.00	14 875.00	36 875	
			约当产量	450	425	425		
			单位成本	30.00	20.00	35.00	85.00	
			完工产品	12 000.00	8 000.00	14 000.00	34 000.00	34 000.00
			在产品	1 500.00	500.00	875.00	2 875.00	

根据生产成本明细账作生产成本结转会计分录如下：

借：库存商品——甲产品　　　　　　　　　　　40 000
　　　　　　　——乙产品　　　　　　　　　　　34 000
　　贷：生产成本——甲产品　　　　　　　　　　40 000
　　　　　　　　——乙产品　　　　　　　　　　34 000

10.2.3 销售成本账务处理

小企业在完成销售、实现销售收入以后，必须将其销售出去的产品成本予以结转，并与实现的销售收入进行配比，以核算出企业的利润。所以，小企业必须设置"主营业务成本"账户来核算销售产品的成本。

在会计实务中，当每批销售产品的成本能够确认时，可以在销售实现的同时就结转销售成本；但是多数情况下，由于一批销售产品中可以是由多个生产批次生产的，各批次的生产成本可能不同，所以销售成本的结转不能在每批销售后就进行，而是在期末一并进行销售成本结转。

销售成本的结转方法，与存货发出结转的方法是相同的，可以采用先进先出法、加权平均法以及个别计价法。

【例10-18】光华公司2010年5月共销售甲产品1 000件,加权平均生产成本为80元/件;销售乙500件,加权平均成本84元/件。结转销售成本的会计分录如下:

借:主营业务成本——甲　　　　　　　　80 000
　　　　　　　　——乙　　　　　　　　42 000
　　贷:库存商品——甲　　　　　　　　　80 000
　　　　　　　——乙　　　　　　　　　42 000

10.2.4　期间费用账务处理

10.2.4.1　小企业的期间费用的内容

小企业的期间费用包括销售费用、管理费用和财务费用。

(1)销售费用,是指小企业销售商品过程中发生的费用,包括企业销售商品过程中发生的运输费、装卸费、包装费、保险费、展览费和广告费,以及为销售本企业商品而专设的销售机构(含销售网点,售后服务网点等)的职工工资及福利费、类似工资性质的费用、业务费等经营费用。

商品流通企业在购买商品过程中所发生的各种进货费用,如运输费、装卸费、包装费、保险费、运输途中的合理损耗和入库前的挑选整理费等,也包括在销售费用之内。

(2)管理费用,是指小企业为组织和管理企业生产经营所发生的费用,包括小企业的行政管理部门在经营管理中发生的公司经费(包括行政管理部门职工工资、修理费、物料消耗、低值易耗品摊销、办公费和差旅费等)、工会经费、待业保险费、劳动保险费、聘请中介机构费、咨询费(含顾问费)、诉讼费、业务招待费、房产税、车船使用税、土地使用税、印花税、技术转让费、矿产资源补偿费、无形资产摊销、职工教育经费、研究与开发费、排污费、存货盘亏或盘盈(不包括应计入营业外支出的存货损失)、计提的坏账准备和存货跌价准备等。

(3)财务费用,是指小企业为筹集生产经营所需资金等而发生的费用,包括应当作为期间费用的利息支出(减利息收入)、汇兑损失

(减汇兑收益)以及相关的手续费等。

期间费用应当直接计入当期损益,并在利润表中分别项目列示。

10.2.4.2 期间费用的核算

小企业应当分别设置"销售费用"、"管理费用"、"财务费用"账户来核算发生的销售费用、管理费用和财务费用。这些账户的共同点是:借方登记实际发生的各种期间费用,贷方登记期末结转至"本年利润"账户的金额,结转后本账户期末无余额。

"财务费用"账户有一点特殊:小企业的利息收入也在该账户中核算。利息收入作为财务费用的抵减项目,直接借记该账户,冲减财务费用。

【例10-19】 光华公司5月份用银行存款支付广告费20 000元;同时支付包装、展览及保险费共计8 000元。

借:销售费用　　　　　　　　　　　　　　28 000
　　贷:银行存款　　　　　　　　　　　　　28 000

【例10-20】 某商业小企业购进商品时,用银行存款支付运杂费和保险费共6 000元。

借:销售费用　　　　　　　　　　　　　　6 000
　　贷:银行存款　　　　　　　　　　　　　6 000

【例10-21】 光华公司5月份发生了招待费用5 000元,另购买办公用品2 000元,无形资产摊销5 000元。

借:管理费用——业务招待费　　　　　　　5 000
　　　　　　——办公费　　　　　　　　　2 000
　　贷:银行存款　　　　　　　　　　　　　7 000
借:管理费用——无形资产摊销　　　　　　5 000
　　贷:无形资产　　　　　　　　　　　　　5 000

在前面的内容中已经较多地涉及了一些管理费用和财务费用的核算,这里就不再重复了。

10.3 小企业利润业务实账演练

10.3.1 小企业利润形成账务处理

小企业应当设置"本年利润"来核算本企业本年度内实现的利润（包括利润总额和净利润）。该账户的借方登记从各个成本、费用、支出类账户转入的金额；贷方登记从各个收入账户转来的金额。余额若在贷方，表示小企业本年度自年初开始累计实现的净利润；余额若在借方，表示小企业本年度自年初开始累计实现的净亏损。

在会计实务中，小企业利润形成的会计核算方法有账结法和表结法两种，企业可根据自己的实际情况选择。

10.3.1.1 账结法

账结法是指小企业每月终了时，将所有损益类账户的余额转入"本年利润"账户，通过该账户结出当月的利润总额和截至当月的本年累计利润。

【例10-22】光华公司5月结账前有关各损益账户的余额如表10-4所指示。其中，所得税税率为33%。

表10-4　　　　　损益类账户余额表　　　　　单位：元

账户名称	借方余额	贷方余额
主营业务收入		600 000
主营业务成本	300 000	
营业税金及附加	10 000	
其他业务收入		50 000
其他业务成本	30 000	
销售费用	50 000	
管理费用	100 000	
财务费用	50 000	

表10-4(续)

账户名称	借方余额	贷方余额
投资收益		79 600
营业外收入		25 000
营业外支出	10 000	

采用账结法的会计分录如下：
(1)结转全部成本、费用类账户的余额
借：本年利润　　　　　　　　　　　　　　550 000
　　贷：主营业务成本　　　　　　　　　　300 000
　　　　营业税金及附加　　　　　　　　　 10 000
　　　　其他业务成本　　　　　　　　　　 30 000
　　　　销售费用　　　　　　　　　　　　 50 000
　　　　管理费用　　　　　　　　　　　　100 000
　　　　财务费用　　　　　　　　　　　　 50 000
　　　　营业外支出　　　　　　　　　　　 10 000
(2)结转全部收入类账户的余额
借：主营业务收入　　　　　　　　　　　　600 000
　　其他业务收入　　　　　　　　　　　　 50 000
　　投资收益　　　　　　　　　　　　　　 79 600
　　营业外收入　　　　　　　　　　　　　 25 000
　　贷：本年利润　　　　　　　　　　　　754 600
当月的利润总额 = 754 600 - 550 000 = 204 600(元)
当期应交所得税额 = 204 600 × 25% = 51 150(元)
本月没有所得税调整项目。
借：所得税费用　　　　　　　　　　　　　 51 150
　　贷：应交税费——应交所得税　　　　　 51 150
借：本年利润　　　　　　　　　　　　　　 51 150
　　贷：所得税费用　　　　　　　　　　　 51 150

当月的净利润 = 204 600 - 51 150 = 153 450(元)

10.3.1.2 表结法

表结法是指小企业每月结账时,不需要将损益类账户的余额转入"本年利润"账户,而是将损益类账户的余额逐项抄录到当月编制的"利润表"中有关项目的"本年累计数"栏目内,对"其他业务利润"等没有直接账户对应的项目,应当计算出净差额填入。通过"利润表"计算出从年初到本月止的本年累计利润,然后减去上月止本表中的本年累计数,就得到本月的利润或亏损数。

小企业在采用表结法下,"本年利润"账户平时是没有记录的,只有年终才使用一次。

年终,采用账结法的办法,将所有损益类账户的余额转入"本年利润"账户,通过该账户结出当年的利润总额,并计算所得税,最终计算出净利润。

采用账结法或表结法,在年度终了时都要将"本年利润"账户的余额转入"利润分配——未分配利润"账户,结转后,"本年利润"账户无余额。

10.4 小企业利润分配的会计核算实务

10.4.1 小企业利润分配的内容

小企业当期实现的净利润,加上年初未分配利润(或减去年初未弥补亏损)和其他转入后的余额形成可供分配的利润,按下列顺序进行分配:

(1)提取法定盈余公积,是按当年净利润的10%计提,当积累计提的法定盈余公积达到注册资本的50%时,可不再提取。

(2)提取任意盈余公积,是指企业按规定提取的任意盈余公积。

(3)向投资者分配利润,是指企业按照利润分配方案分配给投资者的现金利润。

(4) 形成未分配利润。

10.4.2 小企业利润分配账务处理

小企业利润分配核算的内容主要是提取法定盈余公积、任意盈余公积、向投资者分配利润,最后将本年的净利润结转至"利润分配——未分配利润"账户。

小企业设置"利润分配"账户来核算企业实现利润的分配(或亏损的弥补)和历年分配(或弥补)后的积存余额。该账户借方登记本期计提的盈余公积、分配给投资者利润等内容;年度终了,企业将全年实现的净利润,从"本年利润"账户的借方转入"利润分配"账户贷方。结转后,该账户的余额在贷方,表示企业未分配利润;如余额在借方,则表示企业未弥补的亏损。该账户一般应设置"提取法定盈余公积"、"提取任意盈余公积"、"应付现金股利或利润"、"转作股本的股利"、"盈余公积补亏"、"未分配利润"等明细账,进行明细核算。

【例10-23】光华公司2010年实现净利润1 000 000元,分别按10%和5%的比例分别提取法定盈余公积和任意盈余公积;利用利润转增资本200 000元;向投资者分配500 000元的利润;用盈余公积弥补2008年的亏100 000元。其利润分配的账务处理如下:

(1) 提取盈余公积

借:利润分配——提取法定盈余公积　　　　100 000
　　　　　　——提取任意盈余公积　　　　 50 000
　　贷:盈余公积——法定盈余公积　　　　　100 000
　　　　　　　——任意盈余公积　　　　　　50 000

(2) 办理增资手续

借:利润分配——转作股本的股利　　　　　200 000
　　贷:实收资本　　　　　　　　　　　　 200 000

(3) 向投资者分配利润

借:利润分配——应付现金股利或利润　　　500 000

贷：应付股利　　　　　　　　　　　　　　　500 000
　　（4）用盈余公积弥补亏损
　　借：盈余公积　　　　　　　　　　　　　　　 100 000
　　　贷：利润分配——盈余公积补亏　　　　　　　100 000
　　（5）将本年实现的净利润转入利润分配
　　借：利润分配——未分配利润　　　　　　　　1 000 000
　　　贷：本年利润　　　　　　　　　　　　　　1 000 000
　　（6）最后将"利润分配"账户下的其他明细账户的余额转入"利润分配——未分配利润"账户。
　　借：利润分配——未分配利润　　　　　　　　　850 000
　　　贷：利润分配——提取法定盈余公积　　　　　100 000
　　　　　　　　——提取任意盈余公积　　　　　　 50 000
　　　　　　　　——应付利润　　　　　　　　　　500 000
　　　　　　　　——转作股本的股利　　　　　　　200 000
　　借：利润分配——盈余公积补亏　　　　　　　　100 000
　　　贷：利润分配——未分配利润　　　　　　　　100 000
　　当年的未分配利润 = 1 000 000 - 850 000 + 100 000 = 250 000（元）
　　当年的未分配利润加上未分配利润的期初数就是小企业累计至今的未分配利润额。

第11章 小企业会计报表编制实账演练

11.1 小企业财务报表编制的基本要求

11.1.1 小企业财务报表的含义及构成

(1)小企业财务报表是小企业对外提供的反映小企业某一特定日期财务状况和某一会计期间经营成果和现金流量等会计信息的文件。

(2)小企业财务报表的组成。完整的财务报表包括资产负债表、利润表、现金流量表、所有者权益变动表和附注。但小企业编制的财务报表可以不包括现金流量表。

(3)小企业财务报表的分类

①月度(季度)财务报表,是指小企业在每个月度(季度)终了时编制并对外提供的财务报表。月度(季度)财务报表通常仅编制资产负债表和利润表。

②半年度财务报表,是指小企业在每半年度终了时编制并对外

提供的财务报表。小企业半年度财务报表也只需编制资产负债表、利润表。

月度、季度和半年度财务报表都属于中期报告。

③年度财务报表,是指小企业在年度终了时编制并对外提供的财务报表。小企业的年度财务报表可以是完整的一套报表,即"四张报表加附注";也可以不包括现金流量表。

小企业会计报表组成如表 11-1 所示。

表 11-1　　　　　小企业对外会计报表体系

编　号	会计报表名称	编报期	备　注
会企 01 表	资产负债表	中期、年度	
会企 02 表	利润表	中期、年度报告	
会企 03 表	现金流量表	年度	小企业按需要选择编制
会企 04 表	所有者权益变动表	年度	

11.1.2　小企业财务报表编制的基本要求

(1)列报基础。企业应当以持续经营为基础,根据实际发生的交易和事项,按照《企业会计准则——基本准则》和其他各项具体会计准则的规定进行确认和计量,并在此基础上编制财务报表。

(2)内容完整,是指会计报表必须按照《小企业会计制度》统一规定的种类和内容填报,不得少编、少报、漏填、漏报,更不得任意取舍。

(3)数字真实,是指会计报表编制应以客观、真实的账簿记录为基础进行编制,不得任意估计、篡改数字、弄虚作假,以保证报表数字的真实性。

(4)计算准确,是指会计报表各项目的数额应按统一会计制度中规定的方法计算填列,保证数字准确无误。

(5)会计报表的填列,以人民币"元"为金额单位,"元"以下填至"分"。

(6)小企业对外提供财务报表的格式。小企业对外提供的财务报表应当依次编定页数,加具封面,装订成册,加盖公章。封面上应当注明小企业名称、小企业统一代码、组织形式、地址、报表所属年度或者月份、报出日期,并由小企业负责人和主管会计工作的负责人、会计机构负责人(会计主管人员)签名并盖章;设置总会计师的小企业,还应当由总会计师签名并盖章。

11.2 小企业资产负债表编制演练

11.2.1 资产负债表的含义及格式

资产负债表是反映小企业一定日期全部资产、负债和所有者权益状况的报表,是小企业财务报表中的基本报表之一。

小企业的资产负债表采用账户式的比较资产负债表,即按照"资产=负债+所有者权益"的基本原理,表的左边列示资产项目,右边负债及所有者权益的各项目,左右两边合计数相等;同时,左右两边都要列示年初数和年末数。小企业年度资产负债表的具体格式如表11-5所示。

11.2.2 资产负债表"年初数"的填列方法

资产负债表"年初数"栏各项目数字,应根据上年末资产负债表"期末数"的对应项目所列数字填列;如果本年度资产负债表规定的各个项目的名称和内容同上年度不一致,则应对上年末资产负债表各项目的名称和数字按照本年度的规定进行调整,填入本表"年初数"栏内。

11.2.3 资产负债表"期末数"各项目的内容和填列方法

11.2.3.1 资产类项目的填列

(1)"货币资金"项目,反映小企业库存现金、银行结算户存款、外埠存款、银行汇票存款等的合计数。本项目应根据"库存现金"、"银行存款"、"其他货币资金"账户的期末借方余额的合计数填列。

(2)"交易性金融资产"项目,反映小企业为了近期内出售而持有的金融资产。本项目应根据"交易性金融资产"账户的期末余额填列。

(3)"应收票据"项目,反映小企业持有的尚未到期也未向银行贴现的商业汇票,包括商业承兑汇票和银行承兑汇票。本项目应根据"应收票据"账户期末借方余额填列。已向银行贴现或已背书转让的应收票据不包括在本项目内,其中已贴现的商业承兑汇票应在会计报表附注中单独披露。

(4)"应收账款"项目,反映小企业因销售商品、产品和提供劳务等应向购买单位收取的各种款项,减去已计提的坏账准备后的余额。本项目应根据"应收账款"账户所属明细账户的借方余额合计,减去"坏账准备"账户中有关应收账款计提的坏账准备期末余额后的金额填列。如"应收账款"账户所属明细账户期末有贷方余额,则应在本表"预收账款"项目中填列。

(5)"预付款项"项目,反映小企业预付给供应单位的款项。本项目根据"预付账款"账户所属明细账的期末借方余额合计填列。如"预付账款"账户所属明细账期末有贷方余额,则应当在本表"应付账款"项目内列示。"应付账款"账户所属明细账有借方余额的,也包括在本项目中。

(6)"应收利息"项目,反映小企业交易性金融资产、持有至到期投资、可供出售金融资产等应收取的利息。本项目根据"应收利息"账户的期末余额填列。

(7)"应收股利"项目,反映小企业因进行股权投资应收取的现金股利,企业应收其他单位的利润也包括在内。本项目应根据"应收股利"账户的期末借方余额填列。

(8)"其他应收款"项目,反映小企业对其他单位和个人的应收和暂付款项,减去已计提的坏账准备后的净额。本项目应根据"其他应收款"账户的期末余额,减去"坏账准备"账户中有关其他应收款计提的坏账准备期末余额后的金额填列。

(9)"存货"项目,反映小企业期末在库、在途和在加工中的各项存货的可变现净值,包括各种材料、商品、在产品、半产品、包装物、低值易耗品、委托代销商品等。本项目应根据"在途物资"、"原材料"、"低值易耗品"、"库存商品"、"委托加工物资"、"委托代销商品"、"生产成本"等账户的期末余额的合计,减去"存货跌价准备"账户期末余额后的金额填列。

(10)"一年内到期的非流动资产"项目,反映小企业所持有的持有至到期投资、可供出售金融资产等,将于一年内到期的长期债权投资。本项目应根据"持有至到期投资"、"可供出售金融资产"账户的期末余额分析填列。

(11)"其他流动资产"项目,反映小企业除以上流动资产项目外的其他流动资产,本项目应根据有关账户的期末余额填列。

(12)"可供出售金融资产"项目,反映小企业持有的可供出售金融资产的公允价值。本项目应根据"可供出售金融资产"账户的期末余额与相关资产减值准备的余额填列。

(13)"持有至到期投资"项目,反映小企业持有的持有至到期投资的摊余成本。本项目应根据"持有至到期投资"账户的期末余额与相关资产减值准备的余额分析填列。

(14)"长期股权投资"项目,反映小企业不准备在一年以内(含一年)变现各种股权性质投资的可回收金额。本项目应根据"长期股权投资"账户的期末余额减去"长期股权投资减值准备"账户中相关计提的减值准备金额填列。

(15)"投资性房地产"项目,反映企业持有的投资性房地产的成本或公允价值。在公允价值模式计量下,本项目根据"投资性房地产"账户的期末余额直接填列;在成本模式计量下,本项目根据"投资性房地产"、"投资性房地产累计折旧"、"投资性房地产减值准备"等账户余额计算填列。

(16)"固定资产"项目,反映小企业的各种固定资产账面价值。融资租入的固定资产,也包括在内。融资租入固定资产的原价应在会计报表附注中另行反映。这两个项目应根据"固定资产"、"累计折旧"、"固定资产减值准备"账户的期末余额计算填列。

(17)"在建工程"项目,反映小企业在期末各项尚未完工工程的实际成本,包括交付安装的设备价值、未完建筑安装工程已经耗用的材料、工资和费用支出、预付出包工程的价款、已经建筑安装完毕但尚未交付使用的工程的账面余额。本项目应根据"在建工程"账户期末借方余额减去"在建工程减值准备"中相关计提的减值准备后的金额填列。

(18)"工程物资"项目,反映小企业各项工程尚未使用的工程物资的实际成本。本项目应根据"工程物资"账户期末借方余额填列。

(19)"固定资产清理"项目,反映小企业因出售、毁损、报废等原因转入清理但尚未清理完毕的固定资产的账面价值,以及固定资产清理过程中所发生的清理费用和变现收入等各项金额的差额。本项目应根据"固定资产清理"账户期末借方余额填列;如为贷方余额,以"-"号填列。

(20)"无形资产"项目,反映小企业在报告期末所拥有的无形资产的账面余额。本项目应根据"无形资产"、"累计摊销"、"无形资产减值准备"账户的期末余额计算填列。

(21)"长期待摊费用"项目,反映小企业已经支付,但应由以后各期摊销,且摊销期超过一年的各种费用。本项目应根据"长期待摊费用"账户的期末借方余额减去将于一年内(含一年)摊销的数额后的金额填列。

(22)"递延所得税资产"项目,反映小企业的可抵扣暂时性差异产生的递延所得税资产。本项目根据"递延所得税资产"账户的期末余额填列。

(23)"其他非流动资产"项目,反映小企业除以上资产以外的其他长期资产。本项目应根据有关账户的期末余额填列。

11.2.3.2 负债类项目的填列

(1)"短期借款"项目,反映小企业借入尚未归还的一年期以下(含一年)的借款。本项目应根据"短期借款"账户的期末余额填列。

(2)"应付票据"项目,反映小企业为了抵付货款等而开出、承兑的尚未到期付款的商业汇票款项,包括银行承兑汇票和审批承兑汇票。本项目应根据"应付票据"账户的期末余额填列。

(3)"应付账款"项目,反映小企业购入原材料、商品和接受劳务供应等而应付给供应单位的款项。本项目应根据"应付账款"账户的所属相关明细账户的期末贷方余额计合计填列;如"应付账款"账户所属明细账期末为借方余额,则应在本表内增设"预付账款"项目填列。

(4)"预收款项"项目,反映小企业预收购买单位的账款。本项目根据"预收账款"账户所属各有关明细账的期末余额合计填列。如"预收账款"账户有关明细账有借方余额,则应在本表"应收账款"项目内填列;"应收账款"账户所属明细账有贷方余额的,也包括在本项目内。

(4)"应付职工薪酬"项目,反映小企业应向职工支付但尚未支付的职工薪酬。本项目应根据"应付职工薪酬"账户的期末贷方余额填列。如"应付职工薪酬"账户期末为借方余额,则以"-"号填列。

(5)"应交税费"项目,反映小企业期末未交、多交或未抵扣的各种税金。本项目应根据"应交税费"账户的期末贷方余额填列;如"应交税费"账户期末为借方余额,则以"-"号填列。

(6)"应付利息"项目,反映小企业按照合同约定应支付的利息,比如分期付息到期还本的长期借款应支付的利息。本项目根据"应付利息"账户余额填列。

(7)"应付股利"项目,反映小企业决定向投资者分配但尚未支付的现金股利或利润。本项目应根据"应付股利"账户的期末贷方余额填列。

(8)"其他应付款"项目,反映小企业所有应付和暂收其他单位和个人的款项。本项目应根据"其他应付款"账户的期末贷方余额填列。

（9）"一年内到期的非流动负债"项目，反映到期日在一年以内的长期借款、长期应付款等。本项目应根据"长期借款"、"长期应付款"等账户的明细账余额分析填列。

（10）"其他流动负债"项目，反映小企业除以上流动负债以外的其他流动负债。本项目根据有关账户分析填列。

（11）"长期借款"项目，反映小企业借入尚未归还的偿还期超过一年（含一年）的借款本息。本项目应根据"长期借款"账户的期末贷方余额扣除一年内到期的部分之后的余额填列。

（12）"长期应付款"项目，反映小企业除长期借款以外的其他各种长期应付款。本项目应根据"长期应付款"账户的期末贷方余额扣除一年内到期的部分之后的余额填列。

（13）"预计负债"项目，反映企业对外担保、未决诉讼、产品质量担保、重组义务、亏损性合同等预计负债的期末余额。本项目根据"预计负债"账户的期末余额填列。

（14）"递延所得税负债"项目，反映小企业的应纳税暂时性差异产生的递延所得税负债。本项目根据"递延所得税负债"账户的期末余额填列。

（15）"其他非流动负债"项目，反映小企业除以上长期负债项目以外的其他长期负债。本项目应根据有关账户的期末余额填列。

11.2.3.3　所有者权益项目的填列

（1）"实收资本"项目，反映小企业各投资者实际投入的资本总额。本项目应根据"实收资本"账户的期末贷方余额填列。

（2）"资本公积"项目，反映小企业因各种原因形成的资本公积金的期末余额。本项目应根据"资本公积"账户的期末贷方余额填列。

（3）"盈余公积"项目，反映小企业按税后利润的一定比例所提取的盈余公积金的结存数。本项目应根据"盈余公积"账户的期末贷方余额填列。

(4)"未分配利润"项目,反映小企业积累下来的尚未分配的利润。本项目应根据"本年利润"账户和"利润分配"账户的余额计算填列。未弥补的亏损,在本项目内以"-"填列。

11.2.4 小企业资产负债表编制实例

【例 11-1】光华公司是一般纳税人,适用增值税税率为 17%,适用所得税税率为 25%,适用城市维护建设税税率为 5%,适用教育费附加率为 3%。其他资料如下:

11.2.4.1 2011 年初有关账户余额如表 11-2 所示。

表 11-2　　　　　　　光华公司账户余额表

2011 年 1 月 1 日　　　　　　　　　　单位:元

账户名称	借方余额	账户名称	贷方余额
现金	5 000	短期借款	500 000
银行存款	3 758 000	应付票据	400 000
其他货币资金	400 000	应付账款	1 935 700
交易性金融资产	30 000	应付职工薪酬	228 000
应收票据	500 000	应交税费	73 200
应收股利	2 000	应付利息	2 000
应收账款	780 000	其他应付款	172 000
其他应收款	140 000	长期借款	3 300 000
坏账准备	-4 600	实收资本	10 000 000
原材料	4 710 500	盈余公积	300 000
低值易耗品	100 000	利润分配——未分配利润	980 000
库存商品	550 000		
长期股权投资	320 000		
持有至到期投资	200 000		
固定资产	3 000 000		
累计折旧	-800 000		
在建工程	3 000 000		
无形资产	1 200 000		
合计	17 890 900	合计	17 890 900

11.2.4.2　光华公司2011年1月份发生的经济业务如下：

(1) 2日购买甲材料1 500吨，价款为300 000元，增值税为51 000元，已用银行存款支付，材料尚未运到。

(2) 5日收到甲材料1 500吨，已验收入库。

(3) 5日收到银行通知，用银行存款支付到期的商业承兑汇票200 000元，增值税已于前期支付。

(4) 5日销售A产品一批给大众公司，售价为600 000元，增值税税额为102 000元。款项尚未收到，产品已经发出。

(5) 7日购入不需要安装的设备一台，以银行存款支付价款170 000元、增值税28 900元、包装费和运费2 000元。设备已经交付使用。

(6) 8日购入乙材料1 000吨，货款300 000元和增值税款51 000元已用银行汇票支付。收到开户银行转来的银行汇票余额49 000元的收账通知；同时用现金支付运费600。该材料已验收入库。

(7) 10日为购建固定资产，从银行借入三年期借款800 000元，存入银行。

(8) 10日购入工程物资一批，价税合计300 000元，已用银行存款支付。

(9) 10日在建工程应付工资400 000元，计提福利费56 000元。

(10) 10日计提在建工程应负担的长期借款利息300 000元。

(11) 12日销售A产品一批，价款1 400 000元，税款238 000元，存入银行。

(12) 15日基本生产车间报废一台机车，其原始价值为400 000元，已计提折旧360 000元；发生清理费用1 000元，残值收入1 600元，全部款项均通过银行收付。清理工作已经完成。

(13) 15日一项价值为2 800 000元的在建工程完工，已经办理了竣工手续交付生产使用。

(14) 20日一张面值为400 000元的无息银行承兑汇票到期，款项存入银行。

(15)22日收到长期股权投资分派的现金股利60 000元(该项投资采用成本法核算,对方的所得税税率和本企业一致,均为25%),已存入银行。

(16)26日出售一台不需用的设备,其原值为800 000元,已计提折旧300 000元,该设备已由购买单位运走。收到的价款600 000元存入银行。

(17)27日归还短期借款本金500 000元和利息25 000元(其中含预提的应付利息2 000元)。

(18)28日销售A产品一批,价款500 000元,增值税款85 000元,收到一张585 000元的商业承兑汇票。

(19)28日提取现金1 000 000元,准备发工资。

(20)28日支付工资1 000 000元(包括在建工程人员工资400 000元)。

(21)29日将28日收到的商业承兑汇票到银行办理贴现,贴现息为40 000元。

(22)29日结转分配应付工资600 000元,其中:生产人员工资550 000元,车间管理人员工资20 000元,行政管理人员工资30 000元。

(23)29日提取职工福利费84 000元,其中:生产人员77 000元,车间管理人员2 800元,行政管理人员4 200元。

(24)29日收到大众公司的应收账款102 000元,存入银行。

(25)29日以银行存款支付产品展览费20 000元。

(26)30日以账面价值500 000元的待售存货(该类存货未计提存货跌价准备),向B企业换入非待售的机器设备,无补价,未支付其他税费,该批存货的公允价值为600 000元,机器设备的公允价值为700 000元。

(27)30日提取应计入本期损益的借款利息20 000元。

(28)30日汇总基本生产领用原材料:其中甲材料570 000元,乙材料830 000元。

(29) 30 日以银行存款支付广告费 20 000 元。

(30) 30 日提取现金 100 000 元,用于报销差旅费。

(31) 30 日报销差旅费 100 000 元。

(32) 30 日用银行存款购买印花税票 20 000 元和支付生产车间固定资产修理费 180 000 元。

(33) 30 日计提固定资产折旧费 200 000 元,其中:生产车间 160 000 元,行政管理部门 4 000 元。

(34) 对应收账款和其他应收款计提坏账准备 3 000 元(应收账款用余额百分比法,计提比例为 5‰)。

(35) 30 日偿还长期借款 2 000 000 元。

(36) 30 日结转本期制造费用 362 800 元。

(37) 30 日计算并结转本期完工产品成本 2 000 000 元。

(38) 30 日结转本期产品销售成本 1 800 000 元。

(39) 30 日出售多余乙材料 10 000 元,增值税税额为 1 700 元,款项已经存入银行。该材料的成本为 8 000 元。

(40) 30 计算本期应缴纳的教育费附加 12 291 元和城市维护建设税 20 485 元。

(41) 30 日经与 C 企业协商,企业原欠 C 企业的应付账款 500 000 元,无力全额偿还,由企业一次性以银行存款向 C 企业支付 200 000 元,剩余的 300 000 元被豁免。

(42) 31 日摊销无形资产 100 000 元。

(43) 31 日计提存货跌价准备,期末库存某类商品账面价值为 1 629 700 元,可变现净值为 1 528 000 元,计提存货跌价准备 101 700 元。

(44) 31 日以银行存款捐赠 40 600 元给公益事业。

(47) 31 日将各损益类账户结转至本年利润账户。

(48) 31 日计算并结转应交所得税 41 831 元。

(49) 31 日以银行存款缴纳增值税 400 000 元、城建税 20 485 元、所得税 41 831 元和教育费附加 12 291 元。将当期应交未交增值税转入"未交增值税"明细账。

(50)31日分别按10%和5%的比例提取法定盈余公积和任意盈余公积。

(51)31日分配利润50 000元给投资者。

(52)31日结转本年利润,并将利润分配账户除"未分配利润"之外的各明细账户的余额转入"未分配利润"明细账户。

该公司采用普通日记账会计核算形式,用分录簿代替记账凭证,将以上经济业务的会计分录在分录簿上反映,如表11-3所示。

表11-3　　　　　　　光华公司会计分录簿　　　　　　　第1页

2011年		凭证号	摘要	借方		贷方	
月	日			账户名称	金额	账户	金额
1	2	01	购买甲材料	在途物资——甲	300 000	银行存款	351 000
				应交税费——应交增值税(进项税额)	51 000		
	5	02	甲材料入库	原材料——甲	300 000	在途物资——甲	300 000
	5	03	兑付商业汇票	应付票据	200 000	银行存款	200 000
	5	04	销售A产品	应收账款	702 000	主营业务收入——A	600 000
						应交税费——应交增值税(销项税额)	102 000
	7	06	购买设备	固定资产	200 900	银行存款	200 900
	8	07	购入乙材料	原材料——乙	300 000	其他货币资金	400 000
				应交税费——应交增值税(进项税额)	51 000		
				银行存款	49 000		
	10	08	从银行借款	银行存款	800 000	长期借款	800 000
	10	09	购入工程物资	在建工程	300 000	银行存款	300 000
	10	10	在建工程工资	在建工程	456 000	应付职工薪酬——工资	400 000
						——福利费	56 000
	10	11	计提借款利息	在建工程	300 000	长期借款——应付利息	300 000
	12	12	销售A产品	银行存款	1 638 000	主营业务收入——A	1 400 000
						应交税费——应交增值税(销项税额)	238 000

表11.3(续)第2页

2011年		凭证号	摘要	借方		贷方	
月	日			账户名称	金额	账户	金额
	15	13	报废机车	①固定资产清理	40 000	固定资产	400 000
				累计折旧	360 000		
			支付清理费	②固定资产清理	1 000	银行存款	1 000
			残值收入	③银行存款	1 600	固定资产清理	1 600
			固定资产净损失	④营业外支出——处理固定资产净损失	39 400	固定资产清理	39 400
	15	14	在建工程完工	固定资产	2 800 000	在建工程	2 800 000
	20	15	商业汇票到期	银行存款	400 000	应收票据	400 000
	22	16	收到现金股利	银行存款	60 000	投资收益	60 000
	26	17	出售设备	①固定资产清理	500 000	固定资产	800 000
				累计折旧	300 000		
			收到价款	②银行存款	600 000	固定资产清理	600 000
			净收益	③固定资产清理	100 000	营业外收入——处理固定资产净收益	100 000
	27	18	归还短期借款本金和利息	短期借款	500 000	银行存款	525 000
				应付利息	2 000		
				财务费用	23 000		
	28	19	销售A产品	应收票据	585 000	主营业务收入——A	500 000
						应交税费——应交增值税(销项税额)	85 000
1	28	20	提现备发工资	库存现金	1 000 000	银行存款	1 000 000
	28	21	支付工资	应付职工薪酬——工资	1 000 000	库存现金	1 000 000
	29	22	商业汇票贴现	银行存款	545 000	应收票据	585 000
				财务费用	40 000		
	29	23	分配工资	生产成本	550 000	应付职工薪酬——工资	600 000
				制造费用	20 000		
				管理费用	30 000		
	29	24	提福利费	生产成本	77 000	应付职工薪酬——福利费	84 000
				制造费用	2 800		
				管理费用	4 200		
	29	25	收回应收账款	银行存款	102 000	应收账款	102 000
	29	26	支付展览费	销售费用	20 000	银行存款	20 000

表11.3(续)第3页

2011年		凭证号	摘要	借方		贷方	
月	日			账户名称	金额	账户	金额
	30	27	存货换设备	固定资产	585 000	库存商品	500 000
						应交税费——应交增值税(销项税额)	85 000
	30	28	提取长期借款利息	财务费用	20 000	长期借款——应付利息	20 000
	30	29	汇总材料成本	生产成本	1 400 000	原材料——甲	570 000
						——乙	830 000
	30	30	支付广告费	销售费用	20 000	银行存款	20 000
	30	31	提现准备差旅费	库存现金	100 000	银行存款	100 000
	30	32	报销差旅费	管理费用——劳动保险费	100 000	库存现金	100 000
	30	33	购印花税票、支付修理费	管理费用	20 000	银行存款	200 000
				制造费用	180 000		
	30	34	提折旧费	制造费用	160 000	累计折旧	200 000
				管理费用	40 000		
	30	35	计提坏账准备	资产减值损失	3 000	坏账准备	3 000
	30	36	偿还长期借款	长期借款	2 000 000	银行存款	2 000 000
	30	37	结转制造费用	生产成本	362 800	制造费用	362 800
	30	38	结转完工产品成本	库存商品	2 000 000	生产成本	2 000 000
	30	39	结转销售成本	主营业务成本	1 800 000	库存商品	1 800 000
	30	40	出售乙材料	银行存款	11 700	其他业务收入	10 000
						应交税费——应交增值税(销项税额)	1 700
			结转材料成本	其他业务支出	8 000	原材料	8 000
	30	41	计算教育费附加	营业税金及附加	12 291	应交税费——应交教育费附加	12 291
			计算城建税	营业税金及附加	20 485	应交税费——应交城建税	20 485
	30	42	债务重组	应付账款	500 000	银行存款	200 000
						资本公积——其他资本公积	300 000
	31	43	摊销无形资产	管理费用	100 000	累计摊销	100 000
	31	45	计提存货跌价准备	资产减值损失——计提存货跌价准备	101 700	存货跌价准备——A	101 700
	31	46	捐赠	营业外支出	40 600	银行存款	40 600

表11.3(续)第4页

2011年		凭证号	摘要	借方		贷方	
月	日			账户名称	金额	账户名称	金额
	31	47	结转收入	主营业务收入	2 500 000	本年利润	2 668 300
				投资收益	58 300		
				其他业务收入	10 000		
				营业外收入	100 000		
			结转成本费用	本年利润	2 440 976	主营业务成本	1 800 000
						主营业务税金及附加	32 776
						销售费用	40 000
						管理费用	397 200
						财务费用	83 000
						其他业务支出	8 000
						营业外支出	80 000
	31	48	计算所得税	所得税费用	41 831	应交税费——应交所得税	41 831
			结转所得税费用	本年利润	41 831	所得税	41 831
	31	49	完税	应交税费——应交增值税(已交税金)	400 000	银行存款	462 316
				应交税费——应交城建税	20 485		
				应交税费——所得税	41 831		
			交教育费附加	应交税费——应交教育费附加	12 291	银行存款	12 291
			未交增值税转账	应交税费——应交增值税(转出未交增值税)	9 700	应交税费——未交增值税	9 700
	31	50	提取"两金"	利润分配——提取法定盈余公积	18 549.30	盈余公积——法定盈余公积	18 549.30
				利润分配——提取任意盈余公积	9 274.65	盈余公积——法定公益金	9 274.65
	31	51	分配利润	利润分配——应付利润	50 000	应付利润	50 000
			结转本年利润	本年利润	185 493	利润分配——未分配利润	185 493
	31	52	利润分配明细账户转账	利润分配——未分配利润	77 823.95	利润分配——提取法定盈余公积	18 549.30
						利润分配——提取法定公益金	9 274.65
						利润分配——应付利润	50 000

302

根据分录簿登记各种账户,核算出有关数据如下:

(1)期末应收账款和其他应收款合计为 1 520 000 元。

应计提坏账准备 = 1 520 000 × 5‰ = 7 600(元)

所以,应当补提 3 000 元。

(2)本期增值税销项税额为 511 700 元,进项税额为 102 000 元。

本期应纳增值税额 = 511 700 - 102 000 = 409 700(元)

(3)本期应纳城市维护建设税 = 409 700 × 5% = 20 485(元)

(4)本期教育费附加 = 409 700 × 3% = 12 291(元)

(5)利润总额 = 2 668 300 - 2 440 976 = 227 324(元)

(6)第 15 笔业务收到的股利已在对方纳税,所以应当作为纳税调整数。

应纳税所得额 = 227 324 - 60 000 = 167 324(元)

应纳所得税额 = 167 324 × 25% = 41 831(元)

(7)净利润 = 227 324 - 41 831 = 185 493(元)

(8)提取法定盈余公积 = 185 493 × 10% = 18 549.30(元)

提取法定公益金 = 185 493 × 5% = 9 274.65(元)

登记完所以账户并结账后,编制账户发生额和余额试算平衡表,如表 11-4 所示。

再根据试算平衡表就可以编制资产负债表,如表 11-5 所示。

表 11-4　　　　账户发生额及余额表试算平衡表

编制单位:光华公司　　　　2011 年 1 月　　　　　　　单位:元

账户名称	期初余额 借方	期初余额 贷方	本期发生额 借方	本期发生额 贷方	期末余额 借方	期末余额 贷方
库存现金	5 000		1 100 000	1 100 000	5 000	
银行存款	3 758 000		4 207 300	5 633 107	2 332 193	
其他货币资金	400 000			400 000	0	
交易性金融资产	30 000				30 000	
应收票据	500 000		585 000	985 000	100 000	

表11-4(续)

账户名称	期初余额 借方	期初余额 贷方	本期发生额 借方	本期发生额 贷方	期末余额 借方	期末余额 贷方
应收股息	2 000				2 000	
应收账款	780 000		702 000	102 000	1 380 000	
其他应收款	140 000				140 000	
坏账准备		4 600		3 000		7 600
在途物资			30 000	30 000	0	
原材料	4 710 500		600 000	1 408 000	3 902 500	
低值易耗品	100 000				100 000	
库存商品	550 000		2 000 000	2 300 000	250 000	
存货跌价准备				101 700		101 700
长期股权投资	320 000				320 000	
持有至到期投资	200 000				200 000	
固定资产	3 000 000		3 585 900	1 200 000	5 385 900	
累计折旧		800 000	660 000	200 000		340 000
在建工程	3 000 000		1 056 000	2 800 000	1 256 000	
固定资产清理			641 000	641 000		
无形资产	1 200 000				1 200 000	
累计摊销				100 000		100 000
短期借款		500 000	500 000			0
应付票据		400 000	200 000			200 000
应付账款		1 935 700	500 000			1 435 700
应付职工薪酬		228 000	1 000 000	1 140 000		368 000
应交税费		73 200	576 607	586 307		82 900
其他应付款		172 000				172 000
应付利息		2 000	2 000			0
长期借款		3 300 000	2 000 000	1 120 000		2 420 000

表11-4(续)

账户名称	期初余额 借方	期初余额 贷方	本期发生额 借方	本期发生额 贷方	期末余额 借方	期末余额 贷方
实收资本		10 000 000				10 000 000
资本公积				300 000		300 000
盈余公积		300 000		27 823.95		327 823.95
应付利润				50 000		50 000
利润分配		980 000	77 823.95	185 493		1 087 669.05
本年利润			2 668 300	2 668 300		
生产成本			2 389 800	2 000 000	389 800	
制造费用			362 800	362 800		
主营业务收入			2 500 000	2 500 000		
其他业务收入			10 000	10 000		
投资收益			60 000	60 000		
营业外收入			100 000	100 000		
主营业务成本			1 800 000	1 800 000		
营业税金及附加			32 776	32 776		
其他业务支出			8 000	8 000		
销售费用			40 000	40 000		
管理费用			294 200	294 200		
财务费用			83 000	83 000		
资产减值损失			104 700	104 700		
营业外支出			80 000	80 000		
所得税费用			41 831	41 831		
合计	18 695 500	18 695 500	30 645 401.90	30 645 401.90	16 993 393	16 993 393

表 11-5　　　　　　　　　　　　　　资产负债表　　　　　　　　　　　　　　会小企 01 表
编制单位：光华公司　　　　　　　　　2011 年 1 月 31 日　　　　　　　　　　　单位：元

资　产	行次	期末余数	年初余额	负债和所有者权益	行次	期末余数	年初余额
流动资产：				流动负债：			
货币资金	1	2 337 193.00	4 163 000.00	短期借款	68	0	500 000.00
交易性金融资产	2	30 000.00	30 000.00	应付票据	69	200 000.00	400 000.00
应收票据	3	100 000.00	500 000.00	应付账款	70	1 435 700.00	1 935 700.00
应收股息	4	2 000.00	2 000.00	应付职工薪酬	72	368 000.00	228 000.00
应收账款	6	1 373 100.00	776 100.00	应交税费	76	82 900.00	73 200.00
其他应收款	7	139 300.00	139 300.00	应付利息	74	0	2 000.00
存货	10	4 540 600.00	5 360 500.00	应付股利	74	50 000.00	50 000
一年内到期的长期债权投资	21			其他应付款	81	172 000.00	172 000.00
其他流动资产	24			一年内到期的非流动负债	90		
流动资产合计	31	8 522 193.00	10 970 900.00	其他流动负债	100	2 308 600.00	3 310 900.00
非流动资产：				流动负债合计			
可供出售金融资产				非流动负债			
持有至到期投资	34	200 000.00	200 000.00	长期借款	101	2 420 000.00	3 300 000.00
长期应收款				长期应付款	103		

表11-5(续)

资产	行次	期末余数	年初余额	负债和所有者权益	行次	期末余数	年初余额
长期股权投资	32	320 000.00	320 000.00	预计负债	106		
投资性房地产				递延所得税负债			
固定资产		5 045 900.00	2 200 000.00	其他非流动负债	110	2 420 000.00	3 300 000.00
在建工程	45	1 256 000.00	3 000 000.00	非流动负债合计	114	4 728 600.00	6 610900.00
工程物资	44			负债合计			
固定资产清理				所有者权益:			
无形资产	51	1 100 000.00	1 200 000.00	实收资本	115	10 000 000.00	10 000 000.00
开发支出				资本公积	120	300 000.00	
商誉				盈余公积	121	327 823.95	300 000.00
长期待摊费用	52			未分配利润	123	1 087 669.05	980 000.00
递延所得税资产				所有者权益合计	124	11 715 493.00	11 280 000.00
其他长期资产	53						
其他非流动资产	60						
非流动资产合计		7 921 900.00	6 930 000.00				
资产总计		16 444 093.00	17 890 900.00	负债和所有者权益合计	135	16 444 093.00	17 890 900.00

11.3　小企业利润表编制演练

11.3.1　利润表的含义及格式

利润表是小企业会计报表体系中的基本报表,它是反映小企业在一定期间内实现利润(亏损)的实际情况的会计报表。它根据收入与费用配比原则,将一定期间企业所取得的收入减去与其相配比的费用,从而得出该期的利润额或亏损额。

利润表是以"收入-费用=利润"这一会计平衡式为理论基础来编制的。它根据收入与费用的匹配关系,按照一定收入和费用的分类和顺序,计算出相应的利润指标,以表格的形成反映公司在特定会计期间的经营成果。按照《企业会计准则》的规定,小企业采用多步式的利润表。

多步式利润表遵循"收入-费用=利润"的原理,按照各种利润的形成过程,进行多步配比后,按照各种利润的形成顺序排列而成,分别可以得到营业利润、利润总额、净利润等指标。

小企业的利润表的具体格式如表11-6所示。

11.3.2　利润表的编制方法

11.3.2.1　"本月数"的填列方法

利润表中的"本月数"栏反映各项目的本月实际发生数。在编制年度财务会计报告时,应填列上年全年累计实际发生数。在上年利润表与本年利润表的项目名称和内容不一致时,应对上年利润表项目的名称和数字按本年度的规定进行调整,填列本表。在编制年度会计报表时,应将"本月数"改成"上年数"栏。

11.3.2.2　"本年累计数"的填列方法

利润表中的"本年累计数"栏反映各项目自年初期至报告期末止是累计实际发生数,一般根据利润表中的本月数和上期利润表的"本年累计数"加总填列。

11.3.2.3 利润表各项目的内容及填列方法

利润表中的"本月数"一般根据相关账户的本期发生额直接填列或分析填列，具体填列方法如下：

（1）"营业收入"项目，反映小企业经营业务取得的收入总额。本项目应根据"主营业务收入"、"其他业务收入"账户的发生额分析填列。

（2）"营业成本"项目，反映小企业经营业务发生的实际成本。本项目应根据"主营业务成本"、"其他业务成本"账户发生额分析填列。

（3）"营业税金及附加"项目，反映小企业经营业务应负担的营业税、消费税、城市维护建设税、资源税、土地增值税和教育费附加等。本项目应根据"营业税金及附加"账户发生额分析填列。

（4）"销售费用"项目，反映小企业在销售商品过程中发生的费用。本项目应根据"销售费用"账户的发生额分析填列。

（5）"管理费用"项目，反映小企业的管理费用。本项目应根据"管理费用"账户的发生额分析填列。

（6）"财务费用"项目，反映小企业发生的财务费用，包括利息净支出、汇兑净损失、金融机构手续费等。本项目应根据"财务费用"账户的发生额分析填列。

（7）"资产减值损失"项目，反映小企业的资产减值损失。本项目根据"资产减值损失"账户的发生额分析填列。

（8）"公允价值变动收益"项目，反映小企业资产因公允价值变动发生的损益。本项目根据"公允价值变动损益"账户的发生额分析填列。

（9）"投资收益"项目，反映小企业以各种方式对外进行投资所获得的收益。本项目应根据"投资收益"账户的发生额分析填列；如为投资净损失，以"－"号填列。

（10）"营业外收入"项目，反映小企业发生的与其生产经营无直接关系的各项收入。本项目应根据"营业外收入"账户的发生额分析填列。

(11)"营业外支出"项目,反映小企业发生的和生产经营无直接关系的各项支出。本项目应根据"营业外支出"账户的发生额分析填列。

(12)"利润总额"项目,反映小企业实现的利润总额,根据表中资料直接计算得出填列;如为亏损,以"-"号填列。

(13)"所得税费用"项目,反映小企业按规定从本期损益中减去的所得税费用。本项目应根据"所得税反映"账户的发生额分析填列。

(14)"净利润"项目,反映小企业实现的净利润,根据表中的资料直接计算得到;若为净亏损,以"-"号填列。

【例11-2】利用【例11-1】的资料,根据光华公司2011年1月份的损益类账户的发生额可编制光明公司1月份的利润表,如表11-6所示。

表11-6　　　　　　　利润表　　　　　　会小企02表

编制单位:光华公司　　　　2011年1月　　　　　　单位:元

项目	行次	本期金额	上期金额
一、营业收入	1	2 510 000.00	(略)
减:营业成本	4	1 808 000.00	(略)
营业税金及附加	5	32 776.00	(略)
销售费用	14	40 000.00	(略)
管理费用	15	294 200.00	(略)
财务费用	16	83 000.00	(略)
资产减值损失		104 700.00	(略)
加:公允价值变动损益(损失以"-"号填列)			(略)
投资收益(损失以"-"号填列)		60 000.00	(略)
二、营业利润(亏损以"-"号填列)	18	207 324.00	(略)

表11-6(续)

项目	行次	本期金额	上期金额
加:营业外收入	23	100 000.00	(略)
减:营业外支出	25	80 000.00	(略)
三、利润总额(亏损以"-"号填列)	27	227 324.00	(略)
减:所得税费用	28	41 831.00	(略)
五、净利润(净亏损以"-"号填列)	30	185 493.00	(略)

11.4 小企业现金流量表编制实务

现金流量表是以现金为基础编制的反映小企业在一定会计期间内有关现金和现金等价物的流入和流出信息的报表。它不是小企业的基本报表,小企业可以根据需要来编制。

11.4.1 有关现金的几个概念

(1)现金。现金流量表中的现金,是指小企业库存现金以及可以随时用于支付的存款,包括现金、可以随时用于支付的银行存款及其他货币资金。

(2)现金等价物。现金等价物是指小企业持有的期限短、流动性强、易于转换为已知金额现金、价值变动风险很小的投资。现金等价物虽然不是现金,但其支付能力与现金差别不大,可视为现金。

(3)现金流量。现金流量是指小企业现金和现金等价物的流入和流出,包括现金流入量和现金流出量,两者的差额称为净现金流量。现金流量具体可分为经营活动产生的现金流量、投资活动产生的现金流量和筹资活动产生的现金流量。

11.4.2 小企业现金流量表各项目的填列方法

现金流量表的项目分为经营活动、投资活动和筹资活动三个部

311

分,按照直接法编制即可。

11.4.2.1 经营活动产生的现金流量各个项目的填列

(1)"销售商品、提供劳务收到的现金"项目,反映小企业因销售商品、提供劳务实际收到的现金(含销售收入和应向购买者收取的增值税税额),包括本期销售商品、提供劳务收到的现金,以及前期销售和前期提供劳务本期收到的现金和本期预收的账款,减去本期退回本期销售的商品和前期销售本期退回的商品支付的现金。小企业销售材料等业务收到的现金,也在本项目中反映。本项目可以根据"库存现金"、"银行存款"、"应收账款"、"应收票据"、"主营业务收入"、"其他业务收入"等账户的记录分析填列。

(2)"收到的其他与经营活动有关的现金"项目,反映小企业除了销售商品、提供劳务收到的现金以外的其他与经营活动有关的现金流入,如罚款收入、流动资产损失中由个人赔偿的现金收入等。其他现金流入中价值较大的,应单独列项目反映。本项目可以根据"库存现金"、"银行存款"、"营业外收入"等账户的记录分析填列。

(3)"购买商品、接受劳务支付的现金"项目,反映小企业购买材料、商品、接受劳务实际支付的现金,包括本期购入材料、商品、接受劳务支付的现金(包括增值税进项税额),以及本期支付前期购入商品、接受劳务的未付款项和本期预付款项。本期发生的购货退回收到的现金应从本项目内减去。本项目可以根据"库存现金"、"银行存款"、"应付账款"、"应付票据"、"主营业务成本"、"其他业务成本"等账户的记录分析填列。

(4)"支付给职工以及为职工支付的现金"项目,反映小企业以现金方式实际支付给职工的工资,以及为职工支付的现金,包括本期实际支付给职工的工资、奖金、各种津贴和补贴等,以及为职工支付的其他费用。支付的在建工程人员的工资,在"购建固定资产、无形资产和其他长期资产所支付的现金"项目反映,本项目可以根据"应付职工薪酬"、"库存现金"、"银行存款"等账户的记录分析填列。

小企业支付的职工养老、失业等社会保险基金、补偿养老保险、住房公积金、住房困难补助,以及支付给职工或为职工支付的其他福利费用等,应按职工的工作性质和服务对象,分别在本项目和在"购建固定资产、无形资产和其他长期资产所支付的现金"项目中反映。

(5)"支付的各项税费"项目,反映小企业按规定支付的各种税费,包括本期发生并支付的税费,以及本期支付以前各期发生的税费和预交的税金,如支付的教育费附加、矿产资源补偿费、印花税、房产税、土地增值税、车船使用税、预交的营业税等。不包括计入固定资产价值的税费、实际支付的耕地占用税等,也不包括因多计等原因于本期退回的各种税费。本项目可以根据"应交税费"、"库存现金"、"银行存款"等账户的记录分析填列。

(6)"支付的其他与经营活动有关的现金"项目,反映小企业除上述各项目外,支付的其他与经营活动有关的现金流出,如罚款支出、支付的差旅费、业务招待费现金支出、支付的保险费等。其他现金流出如价值较大的,应单列项目反映。本账户可以根据有关账户的记录分析填列。

11.4.2.2 投资活动产生的现金流量各个项目的填列

(1)"收回投资所收到的现金"项目,反映小企业因出售、转让或到期收回除现金等价物以外的短期投资、长期股权投资而收到的现金,以及收回长期债权投资本金而收到的现金。不包括长期债权投资收回的利息,也不包括收回的非现金资产。本项目可根据"短期投资"、"长期股权投资"、"库存现金"、"银行存款"等账户的记录分析填列。

(2)"取得投资收益所收到的现金"项目,反映小企业因股权性投资和债权性投资而取得的现金股利、利息,不包括股票股利。本项目可以根据"库存现金"、"银行存款"、"投资收益"等账户的记录分析填列。

(3)"处置固定资产、无形资产和其他长期资产所收回的现金净额"项目,反映小企业处置固定资产、无形资产和其他长期资产所取得的现金,减去为处置这些资产而支付的有关费用后的净额。本项目可以根据"固定资产清理"、"库存现金"、"银行存款"等账户的记录分析填列。

(4)"收到的其他与投资活动有关的现金"项目,反映小企业除上述各项以外,收到的其他与投资活动有关的现金流入。其他现金流入中价值较大的,应单列项目反映。本项目可以根据有关账户的记录分析填列。

(5)"购建固定资产、无形资产和其他长期资产所支付的现金"项目,反映小企业因购买、建造固定资产、取得无形资产和其他长期资产所支付的现金,不包括为购建固定资产而发生的借款利息资本化的部分,也不包括融资租入固定资产支付的租赁费。借款利息和融资租入固定资产支付的租赁费,在筹资活动产生的现金流量中单独反映。本项目可以根据"固定资产"、"在建工程"、"无形资产"、"库存现金"、"银行存款"等账户的记录分析填列。

(6)"投资所支付的现金"项目,反映小企业进行权益性投资和债权性投资所支付的现金。本项目可以根据"长期股权投资"、"交易性金融资产"、"可供出售金融资产"、"持有至到期投资"、"投资性房地产"、"库存现金"、"银行存款"等账户的记录分析填列。

(7)"支付的其他与投资活动有关的现金"项目,反映小企业除了上述项目以外,支付的其他与投资活动有关的现金流出。其他现金流出中价值较大的,应单列项目反映。本项目可以根据有关账户记录分析填列。

11.4.2.3 筹资活动产生的现金流量各个项目的填列

(1)"吸收投资所收到的现金"项目,反映小企业收到的投资者投入的现金。本项目可以根据"实收资本"、"库存现金"、"银行存款"等账户的记录分析填列。

(2)"取得借款所收到的现金"项目,反映小企业举借各种短期、长期借款所收到的现金。本项目可以根据"短期借款"、"长期借款"、"库存现金"、"银行存款"等账户的记录分析填列。

(3)"收到的其他与筹资活动有关的现金"项目,反映企业除上述各项目外,收到的其他与筹资活动有关的现金流入,如接受的捐赠等。本项目可以根据有关账户的记录分析填列。

(4)"偿还债务所支付的现金"项目,反映小企业以现金偿还债务的本金,包括偿还金融企业的借款本金等。小企业偿还的借款利息,在"分配股利、利润或偿付利息所支付的现金"项目中反映,不包括在本项目内。本项目可以根据"短期借款"、"长期借款"、"库存现金"、"银行存款"等账户的记录分析填列。

(5)"分配股利、利润或偿付利息所支付的现金"项目,反映小企业实际支付的现金股利、支付给其他投资单位的利润,以及支付的借款利息等。本项目可以根据"应付利润"、"财务费用"、"长期借款"、"库存现金"、"银行存款"等账户的记录分析填列。

(6)"支付的其他与筹资活动有关的现金"项目,反映小企业除上述各项目外,支付的其他与筹资活动有关的现金流出,如捐赠支出、融资租入固定资产支付的租赁费等。本项目可以根据有关账户的记录分析填列。

(7)"汇率变动对现金的影响"项目,反映当小企业外币现金流量折算为人民币时,所采用的现金流量发生日的汇率或平均汇率折算的人民币金额与"现金及现金等价物净增加额"中外币现金净增加额按期末汇率折算的人民币金额之间的差额。

(8)"现金及现金等价物净增加额"项目,反映小企业本期现金及现金等价物的净增加或净减少额,是上述三类现金流量净额与汇率变动对现金的影响额的合计数。

11.4.3 小企业现金流量表的编制实例

在会计实务中,编制现金流量表有两种具体的编制方法,即工作底稿法和"T"型账户法。工作底稿在实际中应用较为广泛,所以本书采用工作底稿法来编制。

工作底稿法是通过制作现金流量表工作底稿(如表10-7所示)来完成现金流量表的编制,共分为5个步骤。

【例11-3】由于现金流量表是年度报表,所以,将【例11-1】和【例11-2】的资料看成是2011年度的资料,就可以编制光华公司2011年度的现金流量表。

第一步,将资产负债表的期初数和期末数过入工作底稿(如表11-7所示)的"期初数"和"期末数"栏。

第二步,对当期业务进行分析并编制调整分录。

(1)分析调整主营业务收入

借:经营活动现金流量	
——销售商品收到的现金	2 811 700
应收账款	600 000
贷:主营业务收入	2 500 000
应收票据	400 000
应交税费	511 700

(2)分析调整主营业务成本

借:主营业务成本	1 800 000
应付票据	200 000
应付账款	500 000
固定资产	500 000
应交税费——应交增值税(进项税额)	102 000
经营活动现金流量	
——支付的其他与经营活动有关的现金	101 700
贷:经营活动现金流量	
——购买商品支付的现金	2 083 800
存货	718 200
存货跌价准备	101 700
资本公积	300 000

(3)调整本年营业税金及附加

借:营业税金及附加	32 776
贷:应交税费——应交城建税及教育费附加	32 776

(4)计算销售费用付现
借：销售费用　　　　　　　　　　　　　　40 000
　　贷：经营活动现金流量
　　　　——支付的其他与经营活动有关的现金　40 000
(5)分析调整管理费用
借：管理费用　　　　　　　　　　　　　　294 200
　　贷：经营活动现金流量
　　　　——支付的其他与经营活动有关的现金　294 200
(6)分析调整财务费用
借：财务费用　　　　　　　　　　　　　　83 000
　　应付利息　　　　　　　　　　　　　　2 000
　　贷：经营活动现金流量——销售商品收到的现金　40 000
　　　　筹资活动现金流量——偿付利息所支付的现金　25 000
　　　　长期借款　　　　　　　　　　　　20 000
(7)分析调整投资收益
借：投资活动现金流量
　　　　——取得投资收益所收到的现金　　60 000
　　贷：投资收益　　　　　　　　　　　　60 000
(8)分析调整其他业务收入
借：经营活动现金流量——销售商品收到的现金　10 000
　　贷：其他业务收入　　　　　　　　　　10 000
(9)分析调整其他业务成本
借：其他业务成本　　　　　　　　　　　　8 000
　　贷：经营活动现金流量——购买商品支付的现金　8 000
(10)分析调整营业外收入
借：投资活动现金流量
　　　　——处置固定资产收到的现金　　　600 000
　　累计折旧　　　　　　　　　　　　　　300 000
　　贷：营业外收入　　　　　　　　　　　100 000

　　　　　固定资产　　　　　　　　　　　　　　　800 000
(11)分析调整营业外支出
借：营业外支出　　　　　　　　　　　　　　　　39 400
　　投资活动现金流量——处置固定资产收到的现金　600
　　累计折旧　　　　　　　　　　　　　　　　　360 000
　贷：固定资产　　　　　　　　　　　　　　　　400 000
借：营业外支出　　　　　　　　　　　　　　　　40 600
　贷：经营活动现金流量
　　　　——支付的其他与经营活动有关的现金　　40 600
(12)分析调整坏账准备
借：经营活动现金流量
　　　　——支付的其他与经营活动有关的现金　　3 000
　贷：坏账准备　　　　　　　　　　　　　　　　3 000
(13)分析调整资产减值损失
借：资产减值损失　　　　　　　　　　　　　　　104 700
　贷：经营活动现金流量
　　　　——支付的其他与经营活动有关的现金　　104 700
(14)分析调整固定资产
借：固定资产　　　　　　　　　　　　　　　　3 085 900
　贷：投资活动现金流量——购建固定资产支付的现金
　　　　　　　　　　　　　　　　　　　　　　285 900
　　　在建工程　　　　　　　　　　　　　　　2 800 000
(15)分析调整累计折旧
借：经营活动现金流量
　　　　——支付的其他与经营活动有关的现金　　40 000
　　经营活动现金流量——购买商品支付的现金　160 000
　贷：累计折旧　　　　　　　　　　　　　　　　200 000
(16)分析调整在建工程
借：在建工程　　　　　　　　　　　　　　　　1 056 000

贷：投资活动现金流量——购建固定资产支付的现金
　　　　　　　　　　　　　　　　　　　　　　700 000
　　　　长期借款　　　　　　　　　　　　　　300 000
　　　　应付职工薪酬——福利费　　　　　　　 56 000
(17) 分析调整无形资产
借：经营活动现金流量
　　　　——支付的其他与经营活动有关的现金　100 000
　　贷：累计摊销　　　　　　　　　　　　　　100 000
(18) 分析调整短期借款
借：短期借款　　　　　　　　　　　　　　　　500 000
　　贷：筹资活动现金流量——偿还债务所支付的现金
　　　　　　　　　　　　　　　　　　　　　　500 000
(19) 分析调整应付工资
借：应付职工薪酬——工资　　　　　　　　　　600 000
　　贷：经营活动现金流量
　　　　——支付给职工以及为职工支付的现金　600 000
借：经营活动现金流量——购买商品支付的现金　570 000
　　经营活动现金流量
　　　　——支付的其他与经营活动有关的现金　 30 000
　　贷：应付职工薪酬——工资　　　　　　　　600 000
(20) 分析调整应付福利费
借：经营活动现金流量——购买商品支付的现金　 79 800
　　经营活动现金流量
　　　　——支付的其他与经营活动有关的现金　 4 200
　　贷：应付职工薪酬——福利费　　　　　　　 84 000
(21) 分析调整应交税费
借：应交税费　　　　　　　　　　　　　　　　474 607
　　贷：经营活动现金流量——支付的各项税费　474 607

(22) 分析调整支付长期借款
借：长期借款　　　　　　　　　　　　　　2 000 000
　　贷：筹资活动现金流量——偿付债务所支付的现金
　　　　　　　　　　　　　　　　　　　　　2 000 000
借：筹资活动现金流量——借款所收到的现金　800 000
　　贷：长期借款　　　　　　　　　　　　　　800 000
(23) 分析调整所得税
借：所得税　　　　　　　　　　　　　　　　41 831
　　贷：应交税费　　　　　　　　　　　　　　41 831
(24) 结转净利润
借：净利润　　　　　　　　　　　　　　　　185 493
　　贷：未分配利润　　　　　　　　　　　　　185 493
(25) 提取盈余公积及分配股利
借：未分配利润　　　　　　　　　　　　　77 823.95
　　贷：盈余公积　　　　　　　　　　　　　27 823.95
　　　　应付利润　　　　　　　　　　　　　　50 000
(26) 最后调整现金净变化额
借：现金净减少额　　　　　　　　　　　　1 825 807
　　贷：货币资金　　　　　　　　　　　　　1 825 807
其中，现金净减少额＝货币资金期末数－期初数

第三步，将调整分录过入工作底稿的相应部分，如表11－7所示。

表 11-7　　　　　　　　现金流量表工作底稿

编制单位：光明公司　　　　　2011 年度　　　　　　　　　单位：元

项　目	期初数	调整分录 借方	调整分录 贷方	期末余额
一、资产负债表项目				
借方项目				
货币资金	4 163 000.00		(26)1 825 807.00	2 337 193.00
交易性金融资产	30 000.00			30 000.00
应收票据	500 000.00		(1) 400 000.00	100 000.00
应收股息	2 000.00			2 000.00
应收账款	780 000.00	(1) 600 000.00		1 380 000.00
其他应收款	140 000.00			140 000.00
存货	5 360 500.00		(2) 718 200.00	4 642 300.00
长期股权投资	320 000.00			320 000.00
持有至到期投资	200 000.00			200 000.00
固定资产原价	3 000 000.00	(2) 500 000.00 (14) 3 085 900.00	(10) 800 000.00 (11) 400 000.00	5 385 900.00
在建工程	3 000 000.00	(16) 1 056 000.00	(14) 2 800 000.00	1 256 000.00
无形资产	1 200 000.00			1 200 000.00
借方项目合计	18 695 500.00	5 241 900.00	6 944 007.00	16 993 393.00
贷方项目				
坏账准备	4 600.00		(12) 3 000.00	7 600.00
存货跌价准备			(2) 101 700.00	101 700.00
累计折旧	800 000.00	(10) 300 000.00 (11) 360 000.00	(15) 200 000.00	340 000.00
累计摊销			(17) 100 000.00	100 000.00
短期借款	500 000.00	(18) 500 000.00		0
应付票据	400 000.00	(2) 200 000.00		200 000.00
应付账款	1 935 700.00	(2) 500 000.00		1 435 700.00
应付职工薪酬	228 000.00	(19) 600 000.00	(19) 600 000.00 (16) 56 000.00 (20) 84 000.00	368 000.00
应交税费	73 200.00	(2) 102 000.00 (21) 474 607.00	(1) 511 700.00 (3) 32 776.00 (23) 41 831.00	82 900.00
其他应付款	172 000.00			172 000.00
应付利息	2 000.00	(6) 2 000.00		0
长期借款	3 300 000.00	(22)2 000 000.00	(6) 20 000.00 (16) 300 000.00 (22) 800 000.00	2 420 000.00
实收资本	10 000 000.00			10 000 000.00
资本公积	0		(2) 300 000.00	300 000.00
盈余公积	300 000.00		(25) 27 823.95	327 823.95

表11-7(续)

项目	期初数	调整分录 借方	调整分录 贷方	期末余额
应付利润			(25) 50 000.00	50 000.00
未分配利润	980 000.00	(25) 77 823.95	(24) 185 493.00	1 087 669.05
贷方项目合计	18 695 500.00	5 081 654.95	3 279 547.95	16 893 393.00
二、利润表项目					
主营业务收入			(1) 2 500 000.00	2 500 000.00
其他业务收入			(8) 10 000.00	10 000.00
投资收益			(7) 60 000.00	60 000.00
营业外收入			(10) 100 000.00	100 000.00
主营业务成本		(2) 1 800 000.00		1 800 000.00
营业税金及附加		(3) 32 776.00		32 776.00
其他业务支出		(9) 8 000.00		8 000.00
营业费用		(4) 40 000.0		40 000.00
管理费用		(5) 294 200.00		294 200.00
财务费用		(6) 83 000.00		83 000.00
资产减值损失		(13) 104 700.00		104 700.00
营业外支出		(11) 80 000.00		80 000.00
所得税		(23) 41 831.00		41 831.00
净利润		(24) 185 493.00		185 493.00
三、现金流量表项目				
一、经营活动产生的现金流量：				
销售商品、提供劳务收到的现金		(1) 2 811 700.00 (8) 10 000.00	(6) 40 000.00	2 781 700.00
收到的其他与经营活动有关的现金				
现金流入小计				2 781 700.00
购买商品、接受劳务支付的现金		(15) 160 000.00 (19) 570 000.00 (20) 79 800.00	(2) 2 083 800.00 (9) 8 000.00	1 282 000.00
支付给职工以及为职工支付的现金			(19) 600 000.00	600 000.00
支付的各项税费			(21) 474 607.00	474 607.00
支付的其他与经营活动有关的现金		(2) 101 700.00 (12) 3 000.00 (15) 40 000.00 (17) 100 000.00 (19) 30 000.00 (20) 4 200.00	(4) 40 000.00 (5) 294 200.00 (11) 40 600.00 (13) 104 700.00	200 600.00
现金流出小计				2 557 207.00
经营活动产生的现金流量净额				224 493.00

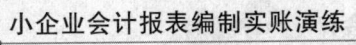

表11-7(续)

项 目	期初数	调整分录 借方	调整分录 贷方	期末余额
二、投资活动产生的现金流量:				
收回投资所收到的现金				
取得投资收益所收到的现金		(7) 60 000.00		60 000.00
处置固定资产、无形资产和其他长期资产所收回的现金净额		(10) 600 000.00 (11) 600.00		600 600.00
收到的其他与投资活动有关的现金				
现金流入小计				660 600.00
购建固定资产、无形资产和其他长期资产所支付的现金			(14) 285 900.00 (16) 700 000.00	985 900.00
投资所支付的现金				
支付的其他与投资活动有关的现金				
现金流出小计				985 900.00
投资活动产生的现金流量净额				-325 300.00
三、筹资活动产生的现金流量:				
吸收投资所收到的现金				
借款所收到的现金		(22) 800 000.00		800 000.00
收到的其他与筹资活动有关的现金				
现金流入小计				800 000.00
偿还债务所支付的现金			(18) 500 000.00 (22) 2 000 000.00	2 500 000.00
分配股利、利润和偿付利息所支付的现金			(6) 25 000.00	25 000.00
支付的其他与筹资活动有关的现金				
现金流出小计				2 525 000.00
筹资活动产生的现金流量净额				-1 725 000.00
四、汇率变动对现金的影响				
五、现金及现金等价物净增加额		(26) 1 825 807.00		-1 825 807.00

第四步,核对调整分录,借贷合计应当相等;资产负债表项目期初数加调整分录中的借贷金额后,应当等于期末数。

第五步,根据工作底稿中的现金流量表项目部分编制正式的现金流量表,如表 11-8 所示。

表 11-8　　　　　　　　现金流量表　　　　　　会小企 03 表
编制单位:光华公司　　　　　　2011 年度　　　　　　　单位:元

项　目	行次	金额
一、经营活动产生的现金流量:		
销售商品、提供劳务收到的现金	1	2 781 700.00
收到的其他与经营活动有关的现金	8	
现金流入小计	9	2 781 700.0
购买商品、接受劳务支付的现金	10	1 282 000.00
支付给职工以及为职工支付的现金	12	600 000.00
支付的各项税费	13	474 607.00
支付的其他与经营活动有关的现金	18	200 600.00
现金流出小计	20	2 557 207.00
经营活动产生的现金流量净额	21	224 493.00
二、投资活动产生的现金流量:		
收回投资所收到的现金	22	
取得投资收益所收到的现金	23	60 000.00
处置固定资产、无形资产和其他长期资产所收回的现金净额	25	600 600.00
收到的其他与投资活动有关的现金	28	
现金流入小计	29	660 600.00
购建固定资产、无形资产和其他长期资产所支付的现金	30	985 900.00
投资所支付的现金	31	
支付的其他与投资活动有关的现金	35	
现金流出小计	36	985 900.00
投资活动产生的现金流量净额	37	-325 300.00
三、筹资活动产生的现金流量:		
吸收投资所收到的现金	38	
借款所收到的现金	40	800 000.00
收到的其他与筹资活动有关的现金	43	

表11-8(续)

项　目	行次	金额
现金流入小计	44	800 000.00
偿还债务所支付的现金	45	2 500 000.00
分配股利、利润和偿付利息所支付的现金	46	25 000.00
支付的其他与筹资活动有关的现金	52	
现金流出小计	53	2 525 000.00
筹资活动产生的现金流量净额	54	-1 725 000.00
四、汇率变动对现金的影响	55	
五、现金及现金等价物净增加额	56	-1 825 807.00

11.5 小企业所有者权益变动表编制演练

11.5.1 所有者权益变动表的要素

所有者权益变动表,又称股东权益变动表,它是反映企业在一定期间内构成所有者权益的各组成部分的增减变动情况的报表。其内容主要包括当期损益、直接计入所有者权益的利得和损失以及与所有者(或股东)的资本交易导致的所有者权益的变动等。所有者权益变动表至少应当单独列示反映下列信息的项目:

(1)净利润;

(2)直接计入所有者权益的利得和损失及其总额;

(3)会计政策变更和差错更正的累积影响金额;

(4)所有者投入的资本和向所有者分配的利润等;

(5)按照规定提取的盈余公积;

(6)实收资本(或股本)、资本公积、盈余公积、未分配利润的期初额和期末余额及其调节情况。

11.5.2　所有者权益变动表的编制方法

11.5.2.1　上年年末余额

"上年年末余额"项目,反映企业上年资产负债表中实收资本(或股本)、资本公积、盈余公积、未分配利润的年末余额。

11.5.2.2　本年年初余额

"会计政策变更"和"前期差错更正"项目,分别反映企业采用追溯调整法处理的会计政策变更的累积影响金额和采用追溯重述法处理的会计差错更正的累积影响金额。

为了体现会计政策变更和前期差错更正的影响,企业应当在上期期末所有者权益余额的基础上进行调整,得出本期期初所有者权益,并根据"盈余公积"、"利润分配"、"以前年度损益调整"等账户的发生额分析填列。

11.5.2.3　本年增减变动金额项目

(1)"净利润"项目,反映企业当年实现的净利润(或净亏损)金额,并对应填列在"未分配利润"栏。

(2)"直接计入所有者权益的利得和损失"项目,反映企业当年直接计入所有者权益的利得和损失金额。其中:

①"可供出售金融资产公允价值变动净额"项目,反映企业持有的可供出售金融资产当年公允价值变动的金额,并对应填列在"资本公积"栏。

②"权益法下被投资单位其他所有者权益变动的影响"项目,反映企业对按照权益法核算的长期股权投资,在被投资单位除当年实现的净损益以外其他所有者权益当年变动中应享有的份额,并对应填列在"资本公积"栏。

③"与计入所有者权益项目相关的所得税影响"项目,反映企业根据《企业会计准则第18号——所得税》规定应计入所有者权益项目的当年所得税的影响金额,并对应填列在"资本公积"栏。

④"净利润"和"直接计入所有者权益的利得和损失"小计项目，反映企业当年实现的净利润(或净亏损)金额和当年直接计入所有者权益的利得和损失金额的合计额。

(3)"所有者投入和减少资本"项目，反映企业当年所有者投入的资本和减少的资本。其中：

①"所有者投入资本"项目，反映企业接受投资者投入形成的实收资本(或股本)和资本溢价(或股本溢价)，并对应填列在"实收资本"和"资本公积"栏。

②"股份支付计入所有者权益的金额"项目，反映企业处于等待期中的权益结算的股份支付当年计入资本公积的金额，并对应填列在"资本公积"栏。

(4)"利润分配"下各项目，反映当年对所有者(或股东)分配的利润(或股利)金额和按照规定提取的盈余公积金额，并对应填列在"未分配利润"和"盈余公积"栏。其中：

①"提取盈余公积"项目，反映企业按照规定提取的盈余公积。

②"对所有者(或股东)的分配"项目，反映对所有者(或股东)分配的利润(或股利)金额。

(5)"所有者权益内部结转"下各项目，反映不影响当年所有者权益总额的所有者权益各组成部分之间当年的增减变动情况，包括资本公积转增资本(或股本)、盈余公积转增资本(或股本)、盈余公积弥补亏损等。为了全面反映所有者权益各组成部分的增减变动情况，所有者权益内部结转也是所有者权益变动表的重要组成部分，其主要指不影响所有者权益总额、所有者权益的各组成部分当期的增减变动。其中：

①"资本公积转增资本(或股本)"项目，反映企业以资本公积转增资本或股本的金额。

②"盈余公积转增资本(或股本)"项目，反映企业以盈余公积转增资本或股本的金额。

③"盈余公积弥补亏损"项目,反映企业以盈余公积弥补亏损的金额。

11.5.2.4 本年年末余额

"本年年末余额"项目,反映企业本年资产负债表中实收资本(或股本)、资本公积、盈余公积、未分配利润的年末余额。本年年末余额等于本年期初余额加本年增减变动金额。

11.5.2.5 上年金额栏的列报方法

所有者权益变动表"上年金额"栏内各项数字,应根据上年度所有者权益变动表和"本年金额"栏内所列数字填列。如果上年度所有者权益变动表规定的各个项目的名称和内容同本年度不相一致,则应对上年度所有者权益变动表中各项目的名称和数字按本年度的规定进行调整,填入所有者权益变动表"上年金额"栏内。

11.5.2.6 本年金额栏的列报方法

所有者权益变动表"本年金额"栏内各项数字一般应根据"实收资本(或股本)"、"资本公积"、"盈余公积"、"利润分配"、"库存股"、"以前年度损益调整"等账户的发生额分析填列。

企业的净利润及其分配情况作为所有者权益变动的组成部分,不需要单独设置利润分配表列示。

11.5.3 所有者权益变动表编制演练

【例11-4】承【例11-3】资料编制光华公司2011年度所有者权益变动表,如表11-9所示。

表11-9

所有者权益变动表

编制单位:光华公司　　　　　　　　　　2011 年度　　　　　　　　　　　　　　　　　会小企04表
单位:元

项　目	本年金额							上年金额						
	实收资本(或股本)	资本公积	减:库存股	盈余公积	未分配利润	所有者权益合计		实收资本(或股本)	资本公积	减:库存股	盈余公积	未分配利润	所有者权益合计	
一、上年年末余额	10 000 000			300 000	980 000	11 280 000								
加:会计政策变更														
前期差错更正														
二、本年年初余额	10 000 000			300 000	980 000	11 280 000								
三、本年增减变动金额(减少以"-"号填列)					185 493	185 493								
(一)净利润					185 493	185 493								
(二)直接计入所有者权益的利得和损失														
1. 可供出售金融资产公允价值变动净额														
2. 权益法下被投资单位其他所有者权益变动的影响		300 000												
3. 与计入所有者权益项目相关的所得税影响														
4. 其他														
上述(一)和(二)小计		300 000			185 493	485 493							107 669.05	

表11-9（续）

项　目	本年金额					上年金额				
	实收资本（或股本）	资本公积	减:库存股	盈余公积	未分配利润	所有者权益合计	实收资本（或股本）	资本公积	减:库存股	盈余公积	未分配利润	所有者权益合计
（三）所有者投入和减少资本											
1.所有者投入资本											
2.股份支付计入所有者权益的金额											
3.其他											
（四）利润分配				27 823.95	-77 823.95	-50 000					
1.提取盈余公积				27 823.95	-27 823.95	0					
2.对所有者（或股东）的分配					-50 000.00	-50 000					
3.其他											
（五）所有者权益内部结转											
1.资本公积转增资本（或股本）											
2.盈余公积转增资本（或股本）											
3.盈余公积弥补亏损											
4.其他											
四、本年年末余额	10 000 000	300 000		327 823.95	1 087 669.05	11 715 493.00					

11.6 小企业会计报表附注

附注是对财务报表中列示项目的文字描述或明细资料,以及对未能在这些报表中列示项目的说明等。附注是财务报表的重要组成部分。企业应当按照规定披露附注信息,主要包括如下内容:

(1)企业的基本情况

企业的基本情况包括:企业注册地、组织形式和总部地址;企业的业务性质和主要经营活动;母公司以及集团最终母公司的名称;财务报告的批准报出者和财务报告的批准报出日。

(2)财务报表的编制基础

财务报表的编制基础包括会计年度、记账本位币、会计计量所运用的计量基础、现金和现金等价物的构成等。

(3)遵循《企业会计准则》的声明

企业应当声明编制的财务报表符合《企业会计准则》的要求,即真实、完整地反映了企业的财务状况、经营成果和现金流量等有关信息。如果企业编制的财务报表只是部分地遵循了《企业会计准则》,附注中则不得做出这种表述。

(4)重要会计政策和会计估计

企业应当披露采用重要的会计政策和会计估计,不重要的会计政策和会计估计可以不予披露。在披露重要会计政策和会计估计时,应当披露财务报表项目的计量基础和会计政策的确定依据,以及会计估计中所采用的关键假设和不确定因素的确定依据。

(5)会计政策和会计估计变更以及差错更正的说明

这包括:会计政策变更的性质、内容和原因;当期和各个列报前期财务报表中受影响的项目名称和调整金额;会计政策变更无法进行追溯调整的事实和原因以及开始应用变更后的会计政策的时点、具体应用情况;会计估计变更的内容和原因;会计估计变更对当期和未来期间的影响金额;会计估计变更的影响数不能确定的事实和原因;前期差错的性质;各个列报前期财务报表中受影响的项目名称和更正金额;前期差错对当期财务报表也有影响的,还应披露当期财务报表中受影响的项目名称和金额;前期差错无法进行追溯重述的事实和原因以及对前期差错开始进行更正的时点、具体更正情况。

(6)报表重要项目的说明

企业应当以文字和数字描述相结合、尽可能以列表形式披露重要报表项目的构成和当期增减变动情况,并与报表项目相互参照。对重要报表项目的明细说明,应当按照资产负债表、利润表、现金流量表、所有者权益变动表的顺序及其报表项目列示的顺序进行披露。报表重要项目的明细金额合计,应当与报表项目金额相衔接。

(7)或有和承诺事项的说明

或有和承诺事项的说明包括:预计负债的种类、形成原因以及经济利益流出不确定性的说明;与预计负债有关的预期补偿金额和本期已确认的预期补偿金额;或有负债的种类、形成原因及经济利益流出不确定性的说明;或有负债预计产生的财务影响,以及获得补偿的可能性,无法预计的应当说明原因;或有资产很可能会给企业带来经济利益的,其形成的原因、预计产生的财务影响等;在涉及未决诉讼、未决仲裁的情况下,披露全部或部分信息预期对企业造成重大不利影响的,未决诉讼、未决仲裁的性质以及没有披露这些信息的事实和原因。

(8)资产负债表日后事项的说明

每项重要的资产负债表日后非调整事项的性质、内容,及其对财务状况和经营成果的影响,无法做出估计的,应当说明原因。

(9)关联方关系及其交易的说明

存在母公司和子公司关系的,母公司不是该企业最终控制方的,说明最终控制方名称;说明母公司和子公司的业务性质、注册地、注册资本(或实收资本、股本)及其当期发生的变化;说明母公司对该企业或者该企业对子公司的持股比例和表决权比例。企业与关联方发生关联方交易的,该关联方关系的性质、交易类型及交易要素。

交易要素至少应当包括:交易的金额;未结算项目的金额、条款和条件,以及有关提供或取得担保的信息;未结算应收项目的坏账准备金额;定价政策;等等。

第三篇 小企业特殊业务实账演练

- 小企业外币交易业务会计实账演练
- 小企业投资性房地产业务实账演练
- 小企业非货币性资产交换业务实账演练
- 小企业借款费用业务会计实账演练
- 小企业债务重组业务实账演练

第12章 小企业外币交易业务会计实账演练

12.1 小企业外币业务基本知识

12.1.1 小企业外币交易内容

外币交易,是指以外币计价或者结算的交易。外币是企业记账本位币以外的货币。外币交易包括:
(1)买入或者卖出以外币计价的商品或者劳务;
(2)借入或者借出外币资金;
(3)其他以外币计价或者结算的交易。

12.1.2 小企业记账本位币的确定

12.1.2.1 记账本位币的确定方法

(1)记账本位币,是指企业经营所处的主要经济环境中的货币。企业通常选择人民币作为记账本位币。业务收支以人民币以外的货币为主的企业,可以考虑下列因素后选定其中一种货币作为记账本位币。但是,编报的财务报表应当折算为人民币。

① 该货币主要影响商品和劳务的销售价格,通常以该货币进行商品和劳务的计价和结算。

② 该货币主要影响商品和劳务所需人工、材料和其他费用,通常以该货币进行上述费用的计价和结算。

③ 融资活动获得的货币以及保存从经营活动中收取款项所使用的货币。

(2) 企业选定境外经营的记账本位币,还应当考虑下列因素:

① 境外经营对其所从事的活动是否拥有很强的自主性;

② 境外经营活动中与企业的交易是否在境外经营活动中占有较大比重;

③ 境外经营活动产生的现金流量是否直接影响企业的现金流量、是否可以随时汇回;

④ 境外经营活动产生的现金流量是否足以偿还其现有债务和可预期的债务。

(3) 境外经营,是指企业在境外的子公司、合营企业、联营企业、分支机构。

在境内的子公司、合营企业、联营企业、分支机构,采用不同于企业记账本位币的,也视同境外经营。

(4) 记账本位币的变更

企业记账本位币一经确定,不得随意变更,除非企业经营所处的主要经济环境发生重大变化。

企业因经营所处的主要经济环境发生重大变化,确需变更记账本位币的,应当采用变更当日的即期汇率将所有项目折算为变更后的记账本位币。

12.1.2.2 外币交易折算汇率

(1) 即期汇率,通常是指中国人民银行公布的当日人民币外汇牌价的中间价。企业发生的外币兑换业务或涉及外币兑换的交易事项,应当按照交易实际采用的汇率(即银行买入价或卖出价)折算。

(2)即期汇率的近似汇率,是指按照系统合理的方法确定的、与交易发生日即期汇率近似的汇率,通常采用当期平均汇率、加权平均汇率等。

企业通常应当采用即期汇率进行折算。汇率变动不大的,也可以采用即期汇率的近似汇率进行折算。

12.2 小企业外币交易业务的会计处理方法

12.2.1 设置的会计账户

小企业在核算外币交易业务时应当设置相应的外币账户。

外币账户包括外币库存现金、外币银行存款、以外币结算的债权(如应收票据、应收账款、预付账款等)和债务(如短期借款、应付票据、应付账款、预收账款、应付职工薪酬、长期借款等)。外币各账户应当与非外币的各相同账户分别设置,并分别核算。

12.2.2 外币交易业务的会计处理方法

小企业对于发生的外币交易,应当将外币金额折算为记账本位币金额。

12.2.2.1 外币交易的初始确认

外币交易应当在初始确认时,采用交易发生日的即期汇率将外币金额折算为记账本位币金额;也可以采用按照系统合理的方法确定的、与交易发生日即期汇率近似的汇率折算。

12.2.2.2 汇兑差额的处理

在资产负债表日,小企业分别以外币货币性项目和外币非货币性项目进行会计处理。

(1)外币货币性项目的会计处理

① 货币性项目,是指企业持有的货币资金和将以固定或可确定的金额收取的资产或者偿付的负债。货币性项目分为货币性资产和货币性负债。

货币性资产包括库存现金、银行存款、应收账款、其他应收款、长期应收款等;货币性负债包括短期借款、应付账款、其他应付款、长期借款、应付债券、长期应付款等。

② 对于外币货币性项目,采用资产负债表日即期汇率折算。将因资产负债表日即期汇率与初始确认时或者前一资产负债表日即期汇率不同而产生的汇兑差额,计入当期损益,同时调增或调减外币货币性项目的记账本位币金额。

(2)外币非货币性项目的会计处理

非货币性项目,是指货币性项目以外的项目,包括存货、长期股权投资、固定资产、无形资产等。

① 以历史成本计量的外币非货币性项目,由于已在交易发生日按当日即期汇率折算,故资产负债表日不应改变其原记账本位币金额,从而不产生汇兑差额。

② 以公允价值计量的外币非货币性项目,如交易性金融资产(股票、基金等),采用公允价值确定日的即期汇率折算,折算后的记账本位币金额与原记账本位币金额的差额,应作为公允价值变动(含汇率变动)处理,计入当期损益。

(3)外币投入资本。企业收到投资者以外币投入的资本,应当采用交易发生日即期汇率折算,不得采用合同约定汇率和即期汇率的近似汇率折算,外币投入资本与相应的货币性项目的记账本位币金额之间不产生外币资本折算差额。

(4)实质上构成对境外经营净投资的外币货币性项目企业编制合并财务报表涉及境外经营的,如有实质上构成对境外经营净投资的外币货币性项目,因汇率变动而产生的汇兑差额,应列入所有者权益"外币报表折算差额"项目;处置境外经营时,计入当期损益。

12.3 小企业外币交易业务实账演练

【例12-1】光华公司采用即期汇率对外币交易业务进行折算，并按月计算汇兑损益。该公司2010年10月31日有关外币账户期末余额是：应收账款100 000美元；应付账款50 000美元；银行存款200 000美元。2010年10月31日的汇率是：100美元＝669.86元人民币。该企业2010年11月发生外币交易业务有：

(1) 1日对外销售产品一批，销售收入为20万美元，当日汇率为：100美元＝668.86元人民币。款项尚未收到。

(2) 12日从银行借入短期借款18万美元，当日汇率为：100美元＝662.39元人民币。

(3) 15日从国外进口原材料一批，计22万美元，款项由外币存款支付。当日汇率为：100美元＝663.03元人民币（不考虑增值税）。

(4) 16日购进原材料一批，价款总计16万美元，款项尚未支付。当日汇率为：100美元＝664.90元人民币。

(5) 18日收到1日的款项。当日汇率为：100美元＝664.08元人民币。

(6) 31日偿还12日的借款，当日汇率为：100美元＝667.62元人民币。

(7) 31将100 000元美元兑换为人民币，银行的买入价为：100美元＝664.69元人民币。当日汇率为：100美元＝667.62元人民币。

12.3.1 光华公司11月份外币交易业务的会计分录

(1) 借：应收账款(200 000×6.688 6)　　　1 337 720
　　　贷：主营业务收入　　　　　　　　　　1 337 720

(2) 借：银行存款(180 000×6.623 9)　　　1 192 302
　　　贷：短期借款　　　　　　　　　　　　1 192 302

(3)借:原材料(220 000×6.630 3)　　　　1 458 666
　　　贷:银行存款　　　　　　　　　　　1 458 666
(4)借:原材料(160 000×6.649 0)　　　　1 063 840
　　　贷:应付账款　　　　　　　　　　　1 063 840
(5)借:银行存款(200 000×6.640 8)　　　1 321 600
　　　贷:应收账款　　　　　　　　　　　1 321 600
(6)借:短期借款(180 000×6.676 2)　　　1 201 716
　　　贷:银行存款　　　　　　　　　　　1 201 716
(7)借:银行存款——人民币账户(100 000×6.646 0)
　　　　　　　　　　　　　　　　　　　　664 600
　　　财务费用　　　　　　　　　　　　　　3 020
　　　贷:银行存款——美元外币账户(100 000×6.676 2)
　　　　　　　　　　　　　　　　　　　　667 620

12.3.2 登记外币账户

根据会计分录(记账凭证)登记相关的外币账户,如表12-1至表12-4所示。

表12-1　　　　　　银行存款　账户
2010年　　　　　　　　　　　　　　　第 5 页

2010年		凭证	摘要	借方			贷方			余额		
月	日			美元	汇率	人民币	美元	汇率	人民币	美元	汇率	人民币
11	1		期初余额							200 000	6.698 6	1 339 720
	12		借入借款	180 000	6.623 9	1 192 302						
	15		购买材料				220 000	6.630 3	1 458 666			
	18		收回货款	200 000	6.640 8	1 321 600						
	31		偿还借款				180 000	6.676 2	1 201 716			
	31		换人民币				100 000	6.646 0	664 600			
			本月合计	380 000		2 513 902	500 000		3 324 982	80 000		528 640
	31		结转汇兑损益			5 456				80 000	6.676 2	534 096

· 340 ·

表 12-2　　　　　　　　应收账款　账户

2010 年　　　　　　　　　　　　　　　第 10 页

2010年		凭证	摘要	借方			贷方			余额		
月	日			美元	汇率	人民币	美元	汇率	人民币	美元	汇率	人民币
11	1		期初余额							100 000	6.698 6	669 860
	1		销售产品	200 000	6.688 6	1 337 720						
	18		收回货款				200 000	6.640 8	1 321 600			
			本月合计	200 000		1 337 720	200 000		1 321 600	100 000		685 980
	31		结转汇兑损益						18 360	100 000	6.676 2	667 620

表 12-3　　　　　　　　应付账款　账户

2010 年　　　　　　　　　　　　　　　第 20 页

2010年		凭证	摘要	借方			贷方			余额		
月	日			美元	汇率	人民币	美元	汇率	人民币	美元	汇率	人民币
11	1		期初余额							50 000	6.698 6	334 930
	16		购买材料				160 000	6.649 0	1 063 840			
			本月合计				160 000		1 063 840	210 000		1 398 770
	31		结转汇兑损益						3 232	210 000	6.676 2	1 402 002

表 12-4　　　　　　　　短期借款　账户

2010 年　　　　　　　　　　　　　　　第 25 页

2010年		凭证	摘要	借方			贷方			余额		
月	日			美元	汇率	人民币	美元	汇率	人民币	美元	汇率	人民币
11	1		期初余额							0	6.698 6	0
	12		借入借款				180 000	6.623 9	1 192 302			
	31		偿还借款	180 000	6.676 2	1 201 716						
			本月合计	180 000		1 201 716	180 000		1 192 302	0		(借方)9 414
	31		结转汇兑损益						9 414	0	6.676 2	0

12.3.3　计算 11 月份的汇兑损益并进行账务处理

汇兑损益＝期末外币按期末汇率折算的人民币金额－期末外币按发生时的即期汇率折算的人民币金额

（1）应收账款账户的汇兑损益 ＝ 100 000×6.676 2 －［(100 000×6.698 6)＋(200 000×6.688 6) －(200 000×6.640 8)］＝667 620－685 980＝－18 360(元)(损失)

（2）应付账款的汇兑损益＝210 000×6.676 2－［(50 000×6.698 6)＋(160 000×6.649 0) －0］＝1 402 002－1 398 770＝3 232(元)(损失)

（3）银行存款账户的汇兑损益＝80 000×6.676 2－［(200 000×6.698 6)＋(180 000×6.623 9＋200 000×6.640 8) －(220 000×6.630 3＋180 000×6.676 2＋100 000×6.646 0)］＝534 096－528 640＝5 456(元)(收益)

（4）短期借款账户的汇兑损益 ＝ 0－(180 000×6.623 9－180 000×6.676 2)＝0－(－9 414)＝9 414(元)(损失)

（5）本月汇兑损益合计＝－18 360－3 232＋5 456－9 414＝－25 550(元)(损失)(计入财务费用)

会计分录如下：

借：财务费用　　　　　　　　　　　　　　　25 550
　　银行存款　　　　　　　　　　　　　　　 5 456
　　贷：应收账款　　　　　　　　　　　　　18 360
　　　　应付账款　　　　　　　　　　　　　 3 232
　　　　短期借款　　　　　　　　　　　　　 9 414

第13章 小企业投资性房地产业务实账演练

13.1 小企业投资性房地产的内涵及特征

13.1.1 投资性房地产的含义及内容

投资性房地产,是指为赚取租金或资本增值,或者两者兼有而持有的房地产,包括已出租的土地使用权、持有并准备增值后转让的土地使用权以及已出租的建筑物。投资性房地产应当能够单独计量和出售。

13.1.1.1 已出租的土地使用权

已出租的土地使用权,是指企业通过出让或转让方式取得的、以经营租赁方式出租的土地使用权。对于以经营租赁方式租入土地使用权再转租给其他单位的,不能确认为投资性房地产。

13.1.1.2 持有并准备增值后转让的土地使用权

持有并准备增值后转让的土地使用权,是指企业取得的、准备增值后转让的土地使用权。这类土地使用权很可能给企业带来资本增值收益,符合投资性房地产的定义。

按照国家有关规定认定的闲置土地,不属于持有并准备增值后转让的土地使用权,故不属于投资性房地产。

13.1.1.3 已出租的建筑物

已出租的建筑物是指以经营租赁方式出租的、企业拥有产权的建筑物,包括自行建造或开发活动完成后用于出租的建筑物。

13.1.1.4 注意问题

(1)某项房地产,部分用于赚取租金或资本增值、部分用于生产商品、提供劳务或经营管理,那么能够单独计量和出售的、用于赚取租金或资本增值的部分,应当确认为投资性房地产;不能够单独计量和出售的、用于赚取租金或资本增值的部分,不确认为投资性房地产。

(2)企业将建筑物出租,且按租赁协议向承租人提供的相关辅助服务在整个协议中不重大的,如企业将办公楼出租并向承租人提供保安、维修等辅助服务,应当将该建筑物确认为投资性房地产。

(3)不属于投资性房地产的房地产

① 自用房地产,是指为生产商品、提供劳务或者经营管理而持有的房地产。

如企业生产经营用的厂房和办公楼属于固定资产,企业生产经营用的土地使用权属于无形资产。

企业拥有并自行经营的旅馆饭店,其经营目的主要是通过提供客房服务赚取服务收入,因而该旅馆饭店不确认为投资性房地产。

② 作为存货的房地产,通常是指房地产开发企业在正常经营过程中销售的或为销售而正在开发的商品房和土地。这部分房地产属于房地产开发企业的存货,其生产、销售构成企业的主营业务活动,产生的现金流量也与企业的其他资产密切相关。因此,具有存货性质的房地产不属于投资性房地产。

13.1.2 投资性房地产的特征

(1)投资性房地产是一种经营性活动。

投资性房地产的主要形式是出租建筑物、出租土地使用权,这本质上属于一种让渡资产使用权的行为。房地产租金就是让渡资产使用权取得的使用费收入,是企业为完成其经营目标所从事的经营性活动以及与之相关的其他活动形成的经济利益总流入。投资性房地产的另一种形式是持有并准备增值后转让的土地使用权,尽管其增值收益通常与市场供求、经济发展等因素相关,但目的是为了增值后转让以赚取增值收益,也是企业为完成其经营目标所从事的经营性活动以及与之相关的其他活动形成的经济利益总流入。

(2)投资性房地产在用途、状态、目的等方面区别于作为生产经营场所的房地产和用于销售的房地产。

企业持有的房地产除了用作自身管理、生产经营活动场所和对外销售之外,还有将房地产用于赚取租金或增值收益的活动,甚至是个别企业的主营业务。这就需要将投资性房地产单独作为一项资产核算和反映,与自用的厂房、办公楼等房地产和作为存货(已建完工商品房)的房地产加以区别,从而更加清晰地反映企业所持有房地产的构成情况和盈利能力。企业在首次执行投资性房地产准则时,应当根据投资性房地产的定义对资产进行重新分类,凡是符合投资性房地产定义和确认条件的建筑物和土地使用权,应当归为投资性房地产。

13.2 小企业投资性房地产的确认与账务处理方法

13.2.1 投资性房地产的确认条件及日期

13.2.1.1 投资性房地产确认条件

投资性房地产在符合其定义前提下,必须同时满足下列两个条件,才能予以确认:

（1）该投资性房地产包含的经济利益很可能流入企业，这是对投资性房地产确认的关键条件。如果与某项投资性房地产有关的经济利益不能流入企业，则不能将其确认为投资性房地产。

（2）该投资性房地产的成本能够可靠计量。对投资性房地产的确认，除了要判断与该投资性房地产有关的经济利益能否流入企业以外，还要判断该投资性房地产的成本能否可靠地计量。如果该投资性房地产的成本不能可靠地计量，则不能将其确认为投资性房地产。

13.2.1.2 投资性房地产确认日期

（1）对已出租的土地使用权、已出租的建筑物，其作为投资性房地产的确认时点为租赁期开始日，即土地使用权、建筑物进入出租状态、开始赚取租金的日期。

（2）企业管理当局对企业持有以备经营出租的空置建筑物，作出正式书面决议，明确表明将其用于经营出租且持有意图短期内不再发生变化的，可视为投资性房地产，其作为投资性房地产的时点为企业管理当局就该事项作出正式书面决议的日期。这里的"空置建筑物"是指企业新购入、自行建造或开发完工但尚未使用的建筑物，以及不再用于日常生产经营活动且经整理后达到可经营出租状态的建筑物。

（3）持有并准备增值后转让的土地使用权，其作为投资性房地产的确认时点为企业将自用土地使用权停止自用、准备增值后转让的日期。

13.2.2 投资性房地产会计核算方法

13.2.2.1 小企业投资性房地产账务处理方法

（1）投资性房地产初始计量方法

小企业取得的投资性房地产，应当按照取得时的成本进行初始计量。

① 外购投资性房地产的成本，包括购买价款和可直接归属于该

资产的相关税费。

② 自行建造投资性房地产的成本,由建造该项资产达到预定可使用状态前所发生的必要支出构成。

③ 以其他方式取得的投资性房地产的成本,适用相关的会计准则规定确认计量。

(2) 投资性房地产后续计量模式

小企业投资性房地产后续计量有两种方法:成本模式和公允价值模式。同一企业只能采用一种模式对其所有的投资性房地产进行后续计量,不得同时采用两种计量模式。

小企业通常应当采用成本模式对投资性房地产进行后续计量。采用成本模式计量的投资性房地产比照固定资产和无形资产的会计处理方法,进行累计折旧和累计摊销,而且可以计提资产减值准备。

小企业也可采用公允价值模式对投资性房地产进行后续计量。但只有在有确凿证据表明投资性房地产的公允价值能够持续可靠取得的情况下,才可以对投资性房地产采用公允价值模式进行后续计量。

采用公允价值模式计量的,应当同时满足下列两个条件:

① 投资性房地产所在地有活跃的房地产交易市场。

② 企业能够从房地产交易市场上取得同类或类似房地产的市场价格及其他相关信息,从而对投资性房地产的公允价值做出合理的估计。

投资性房地产采用公允价值模式进行后续计量的,不计提折旧或摊销,应当以资产负债表日投资性房地产的公允价值为基础调整其账面价值,公允价值与原账面价值的差额计入当期损益。

企业对投资性房地产的计量模式一经确定,不得随意变更。其中,已采用成本模式计量的投资性房地产,若确需转为公允价值模式,应当作为会计政策变更,按照《企业会计准则第 28 号——会计政策、会计估计变更和差错更正》相关规定处理。已采用公允价值模式计量的投资性房地产,一般不得从公允价值模式转为成本模式。

13.2.2.2　小企业投资性房地产核算账户

(1)成本模式计量下

①"投资性房地产"账户,核算企业投资性房地产的成本,该账户可按投资性房地产类别和项目进行明细核算。该账户可比照"固定资产"、"无形资产"账户的规定进行账务处理。

②"投资性房地产累计折旧(摊销)"和"投资性房地产减值准备"账户,可比照"累计折旧"、"累计摊销"、"固定资产减值准备"和"无形资产减值准备"账户的规定进行账务处理。

(2)公允价值计量模式下

公允价值计量模式下,小企业也是通过"投资性房地产"账户核算投资性房地产的。但该账户除按投资性房地产类别和项目进行明细核算外,还应当分别设置"成本"和"公允价值变动"明细账进行明细核算。

13.3　小企业投资性房地产初始计量实账演练

13.3.1　外购投资性房地产的账务处理

外购投资性房地产的成本,包括购买价款、相关税费和可直接归属于该资产的其他支出。在采用成本模式计量下,外购的土地使用权和建筑物,按照取得时的实际成本进行初始计量,借记"投资性房地产"账户,贷记"银行存款"等账户。

在采用公允价值模式计量下,按照外购的土地使用权和建筑物发生的实际成本,借记"投资性房地产——成本"账户,贷记"银行存款"等账户。

【例13-1】2010年12月30日,光华公司购入B公司原出租给C公司使用的一幢办公楼,购买价款为900 000元,款项已用银行存款支付。购入后,A公司不打算改变该办公楼的用途,决定继续出租给C公司使用,并采用成本模式核算,假设不考虑其他因素影响。

光华公司的账务处理为：

借：投资性房地产——办公楼　　　　　　　　900 000
　　贷：银行存款　　　　　　　　　　　　　　900 000

【例13-2】承【例13-1】，假设光华公司采用公允价值模式核算，则其账务处理为：

借：投资性房地产——成本（办公楼）　　　　900 000
　　贷：银行存款　　　　　　　　　　　　　　900 000

13.3.2　自行建造投资性房地产的账务处理

自行建造投资性房地产，其成本由建造该项资产达到预定可使用状态前发生的必要支出构成，包括土地开发费、建筑成本、安装成本、应予以资本化的借款费用、支付的其他费用和分摊的间接费用等。建造过程中发生的非正常性损失，直接计入当期损益，不计入建造成本。采用成本模式计量的，应按照确定的成本，借记"投资性房地产"账户，贷记"在建工程"或"开发产品"账户。采用公允价值模式计量的，应按照确定的成本，借记"投资性房地产——成本"账户，贷记"在建工程"或"开发产品"账户。

【例13-3】2010年1月，光华公司从其他单位购入一块土地的使用权，并在这块土地上开始自行建造三栋厂房。2010年10月，光华公司预计厂房即将完工，与乙公司签订了经营租赁合同，将其中的一栋厂房租赁给乙公司使用。租赁合同约定，该厂房于完工（达到预定可使用状态）时开始起租。2010年11月1日，三栋厂房同时完工（达到预定可使用状态）。该块土地使用权的成本为300万元；三栋厂房的实际造价均为800万元，能够单独出售。假设光华公司采用成本计量模式。光华公司的账务处理如下：

土地使用权中的对应部分同时转换为投资性房地产＝[300×(800÷2 400)]＝100（万元）

借：投资性房地产——厂房　　　　　　　　8 000 000
　　贷：在建工程　　　　　　　　　　　　　8 000 000

借：投资性房地产——已出租土地使用权　　　1 000 000
　　贷：无形资产——土地使用权　　　　　　　　1 000 000

13.3.3　投资者投入的投资性房地产的初始计量

投资者投入的投资性房地产，应当按照投资合同或协议约定的价值作为初始投资成本，但合同或协议约定价值不公允的除外。对于投资者投入的投资性房地产，企业应按投资合同或协议约定的价值，借记"投资性房地产"账户，贷记"实收资本"或"股本"账户。

【例13-4】2010年3月20日，光华公司与其投资者李先生签订了一份投资合同，该合同约定：李先生以其持有的欲向乙公司出租的一项投资性房地产出资，投入光华公司，该投资性房地产的合同价格为260万元，已办妥相关手续。当日，该投资性房地产的账面价值为280万元。假设不考虑其他因素的影响。光华公司的账务处理为：

借：投资性房地产　　　　　　　　　　　　　2 600 000
　　贷：股本　　　　　　　　　　　　　　　　　　2 600 000

13.4　小企业投资性房地产后续计量实账演练

13.4.1　采用成本模式计量投资性房地产的账务处理

13.4.1.1　投资性房地产的折旧或摊销

投资性房地产属于企业的长期资产，能在较长的时间给企业带来经济利益，但投资性房地产通常也有一定的使用寿命。因此，在成本模式下，企业应按期（月）将已入账的投资性房地产，在其使用寿命内计提折旧或进行摊销。小企业按应计提的折旧额或摊销额，借记"其他业务成本"等账户，贷记"投资性房地产累计折旧（摊销）"账户。取得的租金收入，借记"银行存款"等账户，贷记"其他业务收入"等账户。

【例13-5】承【例13-4】光华公司出租给乙企业的办公楼使

用寿命为40年,按照直线法计提折旧,预计净残值为零。按照经营租赁合同,乙企业每月支付光华公司租金2万元。2011年1月光华公司的账务处理如下:

(1)计提折旧

年计提折旧额 = 900 000 ÷ 40 = 22 500(元)

每月计提的折旧额 = 22 500 ÷ 12 = 1 875(元)

借:其他业务成本　　　　　　　　　　　　　1 875
　　贷:投资性房地产累计折旧　　　　　　　　　　1 875

(2)确认租金

借:银行存款(或其他应收款)　　　　　　　20 000
　　贷:其他业务收入　　　　　　　　　　　　　20 000

13.4.1.2　投资性房地产的减值

在成本模式下,若发现投资性房地产存在减值迹象,则应当进行减值测试,计算该投资性房地产的可收回金额,以确定其是否已经发生减值。

对于经减值测试后确定发生减值的,应当计提减值准备,借记"资产减值损失"账户,贷记"投资性房地产减值准备"账户。已经计提减值准备的投资性房地产,其减值损失在以后的会计期间不得转回。

【例13-6】续【例13-5】,2011年12月,由于政府对房地产市场进行调控,这栋办公楼发生减值迹象。经减值测试,其可收回金额为750 000元,此时办公楼的账面价值为877 500(900 000 - 22 500)元。光华公司计提减值准备的账务处理为:

借:资产减值损失(877 500 - 750 000)　　　127 500
　　贷:投资性房地产减值准备　　　　　　　　　127 500

13.4.2　采用公允价值模式计量投资性房地产的账务处理

按资产负债表日投资性房地产的公允价值高于其账面余额的差额,借记"投资性房地产——公允价值变动"账户,贷记"公允价值变动损益"账户;按公允价值低于其账面余额的差额,作相反的账务处理。

【例13-7】2009年6月30日,光华公司出租给乙企业使用的一项土地使用权账面价值为400 000元,当日,市场上同类土地使用权的公允价值为410 000元,假设不考虑其他因素影响。甲公司的账务处理为:

借:投资性房地产——公允价值变动　　　10 000
　　贷:公允价值变动损益　　　　　　　　　　　10 000

13.5　小企业投资性房地产转换业务实账演练

13.5.1　投资性房地产转换的条件和转化日的确定

13.5.1.1　投资性房地产转换条件

小企业有确凿证据表明房地产用途发生改变,满足下列条件之一的,应当将投资性房地产转换为其他资产或者将其他资产转换为投资性房地产:

(1)投资性房地产开始自用。
(2)作为存货的房地产,改为出租。
(3)自用土地使用权停止自用,用于赚取租金或资本增值。
(4)自用建筑物停止自用,改为出租。

满足上述第1个条件的房地产,应将其由投资性房地产转换为固定资产或无形资产等。满足第2~4个条件的房地产,则应分别将其由存货、无形资产、固定资产等转换为投资性房地产。

13.5.1.2　转换日的确定

转换日是指房地产的用途发生改变、状态相应发生改变的日期。转换日的确定标准主要包括:

(1)投资性房地产开始自用,是指投资性房地产转为自用房地产。其转换日为房地产达到自用状态,企业开始将房地产用于生产商品、提供劳务或者经营管理的日期。

(2)作为存货的房地产改为出租,或者自用建筑物或土地使用权停止自用改为出租,转换日应当为租赁期开始日。租赁期开始日是指承租人有权行使其使用租赁资产权利的日期。

(3)自用土地使用权停止自用,改为用于资本增值,转换日应当为企业停止将该项土地使用权用于生产商品、提供劳务或经营管理且管理当局作出房地产转换决议的日期。

13.5.2 投资性房地产转换的账务处理

13.5.2.1 成本模式下投资性房地产转换的账务处理

在成本模式下,企业不论是将自用房地产(或存货)转换为投资性房地产,还是将投资性房地产转换为自用房地产(或存货),都应将房地产转换前的账面价值作为转换后的账面价值。

(1)投资性房地产转为自用房地产。企业将原本用于赚取租金或资本增值的房地产改用于生产商品、提供劳务或者经营管理,投资性房地产相应地转换为固定资产或无形资产。例如,企业将出租的办公楼收回,由本企业自行使用。

企业将投资性房地产转换为自用房地产,应当将该项投资性房地产在转换日的账面余额、累计折旧或摊销、减值准备等,分别转入"固定资产"、"累计折旧"、"固定资产减值准备"等账户。具体账务处理上,应按投资性房地产的账面余额,借记"固定资产"或"无形资产"账户,贷记"投资性房地产"账户;按已计提的折旧或摊销,借记"投资性房地产累计折旧(摊销)"账户,贷记"累计折旧"或"累计摊销"账户;原已计提减值准备的,借记"投资性房地产减值准备"账户,贷记"固定资产减值准备"或"无形资产减值准备"账户。

【例13-8】2011年3月1日,光华公司将原出租的一栋仓库收回自用,原采用成本模式计量。当日,该办公楼账面原价为50万元,已提折旧20万元,已提减值准备5万元。假设不考虑其他因素。其账务处理为:

借：固定资产		500 000
投资性房地产累计折旧		100 000
投资性房地产减值准备		50 000
贷：投资性房地产——办公楼		500 000
累计折旧		100 000
固定资产减值准备		50 000

（2）自用房地产转为投资性房地产。企业将原本用于生产商品、提供劳务或者经营管理的房地产改用于出租，应于租赁期开始日，按照固定资产或无形资产的账面价值，将固定资产或无形资产相应地转换为投资性房地产。

企业将自用土地使用权或建筑物转换为以成本模式计量的投资性房地产时，应当将该项建筑物或土地使用权在转换日的原价、累计折旧、减值准备等，分别计入"投资性房地产"、"投资性房地产累计折旧（摊销）"、"投资性房地产减值准备"等账户。具体账务处理上，应按其账面余额，借记"投资性房地产"账户，贷记"固定资产"或"无形资产"账户；按已计提的折旧或摊销，借记"累计摊销"或"累计折旧"账户，贷记"投资性房地产累计折旧（摊销）"账户；原已计提减值准备的，借记"固定资产减值准备"或"无形资产减值准备"账户，贷记"投资性房地产减值准备"账户。

【例13-9】假设【例13-8】中光华公司的仓库是自用的，现转为出租。则其账务处理为：

借：投资性房地产——办公楼		500 000
累计折旧		200 000
固定资产减值准备		50 000
贷：固定资产		500 000
投资性房地产累计折旧		200 000
投资性房地产减值准备		50 000

（3）作为存货的房地产转为投资性房地产。它通常指房地产开发企业将其持有的开发产品以经营租赁的方式出租，存货相应地转

换为投资性房地产。

企业将作为存货的房地产转换为采用成本模式计量的投资性房地产,应当按该项存货在转换日的账面价值,借记"投资性房地产"账户;原已计提跌价准备的,借记"存货跌价准备"账户;按其账面余额,贷记"开发产品"等账户。

【例13-10】甲公司是从事房地产开发业务的企业,2011年1月30日,甲公司与乙企业签订了租赁协议,将其开发的一栋写字楼出租给乙企业使用,租赁期开始日为2011年2月1日,当日该写字楼的账面余额为500万元,未计提存货跌价准备,转换后采用成本模式计量。

2月1日,甲公司应将该写字楼由开发产品转为投资性房地产,账务处理为:

借:投资性房地产——写字楼　　　　　　5 000 000
　　贷:开发产品　　　　　　　　　　　　5 000 000

13.5.2.2　公允价值模式下投资性房地产转换的账务处理

在公允价值模式下,不论是将自用房地产(或存货)转换为投资性房地产,还是将投资性房地产转换为自用房地产(或存货),企业都应将转换日该房地产的公允价值作为其入账价值。对于转换日该房地产的公允价值与其账面价值的差额,在不同的转换业务中,其账务处理不尽相同。

(1)投资性房地产转为自用房地产。企业将采用公允价值模式计量的投资性房地产转换为自用房地产时,应当以其转换当日的公允价值作为自用房地产的账面价值,公允价值与原账面价值的差额计入当期损益。

具体账务处理上,在转换日,应按该项投资性房地产的公允价值,借记"固定资产"或"无形资产"账户;按该项投资性房地产的成本,贷记"投资性房地产——成本"账户;按该项投资性房地产的累计公允价值变动,贷记或借记"投资性房地产——公允价值变动"账户;按其差额,贷记或借记"公允价值变动损益"账户。

【例13-11】承【例13-8】,假设该仓库按公允价值计量,转换日的公允价值为30万元。则转换日的账务处理为:

借:固定资产 300 000
　　投资性房地产累计折旧 100 000
　　投资性房地产减值准备 50 000
　　公允价值变动损益 50 000
　贷:投资性房地产——办公楼 500 000

(2)自用房地产转为投资性房地产。企业将自用房地产转换为采用公允价值模式计量的投资性房地产,应当按该项土地使用权或建筑物在转换日的公允价值,借记"投资性房地产——成本"账户;按已计提的累计摊销或累计折旧,借记"累计摊销"或"累计折旧"账户;原已计提减值准备的,借记"无形资产减值准备"、"固定资产减值准备"账户;按其账面余额,贷记"固定资产"或"无形资产"账户。同时,转换日的公允价值小于账面价值的,按其差额,借记"公允价值变动损益"账户;转换日的公允价值大于账面价值的,按其差额,贷记"资本公积——其他资本公积"账户。

【例13-12】承【例13-11】,假设企业将自用办公楼用于出租。则其账务处理为:

借:投资性房地产——办公楼(成本) 300 000
　　累计折旧 100 000
　　固定资产减值准备 50 000
　　公允价值变动损益 20 000
　贷:固定资产 500 000

【例13-13】承【例13-12】,假设该办公楼在转换日的公允价值为162万元。则企业账务处理为:

借:投资性房地产——办公楼(成本) 400 000
　　累计折旧 100 000
　　固定资产减值准备 50 000
　贷:固定资产 500 000

　　　　资本公积——其他资本公积　　　　　　　　　50 000

　　(3)作为存货的房地产转为投资性房地产。企业将作为存货的房地产转换为采用公允价值模式计量的投资性房地产,应当按该项房地产在转换日的公允价值入账,借记"投资性房地产——成本"账户;原已计提跌价准备的,借记"存货跌价准备"账户;按其账面余额,贷记"开发产品"等账户。同时,转换日的公允价值小于账面价值的,按其差额,借记"公允价值变动损益"账户;转换日的公允价值大于账面价值的,按其差额,贷记"资本公积——其他资本公积"账户。

　　【例13-14】承【例13-10】中,假设甲公司对投资性房地产按公允价值模式计量,出租日的公允价值为510万元。则其账务处理为:

　　　借:投资性房地产——写字楼(成本)　　　　5 100 000
　　　　贷:开发产品　　　　　　　　　　　　　　5 000 000
　　　　　　资本公积——其他资本公积　　　　　　　100 000

13.6　小企业投资性房地产处置业务实账演练

　　小企业可以通过对外出售或转让的方式处置投资性房地产,对于那些由于使用而不断磨损直到最终报废,或者由于遭受自然灾害等非正常损失发生毁损的投资性房地产应当及时进行清理。企业出售、转让、报废投资性房地产或者发生投资性房地产毁损,应当将处置收入扣除其账面价值和相关税费后的金额计入当期损益。

13.6.1　成本模式下投资性房地产的处置

　　出售、转让按成本模式进行后续计量的投资性房地产时,应当按实际收到的金额,借记"银行存款"等账户,贷记"其他业务收入"账户;按该项投资性房地产的账面价值,借记"其他业务成本"账户,按其账面余额,贷记"投资性房地产"账户;按照已计提的折旧或摊销,借记"投资性房地产累计折旧(摊销)"账户;原已计提减值准备的,借记"投资性房地产减值准备"账户。

【例13-15】2010年12月20日,光华公司决定将采用成本模式计量的一栋投资性办公楼出售,收到价款40万元。该投资性房地产的账面原价是100万元,已计提折旧45万元,已计提减值准备10万元,营业税税率为5%。假设不考虑其他因素。

光华公司相关账务处理为:

借:银行存款　　　　　　　　　　　　　　400 000
　　贷:其他业务收入　　　　　　　　　　　400 000
借:其他业务成本　　　　　　　　　　　　470 000
　　投资性房地产累计折旧　　　　　　　　450 000
　　投资性房地产减值准备　　　　　　　　100 000
　　贷:投资性房地产——办公楼　　　　1 000 000
　　　　应交税费——应交营业税　　　　　 20 000

13.6.2 公允价值模式下投资性房地产的处置

出售、转让采用公允价值模式计量的投资性房地产时,应当按实际收到的金额,借记"银行存款"等账户,贷记"其他业务收入"账户;按该项投资性房地产的账面余额,借记"其他业务成本"账户;按其成本,贷记"投资性房地产——成本"账户;按其累计公允价值变动,贷记或借记"投资性房地产——公允价值变动"账户。同时,将投资性房地产累计公允价值变动转入其他业务收入,借记或贷记"公允价值变动"账户,贷记或借记"其他业务收入"账户。若存在原转换日计入资本公积的金额,则也需一并转入其他业务收入,借记"资本公积——其他资本公积"账户,贷记"其他业务收入"账户。

【例13-16】2010年10月1日,B公司将其自用的一幢办公楼出租给C公司使用,采用公允价值模式核算;当日,市场上该类办公楼的公允价值为80万元,该办公楼的账面原价为125万元,已提折旧35万元,已提减值准备15万元。12月31日,市场上该类办公楼的公允价值为90万元,B公司随即将该办公楼出售,收到价款90万元,假设不考虑其他因素。

B公司相关账务处理为:

①10月1日出租时

借:投资性房地产——办公楼(成本)	800 000
累计折旧	350 000
固定资产减值准备	150 000
贷:固定资产	1 250 000
资本公积——其他资本公积	50 000

②12月31日调整账面价值

借:投资性房地产——办公楼(公允价值变动)	100 000
贷:公允价值变动损益	100 000

③12月31日出售时

借:银行存款	900 000
贷:其他业务收入	900 000
借:其他业务成本	900 000
贷:投资性房地产——办公楼(成本)	800 000
——办公楼(公允价值变动)	100 000
借:资本公积——其他资本公积	50 000
公允价值变动损益	100 000
贷:其他业务收入	150 000

第14章

小企业非货币性资产交换业务实账演练

14.1 小企业非货币性资产交换的认定

14.1.1 货币性资产与非货币性资产

货币性资产,是指企业将以固定或可确定金额的货币收取的资产,包括现金、银行存款、应收账款和应收票据以及准备持有至到期的债券投资等。

货币性资产以外的资产为非货币性资产。

非货币性资产有别于货币性资产的最基本特征是,其在将来为企业带来的经济利益,即货币金额,是不固定或不可确定的。如果资产在将来为企业带来的经济利益,即货币金额,是固定或可确定的,则该资产是货币性资产;反之,如果资产在将来为企业带来的经济利益,即货币金额,是不固定或不可确定的,则该资产是非货币性资产。

资产负债表列示的项目中属于非货币性资产的项目通常有:存货(原材料、包装物、低值易耗品、库存商品、委托加工物资、委托代销商品等)、长期股权投资、投资性房地产、固定资产、在建工程、工程物资、无形资产等。

14.1.2 非货币资产交换的认定

(1)非货币性资产交换的含义

非货币性资产交换,是指交易双方主要以存货、固定资产、无形资产和长期股权投资等非货币性资产进行的交换。该交换不涉及或只涉及少量的货币性资产(即补价)。

(2)非货币性资产交换的认定

非货币性资产交换,有时也涉及少量货币性资产(即补价)。认定涉及少量货币性资产的交换为非货币性资产交换,通常以补价占整个资产交换金额的比例低于25%作为参考。

支付的货币性资产占换入资产公允价值(或占换出资产公允价值与支付的货币性资产之和)的比例,或者收到的货币性资产占换出资产公允价值(或占换入资产公允价值和收到的货币性资产之和)的比例低于25%的,视为非货币性资产交换;高于25%(含25%)的,视为以货币性资产取得非货币性资产。

在确定涉及补价的交易是否为非货币性资产交换时,涉及补价的企业,其计算公式如下:

①收到补价的企业

收到的补价÷换出资产公允价值(<25%)

或 收到的补价÷(换入资产公允价值+收到的补价)(<25%)

②支付补价的企业

支付的补价÷(支付的补价+换出资产公允价值)(<25%)

或 支付的补价÷换入资产公允价值(<25%)

14.2 小企业非货币性交换的确认与计量

14.2.1 确认和计量基础

非货币性资产交换中,换入资产的成本有两种计量基础:公允价值和账面价值。

14.2.1.1 公允价值

非货币性资产交换同时满足下列两个条件的,应当以公允价值和应支付的相关税费作为换入资产的成本,公允价值与换出资产账面价值的差额计入当期损益:

(1)该项交换具有商业实质;
(2)换入资产或换出资产的公允价值能够可靠地计量。

满足以下三种情形之一的,公允价值视为能够可靠计量:

① 换入资产或换出资产存在活跃市场。
② 换入资产或换出资产不存在活跃市场,但同类或类似资产存在活跃市场。
③ 换入资产或换出资产不存在同类或类似资产可比市场交易、采用估值技术确定的公允价值满足一定的条件。采用估值技术确定的公允价值必须符合以下条件之一,视为能够可靠计量:

一是采用估值技术确定的公允价值估计数的变动区间很小。
二是在公允价值估计数变动区间内,各种用于确定公允价值估计数的概率能够合理确定。

换入资产和换出资产公允价值均能够可靠计量的,应当以换出资产公允价值作为确定换入资产成本的基础。

14.2.1.2 账面价值

不具有商业实质或交换涉及资产的公允价值不能可靠计量的非货币性资产交换,应当按照换出资产的账面价值和应支付的相关税费作为换入资产的成本,无论是否支付补价,均不确认损益;收到或支付的补价为确定换入资产成本的调整因素,其中,收到补价方应当以换出资产的账面价值减去补价后再加上应支付的相关税费作为换入资产的成本;支付补价方应当以换出资产的账面价值加上补价和应支付的相关税费作为换入资产的成本。

14.2.2 商业实质的判断

企业应当遵循"实质重于形式"的要求判断非货币性资产交换是否具有商业实质。根据换入资产的性质和换入企业经营活动的特征等,换入资产与换入企业其他现有资产相结合能够产生更大的效用,从而导致换入企业受该换入资产影响产生的现金流量与换出资产明显不同的,表明该项资产交换具有商业实质。

满足下列条件之一的非货币性资产交换具有商业实质:

(1)换入资产的未来现金流量在风险、时间和金额方面与换出资产显著不同。这种情况通常包括下列情形:

① 未来现金流量的风险、金额相同,时间不同。此种情形是指换入资产和换出资产产生的未来现金流量总额相同,获得这些现金流量的风险相同,但现金流量流入企业的时间明显不同。

② 未来现金流量的时间、金额相同,风险不同。此种情形是指换入资产和换出资产产生的未来现金流量时间和金额相同,但企业获得现金流量的不确定性程度存在明显差异。

③ 未来现金流量的风险、时间相同,金额不同。此种情形是指换入资产和换出资产产生的未来现金流量总额相同,预计为企业带来现金流量的时间跨度相同,风险也相同,但各年产生的现金流量金额存在明显差异。

(2)换入资产与换出资产的预计未来现金流量现值不同,且其差额与换入资产和换出资产的公允价值相比是重大的。

这种情况是指换入资产对换入企业的特定价值(即预计未来现金流量现值)与换出资产存在明显差异。本准则所指资产的预计未来现金流量现值,应当按照资产在持续使用过程中和最终处置时所产生的预计税后未来现金流量,根据企业自身而不是市场参与者对资产特定风险的评价,选择恰当的折现率对其进行折现后再加以确定。

14.3 小企业非货币性资产交换实账演练

14.3.1 以公允价值计量的账务处理

14.3.1.1 以公允价值计量的账务处理的基本规定

非货币性资产交换准则规定,非货币性资产交换具有商业实质且公允价值能够可靠计量的,应当以换出资产的公允价值和应支付的相关税费作为换入资产的成本,除非有确凿证据表明换入资产的公允价值比换出资产公允价值更加可靠。

非货币性资产交换的账务处理,视换出资产的类别不同而有所区别:

(1)换出资产为存货的,应当视同销售处理,按照公允价值确认销售收入,同时结转销售成本;按照公允价值确认的收入和按账面价值结转的成本之间的差额,也即换出资产公允价值和换出资产账面价值的差额,在利润表中作为营业利润的构成部分予以列示。

(2)换出资产为固定资产、无形资产的,换出资产公允价值和换出资产账面价值的差额计入营业外收入或营业外支出。

(3)换出资产为长期股权投资、可供出售金融资产的,换出资产公允价值和换出资产账面价值的差额计入投资收益。

换入资产与换出资产涉及相关税费的,如换出存货视同销售计算的销项税额,换入资产作为存货应当确认的可抵扣增值税进项税额,以及换出固定资产、无形资产视同转让应交纳的营业税等,按照相关税收规定计算确定。

14.3.1.2 不涉及补价情况下的账务处理

【例14-1】2010年8月,光华公司以生产经营过程中使用的一台设备交换B家具公司生产的一批办公家具,换入的办公家具作为固定资产管理。设备的账面原价为100 000元,在交换日的累计折旧为35 000元,公允价值为75 000元。办公家具的账面价值为80 000元,在交换日的公允价值为75 000元,计税价格等于公允价值。B公司换入光华公司的设备是生产家具过程中需要使用的设备。

假设光华公司此前没有为该项设备计提资产减值准备,整个交易过程中,除支付运杂费1 500元外没有发生其他相关税费。假设B公司此前也没有为库存商品计提存货跌价准备,销售办公家具的增值税税率为17%,其在整个交易过程中没有发生除增值税以外的其他税费。

分析:整个资产交换过程没有涉及收付货币性资产,因此,该项交换属于非货币性资产交换。本例是以存货换入固定资产,两项资产交换后对换入企业的特定价值显著不同,两项资产的交换具有商业实质;同时,两项资产的公允价值都能够可靠地计量,符合非货币性资产交换准则规定以公允价值计量的两个条件。因此,光华公司和B公司均应当以换出资产的公允价值为基础确定换入资产的成本,并确认产生的损益。

(1)光华公司的账务处理如下:

借:固定资产清理	65 000
累计折旧	35 000
贷:固定资产——设备	100 000
借:固定资产清理	1 500
贷:银行存款	1 500
借:固定资产——办公家具	75 000
贷:固定资产清理	66 500
营业外收入	8 500

(2)B公司的账务处理如下:

根据增值税的有关规定,企业以库存商品换入其他资产,视同销售行为发生,应计算增值税销项税额,缴纳增值税。

换出办公家具的增值税销项税额 = 75 000 × 17% = 12 750(元)

借：固定资产——设备　　　　　　　　　　　　　87 750
　　贷：主营业务收入　　　　　　　　　　　　　75 000
　　　　应交税费——应交增值税(销项税额)　　 12 750
借：主营业务成本　　　　　　　　　　　　　　 80 000
　　贷：库存商品——办公家具　　　　　　　　 80 000

【例14-2】2010年11月，为了提高产品质量，光华公司以其持有的对丙公司的长期股权投资交换B公司拥有的一项专利技术。在交换日，光华公司持有的长期股权投资账面余额为670万元，已计提长期股权投资减值准备余额为40万元，在交换日的公允价值为650万元；B公司专利技术的账面原价为800万元，累计已摊销金额为120万元，在交换日的公允价值为650万元，B公司没有为该项专利技术计提减值准备。B公司原已持有对丙公司的长期股权投资，从A公司换入对丙公司的长期股权投资后，使丙公司成为B公司的联营企业。假设整个交易过程中没有发生其他相关税费。

分析：该项资产交换没有涉及收付货币性资产，因此属于非货币性资产交换。本例属于以长期股权投资换入无形资产，两项资产的交换具有商业实质；同时，两项资产的公允价值都能够可靠地计量，符合非货币性资产交换准则规定以公允价值计量的条件。光华公司和B公司均应当以公允价值为基础确定换入资产的成本，并确认产生的损益。

(1)光华公司的账务处理如下：
借：无形资产——专利权　　　　　　　　　　 6 500 000
　　长期股权投资减值准备　　　　　　　　　　 400 000
　　贷：长期股权投资　　　　　　　　　　　　6 700 000
　　　　投资收益　　　　　　　　　　　　　　 200 000
(2)B公司的账务处理如下：
借：长期股权投资　　　　　　　　　　　　　 6 500 000
　　累计摊销　　　　　　　　　　　　　　　 1 200 000
　　营业外支出　　　　　　　　　　　　　　　 300 000

贷：无形资产——专利权　　　　　　　　　　8 000 000

　　14.3.1.3　涉及补价情况下的账务处理

　　在以公允价值确定换入资产成本的情况下,发生补价的,支付补价方和收到补价方应当分别按情况处理：

　　(1)支付补价方：应当以换出资产的公允价值加上支付的补价(即换入资产的公允价值)和应支付的相关税费作为换入资产的成本；换入资产成本与换出资产账面价值加支付的补价、应支付的相关税费之和的差额应当计入当期损益。

　　(2)收到补价方：应当以换入资产的公允价值(或换出资产的公允价值减去补价)和应支付的相关税费作为换入资产的成本；换入资产成本加收到的补价之和与换出资产账面价值加应支付的相关税费之和的差额应当计入当期损益。

　　在涉及补价的情况下,对于支付补价方而言,作为补价的货币性资产构成换入资产所放弃对价的一部分；对于收到补价方而言,作为补价的货币性资产构成换入资产的一部分。

　　【例14-3】光华公司与B公司经协商,光华公司以其拥有的全部用于经营出租目的的一幢公寓楼与B公司持有的交易目的的股票投资交换。光华公司的公寓楼符合投资性房地产定义,公司未采用公允价值模式计量。在交换日,该幢公寓楼的账面原价为400万元,已提折旧80万元,未计提减值准备；在交换日的公允价值和计税价格均为450万元,营业税税率为5%。B公司持有的交易目的的股票投资账面价值为300万元,B公司对该股票投资采用公允价值模式计量,在交换日的公允价值为400万元。由于光华公司急于处理该幢公寓楼,B公司仅支付了30万元给光华公司。B公司换入公寓楼后仍然继续用于经营出租目的,并拟采用公允价值计量模式；光华公司换入股票投资后仍然用于交易目的。转让公寓楼的营业税尚未支付,假定除营业税外,该项交易过程中不涉及其他相关税费。

　　分析：该项资产交换涉及收付货币性资产,即补价30万元。

　　(1)对光华公司而言：收到的补价30万元÷换入资产的公允价

值430万元(换入股票投资公允价值400万元+收到的补价30万元)=6.98%(<25%),属于非货币性资产交换。

(2)对B公司而言:支付的补价30万元÷换入资产的公允价值450万元=6.7%(<25%),属于非货币性资产交换。

光华公司和B公司均应当以公允价值为基础确定换入资产的成本,并确认产生的损益。

(1)光华公司的账务处理如下:

借:其他业务成本	3 200 000
投资性房地产累计折旧	800 000
贷:投资性房地产	4 000 000
借:其他业务成本	225 000
贷:应交税费——应交营业税	225 000
借:交易性金融资产	4 000 000
银行存款	300 000
贷:其他业务成本	3 425 000
其他业务收入	875 000

(2)B公司的账务处理如下:

借:投资性房地产	4 500 000
贷:交易性金融资产	3 000 000
银行存款	300 000
投资收益	1 200 000

14.3.2 以换出资产账面价值计量的处理

非货币性资产交换不具有商业实质,或者虽然具有商业实质但换入资产和换出资产的公允价值均不能可靠计量的,应当以换出资产账面价值为基础确定换入资产成本,无论是否支付补价,均不确认损益。

一般来讲,如果换入资产和换出资产的公允价值都不能可靠计量时,该项非货币性资产交换通常不具有商业实质,因为在这种情况下,很难比较两项资产产生的未来现金流量在时间、风险和金额方面的差异,很难判断两项资产交换后对企业经济状况改变所起的不同效用,因而此类资产交换通常不具有商业实质。

【例14-4】光华公司拥有一台专有设备,该设备账面原价为300万元,已计提折旧220万元;B公司拥有一幢古建筑物,账面原价200万元,已计提折旧140万元,两项资产均未计提减值准备。光华公司决定以其专有设备交换B公司该幢古建筑物并拟改造为办公室使用,该专有设备是生产某种产品必需的设备。由于专有设备系当时专门制造、性质特殊,其公允价值不能可靠计量;B公司拥有的建筑物因建筑年代久远,性质也比较特殊,其公允价值也不能可靠计量。双方商定,B公司以两项资产账面价值的差额为基础,支付光华公司10万元补价。假定交易中没有涉及相关税费。

分析:该项资产交换涉及收付货币性资产,即补价10万元。对光华公司而言,收到的补价10万元÷换出资产账面价值80万元=12.5%(<25%),因此,该项交换属于非货币性资产交换;B公司的情况也类似。由于两项资产的公允价值不能可靠计量,因此,光华公司和B公司换入资产的成本均应当按照换出资产的账面价值确定。

(1)光华公司的账务处理如下:

借:固定资产清理　　　　　　　　　　　800 000
　　累计折旧　　　　　　　　　　　　2 200 000
　　贷:固定资产——专有设备　　　　　　　　3 000 000
借:固定资产——建筑物　　　　　　　　700 000
　　银行存款　　　　　　　　　　　　　100 000
　　贷:固定资产清理　　　　　　　　　　　　800 000

(2)B公司的账务处理如下:

借:固定资产清理　　　　　　　　　　　600 000
　　累计折旧　　　　　　　　　　　　1 400 000
　　贷:固定资产——建筑物　　　　　　　　2 000 000

借：固定资产——专有设备　　　　　　　　700 000
　贷：固定资产清理　　　　　　　　　　　600 000
　　　银行存款　　　　　　　　　　　　　100 000

从上例可以看出，尽管 B 公司支付了 10 万元补价，但由于整个非货币性资产交换是以账面价值为基础计量的，支付补价方和收到补价方均不确认损益。对光华公司而言，换入资产是建筑物和银行存款 10 万元，换出资产专有设备的账面价值 80(300－220)万元，因此，建筑物的成本就是换出设备的账面价值减去货币性补价的差额，即 70(80－10)万元；对 B 公司而言，换出资产是建筑物和银行存款 10 万元，换入资产专有设备的成本等于换出资产的账面价值，即 70(60＋10)万元。由此可见，在以账面价值计量的情况下，发生的补价是用来调整换入资产的成本的，不涉及确认损益问题。

14.4　涉及多项非货币性资产交换业务实账演练

14.4.1　涉及多项非货币性资产交换的规定

非货币性资产交换同时涉及多项资产的，在确定各项换入资产的成本时，应当分别按下列情况处理：

(1)非货币性资产交换具有商业实质，且换入资产的公允价值能够可靠计量的，应当按照换入各项资产的公允价值占换入资产公允价值总额的比例，对换入资产的成本总额进行分配，确定各项换入资产的成本。

(2)非货币性资产交换不具有商业实质，或者虽具有商业实质，但换入资产的公允价值不能可靠计量的，应当按照换入各项资产的原账面价值占换入资产原账面价值总额的比例，对换入资产的成本总额进行分配，确定各项换入资产的成本。

14.4.2 涉及多项非货币性资产交换的账务处理

14.4.2.1 以公允价值计量的情况

【例14-5】2010年5月,光华公司和B公司均为增值税一般纳税人,适用的增值税税率均为17%。为适应业务发展的需要,经协商,光华公司决定以生产经营过程中使用的发电设备、车床以及库存商品换入B公司生产经营过程中使用的货运车、轿车、客运汽车。光华公司发电设备的账面原价为150万元,在交换日的累计折旧为30万元,公允价值为100万元;车床的账面原价为120万元,在交换日的累计折旧为60万元,公允价值为80万元;库存商品的账面余额为300万元,公允价值为350万元,公允价值等于计税价格。B公司货运车的账面原价为150万元,在交换日的累计折旧为50万元,公允价值为150万元;轿车的账面原价为200万元,在交换日的累计折旧为90万元,公允价值为100万元;客运汽车的账面原价为300万元,在交换日的累计折旧为80万元,公允价值为240万元。B公司另外以银行存款向光华公司支付补价40万元。

假定光华公司和B公司都没有为换出资产计提减值准备;整个交易过程中没有发生除增值税以外的其他相关税费;光华公司换入B公司的货运车、轿车、客运汽车均作为固定资产使用和管理;B公司换入光华公司的发电设备、车床作为固定资产使用和管理,换入的库存商品作为原材料使用和管理。光华公司开具了增值税专用发票。

分析:本例涉及收付货币性资产,应当计算收到的货币性资产占光华公司换出资产公允价值总额的比例(等于支付的货币性资产占B公司换出资产公允价值与支付的补价之和的比例),即:

40万元÷(100+80+350)万元=7.55%(<25%)

该项涉及多项资产的非货币性资产交换,具有商业实质;同时,各单项换入资产和换出资产的公允价值均能可靠计量,因此,光华公司和B公司均应当以公允价值为基础确定换入资产的总成本,确认产生的相关损益。同时,按照各单项换入资产的公允价值占换入资产公允价值总额的比例,确定各单项换入资产的成本。

(1)光华公司的账务处理如下:

①根据增值税的有关规定,企业以库存商品换入其他资产,视同销售行为发生,应计算增值税销项税额,缴纳增值税。

换出原材料的增值税销项税额 = 350 × 17% = 59.5(万元)

②计算换入资产、换出资产公允价值总额。

换出资产公允价值总额 = 100 + 80 + 350 = 530(万元)

换入资产公允价值总额 = 150 + 100 + 240 = 490(万元)

③计算换入资产总成本。

换入资产总成本 = 换出资产公允价值 - 补价 + 应支付的相关税费 = (100 + 80 + 350) - 40 + 350 × 17% = 549.5(万元)

④计算确定换入各项资产的公允价值占换入资产公允价值总额的比例。

货运车公允价值占换入资产公允价值总额的比例 = 150 ÷ (150 + 100 + 240) × 100% = 30.61%

轿车公允价值占换入资产公允价值总额的比例 = 100 ÷ (150 + 100 + 240) × 100% = 20.41%

客运汽车公允价值占换入资产公允价值总额的比例 = 240 ÷ (150 + 100 + 240) × 100% = 48.98%

⑤计算确定换入各项资产的成本。

货运车的成本 = 549.5 × 30.61% = 168.20(万元)

轿车的成本 = 549.5 × 20.41% = 112.15(万元)

客运汽车的成本 = 549.5 × 48.98% = 269.15(万元)

⑥会计分录。

借:固定资产清理　　　　　　　　　　　　1 800 000
　　累计折旧　　　　　　　　　　　　　　　 900 000

　　　　贷：固定资产——发电设备　　　　　　1 500 000
　　　　　　　　　——车床　　　　　　　　1 200 000
　　借：固定资产——货运车　　　　　　　　1 682 000
　　　　　　　　　——轿车　　　　　　　　1 121 500
　　　　　　　　　——客运汽车　　　　　　2 691 500
　　　　银行存款　　　　　　　　　　　　　　400 000
　　　　贷：固定资产清理　　　　　　　　　1 800 000
　　　　　　主营业务收入　　　　　　　　　3 500 000
　　　　　　应交税费——应交增值税（销项税额）595 000
　　借：主营业务成本　　　　　　　　　　　3 000 000
　　　　贷：库存商品　　　　　　　　　　　3 000 000
　　（2）B公司的账务处理如下：
　　①根据增值税的有关规定，企业以其他资产换入原材料，视同购买行为发生，应计算增值税进项税额，抵扣增值税。
　　换入原材料的增值税进项税额 = 350 × 17% = 59.5（万元）
　　②计算换入资产、换出资产公允价值总额。
　　换入资产公允价值总额 = 100 + 80 + 350 = 530（万元）
　　换出资产公允价值总额 = 150 + 100 + 240 = 490（万元）
　　③确定换入资产总成本。
　　换入资产总成本 = 换出资产公允价值 + 支付的补价 - 可抵扣的增值税进项税额 = 490 + 40 - 59.5 = 470.5（万元）
　　④计算确定换入各项资产的公允价值占换入资产公允价值总额的比例。
　　发电设备公允价值占换入资产公允价值总额的比例 = 100 ÷ (100 + 80 + 350) × 100% = 18.87%
　　车床公允价值占换入资产公允价值总额的比例 = 80 ÷ (100 + 80 + 350) × 100% = 15.09%
　　原材料公允价值占换入资产公允价值总额的比例 = 350 ÷ (100 + 80 + 350) × 100% = 66.04%

⑤计算确定换入各项资产的成本。

发电设备的成本 = 470.5 × 18.87% = 88.78(万元)

车床的成本 = 470.5 × 15.09% = 71.00(万元)

原材料的成本 = 470.5 × 66.04% = 310.72(万元)

⑥会计分录。

借：固定资产清理	4 300 000
累计折旧	2 200 000
贷：固定资产——货运车	1 500 000
——轿车	2 000 000
——客运汽车	3 000 000
借：固定资产——发电设备	887 800
——车床	710 000
原材料	3 107 200
应交税费——应交增值税(进项税额)	595 000
贷：固定资产清理	4 300 000
银行存款	400 000
营业外收入	600 000

14.4.2.2 以账面价值计量的情况

【例14-6】2010年12月，A公司因经营战略发生较大转变，产品结构发生较大调整，原生产其产品的专有设备、专利技术等已不符合生产新产品的需要，经与B公司协商，将其专用设备连同专利技术与B公司正在建造过程中的一幢建筑物及B公司对丙公司的长期股权投资进行交换。A公司换出专有设备的账面原价为800万元，已提折旧500万元；专利技术账面原价为300万元，已摊销金额为180万元。B公司在建工程截止到交换日的成本为350万元，对丙公司的长期股权投资账面价值为100万元。由于A公司持有的专有设备和专利技术市场上已不多见，因此，公允价值不能可靠计量。B公司的在建工程因完工程度难以合理确定，其公允价值也不能可靠计量；由于丙公司不是上市公司，B公司对丙公司长期股权投资的公允价值也不能可靠计量。假定 A、B 公司均未对上述资产计提减值准备。

分析:本例不涉及收付货币性资产,属于非货币性资产交换。由于换入资产、换出资产的公允价值均不能可靠计量,A、B 公司均应当以换出资产账面价值总额作为换入资产的总成本,各项换入资产的成本,应当按各项换入资产的账面价值占换入资产账面价值总额的比例分配后确定。

(1) A 公司的账务处理如下:

①计算换入资产、换出资产账面价值总额。

换入资产账面价值总额 = 350 + 100 = 450(万元)

换出资产账面价值总额 = 300 + 120 = 420(万元)

②确定换入资产总成本。

换入资产总成本 = 换出资产账面价值 = 420(万元)

③计算各项换入资产账面价值占换入资产账面价值总额的比例。

在建工程占换入资产账面价值总额的比例 = 350 ÷ (350 + 100) × 100% = 77.8%

长期股权投资占换入资产账面价值总额的比例 = 100 ÷ (350 + 100) × 100% = 22.2%

④确定各项换入资产成本。

在建工程成本 = 420 × 77.8% = 326.76(万元)

长期股权投资成本 = 420 × 22.2% = 93.24(万元)

⑤会计分录。

借:	固定资产清理	3 000 000
	累计折旧	5 000 000
贷:	固定资产——专有设备	8 000 000
借:	在建工程	3 267 600
	长期股权投资	932 400
	累计摊销	1 800 000

贷：固定资产清理　　　　　　　　　　　　3 000 000
　　　　无形资产——专利技术　　　　　　　　3 000 000
(2) B 公司的账务处理如下：
①计算换入资产、换出资产账面价值总额。
换入资产账面价值总额 = 300 + 120 = 420(万元)
换出资产账面价值总额 = 350 + 100 = 450(万元)
②确定换入资产总成本。
换入资产总成本 = 换出资产账面价值 = 450(元)
③计算各项换入资产账面价值占换入资产账面价值总额的比例：
　　专有设备占换入资产账面价值总额的比例 = 300 ÷ (300 + 120) × 100% = 71.4%
　　专有技术占换入资产账面价值总额的比例 = 120 ÷ (300 + 120) × 100% = 28.6%
④确定各项换入资产成本。
专有设备成本 = 450 × 71.4% = 321.3(万元)
专利技术成本 = 450 × 28.6% = 128.7(万元)
⑤会计分录。
　　借：固定资产——专有设备　　　　　　　　3 213 000
　　　　无形资产——专利技术　　　　　　　　1 287 000
　　贷：在建工程　　　　　　　　　　　　　　3 500 000
　　　　长期股权投资　　　　　　　　　　　　1 000 000

第15章

小企业借款费用业务会计实账演练

15.1 小企业借款费用的范围

15.1.1 借款费用的内容及资本化的含义

15.1.1.1 借款费用的内容

借款费用,是指企业因借款而发生的利息及其相关成本。

借款费用包括借款利息、折价或者溢价的摊销、辅助费用以及因外币借款而发生的汇兑差额等。

(1)因借款而发生的利息,包括企业向银行或者其他金融机构等借入资金发生的利息、发行公司债券发生的利息以及为购建或者生产符合资本化条件的资产而发生的带息债务所承担的利息等。

(2)折价或者溢价的摊销,主要是指发行债券等所发生的折价或者溢价,发行债券中的折价或者溢价,其实质是对债券票面利息的调整(即将债券票面利率调整为实际利率),属于借款费用的范畴。

(3)辅助费用,是指企业在借款过程中发生的诸如手续费、佣金、印刷费等费用,由于这部分费用是因安排借款而发生的,所以也属于借入资金的代价,是借款费用的构成部分。

(4)因外币借款而发生的汇兑差额,是指由于汇率变动导致市场汇率与账面汇率出现差异,从而对外币借款本金及其利息的记账本位币金额所产生的影响金额。

15.1.1.2　借款费用资本化与费用化的含义

借款费用资本化,是指企业发生的上述借款费用,可直接归属于符合资本化条件的资产的购建或者生产的,计入相关资产成本的事项。

借款费用费用化则是指不符合资本化条件的其他借款费用应当在发生时根据其发生额确认为费用,计入当期损益的事项。

15.1.2　借款费用应予资本化的借款范围

借款费用应予资本化的借款范围包括专门借款和一般借款。

15.1.2.1　专门借款

专门借款,是指为购建或者生产符合资本化条件的资产而专门借入的款项,通常应有标明专门用途的借款合同。

15.1.2.2　一般借款

一般借款,是指除专门借款之外的借款。一般借款在借入时,通常没有特指用于符合资本化条件的资产的购建或者生产。对于一般借款,只有在购建或者生产符合资本化条件的资产占用了一般借款时,才能够将与该部分一般借款相关的借款费用资本化;否则,所发生的借款利息应当计入当期损益。

15.1.3　符合资本化条件的资产

符合资本化条件的资产,是指需要经过相当长时间的购建或者生产活动才能达到可使用或者可销售状态的资产,包括固定资产以及需要经过相当长时间的购建或者生产活动才能达到可使用或可销售状态的存货、投资性房产等。

建造合同成本、确认为无形资产的开发支出等在符合条件的情况下,也可以认定为符合资本化条件的资产。

符合借款费用资本化条件的存货,主要包括房地产开发企业开发的用于对外出售的房地产开发产品、企业制造的用于对外出售的大型机械设备等。这类存货通常需要经过相当长时间的建造或者生产过程,才能达到预定可销售状态。其中"相当长时间",是指为资产的购建或者生产所必需的时间,通常在一年以上(含一年)。

为购建或生产以上资产而借入款项而发生的借款费用,在符合资本化条件的情况下应当予以资本化,直接计入这些资产成本中;反之,即使是为购建或生产以上资产而借入款项而发生的借款费用,不符合资本化条件的,就只能确认为费用,计入当期损益。

15.2 小企业借款费用确认实账演练

15.2.1 借款费用确认原则

借款费用确认是指将每期发生的借款费用分别确认为资本化部分(即计入相关资本的成本的借款费用)和费用化部分(即计入当期损益的借款费用)的会计事项。

借款费用确认的基本原则是:企业发生的借款费用,可直接归属于符合资本化条件的资产的购建或者生产的,应当予以资本化,计入相关资产成本;其他借款费用,应当在发生时根据其发生额确认为费用,计入当期损益。

15.2.2 借款费用资本化期间的确定

企业只有发生在资本化期间内的有关借款费用,才能够资本化。所以正确确定借款费用资本化期间是借款费用确认和计量的重要前提。

借款费用资本化期间,是指从借款费用开始资本化时点到停止资本化时点的期间,但不包括其中的暂停资本化时间。

15.2.2.1 借款费用开始时点的确定

借款费用允许开始资本化必须同时满足三个条件,即资产支出已经发生、借款费用已经发生、为使资产达到预定可使用或者可销售状态所必要的购建或者生产活动已经开始。

(1)资产支出已经发生,是指企业为购建或者生产符合资本化条件的资产已经发生了支付现金、转移非现金资产或者承担带息债务形式发生的支出。其中:

① 支付现金,是指用货币资金支付了符合资本化条件的资产的购建或者生产支出。

例如,光华公司利用专门借款建设一栋厂房,已经用现金和银行存款为修建该厂房购买了所需的材料,支付了有关职工薪酬,向工程承包商支付了工程进度款等。

这些货币资金支出均属于资产支出,可以界定为资产支出已经发生。

② 转移非现金资产,是指企业将自己的非现金资产直接用于符合资本化条件的资产的购建或者生产。

上述光华公司已将自己生产的钢材等产品或材料直接用于该厂房的建造;甲企业还用自己的产品向其他公司换回水泥、木材、玻璃等建材。

这些产品成本均属于资产支出,可以界定为资产支出已经发生。

③ 承担带息债务,是指企业为了购建或者生产符合资本化条件的资产所需用物资等而承担的带息应付款项(如带息应付票据)。企业赊购这些物资所产生的债务可能带息,也可能不带息。如果企业赊购这些物资承担的不是带息债务,则不应当将购买价款计入资产成本,因为该债务在偿付前不需要承担利息,也就没有占用借款资金。企业只有等到实际偿付债务,发生了资源流出时,才能将其作为资产支出;如果企业赊购这些物资承担的是带息债务,则企业要为这笔债务付出代价,支付利息与企业向银行借入款项用以支付资产支出在性质上是一致的。所以,企业为购建或者生产符合条件的资产而承担的带息债务应当作为资产支出,当带息债务发生时,视同资产

支出已经发生。

例如,光华公司 2 月 1 日购入修建厂房的工程物资一批,开出一张 50 万元的带息银行承兑汇票,期限为 6 个月,票面利率为 6%。对于该事项,尽管企业没有直接支付现金,但承担了带息债务,所以这 50 万元的购工程物资款项应当作为资产支出。自该银行承兑汇票开出之日起即表明资产支出已经发生。

(2)借款费用已经发生,是指企业已经发生了因购建或者生产符合资本化条件的资产而专门借入款项的借款费用或者所占用的一般借款费用。

例如,2011 年 1 月 1 日,光华公司向银行借入购建厂房的专门借款,当日开始计息,该日即应当确认为借款费用已经发生。

(3)为使资产达到预定可使用或者可销售状态所必要的购建或者生产活动已经开始,是指符合资本化条件的资产的实体建造或者生产工作已经开始。

例如主体设备的安装、厂房的实际开工建造等。它不包括仅仅持有资产但没有发生为改变资产形态而进行的实质上的建造活动或者生产活动。

企业只有在同时满足以上三个条件的情况下,有关借款费用才可以资本化。

15.2.2.2　借款费用暂停资本化时间的确定

符合资本化条件的资产在购建或者生产过程中发生的非正常中断、且中断时间连续超过 3 个月的,应当暂停借款费用的资本化;在中断期间发生的借款费用应当确认为费用,计入当期损益,直至资产的购建或者生产活动重新开始。

正常中断期间的借款费用应当继续资本化。

非正常中断通常是由于企业管理决策上的原因或者其他不可预见方面的原因等所导致的中断。例如,企业因与施工方发生了质量纠纷,或者工程或生产用料没有及时供应,或者资金周转发生了困难,或者施工或生产发生了安全事故,或者发生了与资产购建或者生产有关的劳动纠纷等原因导致的资产购建或者生产活动发生中断，均属于非正常中断。

非正常中断与正常中断的区别在于：正常中断仅限于因购建或者生产符合资本化条件的资产达到预定可使用或者可销售状态所必要的程序，或者事先可预见的不可抗力因素导致的中断。

例如，某些工程建造到一定阶段必须暂停下来进行质量或者安全检查，检查通过后方可继续下一步的建造工作。这类中断是在施工前可以预见的，而且是工程建造必须经过的程序，即属于正常中断。

某些地区的工程在建造过程中，由于可预见的不可抗力因素（本地普遍存在的雨季或冰冻季节等原因）导致施工出现停顿，也属于正常中断。例如，某企业在北方某地建造某工程期间，正遇冰冻季节，工程施工不得不中断，待冰冻季节过后才能继续施工。由于该地区在施工期间出现较长时间的冰冻是正常情况，由此而导致的施工中断属于因可预见的不可抗力因素导致的中断，也属于正常中断，借款费用的资本化可继续进行，不必暂停。

15.2.2.3 借款费用停止资本化时点的确定

(1) 基本规定。

① 购建或者生产的符合资本化条件的资产达到预定可使用或者可销售状态时，借款费用应当停止资本化。

② 在符合资本化条件的资产达到预定可使用或可销售状态之后所发生的借款费用，应当在发生时根据其发生额确认为费用，计入当期损益。

(2) 购建或者生产的符合资本化条件的资产达到预定可使用或者可销售状态的判断标准。

购建或者生产的符合资本化条件的资产达到预定可使用或者可销售状态，是指资产已经达到购买方或者建造方预定的可使用或者可销售状态。可从以下四个方面进行判断：

① 符合资本化条件的资产的实体建造（包括安装）或者生产工作已经全部完成或者实质上已经完成。

② 所购建或者生产的符合资本化条件的资产与设计要求、合同规定或者生产要求基本相符，即使有极个别存在与设计、合同或生产要求不相符的地方，也不影响其正常使用或销售。

③ 继续发生在所购建或生产的符合资本化条件的资产上支出的金额很少或者几乎不再发生。

④ 购建或者生产的符合资本化条件的资产需要试生产或者试运行的，在试生产结果表明资产能够正常生产出合格产品、或者试运行结果表明资产能够正常运转或者营业时，应当认为该资产已经达到预定可使用或者销售状态。

(3) 区分不同情况界定借款费用停止资本化的时点。如果所购建或者生产的符合资本化条件的资产，分别建造、分别完工的，企业应当区别情况界定借款费用停止资本化的时点。

① 购建或者生产的符合资本化条件的各部分分别完工，且每部分在其他部分继续建造过程中可供使用或者可对外销售、且为使该部分资产达到预定可使用或可销售状态所必要的购建或者生产活动实质上已经完成的，应当停止与该部分资产相关的借款费用的资本化。因为该部分资产已经达到了预定可使用或者可销售状态。

② 购建或者生产的资产的各部分分别完成，但必须等到整体完工后才可使用或者可对外销售的，应当在该资产整体完工时停止借款费用的资本化。

15.3 小企业借款费用计量实账演练

15.3.1 借款利息费用资本化金额的确定

15.3.1.1 每一会计期间利息费用资本化金额的确定原则

(1) 专门借款利息费用的资本化金额的确定。

为购建或者生产符合资本化条件的资产而借入专门借款的，应当以专门借款当期实际发生的利息费用，减去将尚未动用的借款资金存入银行取得的利息收入或者进行暂时性投资取得的投资收益后的金额,确定为专门借款利息费用的资本化金额,并应当在资本化期间内,将其计入符合资本化条件的资产成本。

(2)一般借款利息费用的资本化金额的确定。

在借款费用资本化期间内,为购建或者生产符合资本化条件的资产占用了一般借款的,企业应当根据累计资产支出超过专门借款部分的资产支出加权平均数乘以所占用一般借款的资本化率,计算确定一般借款利息中应予资本化的金额。资本化率应当根据一般借款加权平均利率确定。

一般借款应予资本化的利息金额计算公式如下:

① 一般借款利息费用资本化金额 = ∑累计资产支出超过专门借款部分的资产支出加权平均数 × 所占用一般借款的资本化率

② 所占用一般借款的资本化率 = 所占用一般借款加权平均利率 = $\dfrac{\text{所占用一般借款当期实际发生的利息之和}}{\text{所占用一般借款本金加权平均数}}$

③ 所占用一般借款本金加权平均数 = ∑所占用每笔一般借款本金 × $\dfrac{\text{每笔一般借款在当期所占用的天数}}{\text{当期天数}}$

(3)企业在每一个会计期间的利息资本化金额不得超过当期实际发生的利息金额。

(4)在资本化期间内,属于借款费用资本化范围的外币借款本金及利息的汇总差额,应当予以资本化,计入符合资本化条件的资产的成本。

(5)借款存在折价或溢价的,应当按照实际利率法确定每一会计期间应摊销的折价或者溢价金额,调整每期利息金额。

15.3.1.2 借款利息费用资本化金额的账务处理

(1)专门借款利息费用的资本化金额的账务处理。

【例15-1】大华公司于2009年7月1日动工兴建一幢厂房,工期为一年半,工程采用出包方式,分别于2009年7月1日、2009年10月1日、2010年1月1日和2010年7月1日支付工程进度款200万元、300万元、150万元、110万元。厂房于2010年12月31日完工,达到预定可使用状态。

大华公司为建造该厂房分别向工商银行和建设银行借入了两笔专门借款,其中:

2009 年 7 月 1 日向工商银行专门借款 300 万元,借款期限为 5 年,年利率为 6%,利息按年支付;

2010 年 10 月 1 日向建设银行专门借款 500 万元,借款期限为 8 年,年利率为 8%,利息按年支付。

该公司闲置的专门借款资金均用于购买短期国债,其月收益率为 0.5%。

大地公司为建造该办公楼支出的金额如表 15 - 1 所示。

表 15 - 1　　　　　　　　支出金额表　　　　　　　　单位:万元

日期	每期资产支出金额	累计资产支出金额	闲置借款资金用于购买国债金额
2009 年 7 月 1 日	200	200	100
2009 年 10 月 1 日	300	500	300
2010 年 1 月 1 日	150	650	150
2010 年 7 月 1 日	110	760	40
合　计	760	—	590

大华公司建造办公楼的支出总额 760 万元没有超过专门借款总额 800 万元,因此不涉及一般借款费用资本化问题。

该项目借款费用资本化金额确定如下:

第一步,确定资本化期间。

2009 年 7 月 1 日至 2010 年 12 月 31 日为该项目的建设期间,即为借款费用资本化期间。

第二步,计算专门借款实际发生利息费用金额。

① 2009 年专门借款发生的利息金额

工商银行专门借款 300 万元计息期半年,利息金额 = 300 × 6% ÷ 2 = 9(万元)

建设银行专门借款 500 万元计息期一个季度,利息金额 = 500 × 8% ÷ 4 = 10(万元)

2009 年利息费用合计 = 9 + 10 = 19 万元。

② 2010 年专门借款发生的利息金额

工商银行专门借款 300 万元计息期一年,利息金额 = 300 × 6% = 18(万元)

建设银行专门借款 5 000 万元计息期一年,利息金额 = 500 × 8% = 40(万元)

2010 年利息费用合计 = 18 + 40 = 58(万元)

第三步,计算在资本化期间利用闲置专门借款资金进行投资的收益。

① 2009 年国债投资收益

2009 年 3 季度的国债投资收益 = 100 × 0.5% × 3 = 1.5(万元)

2009 年 4 季度的国债投资收益 = 300 × 0.5% × 3 = 4.5(万元)

2009 年国债投资收益合计 = 1.5 + 4.5 = 6(万元)

② 2010 年国债投资收益

2010 年上半年国债投资收益 = 150 × 0.5% × 6 = 4.5(万元)

2010 年下半年国债投资收益 = 40 × 0.5% × 6 = 1.2(万元)

2010 年国债投资收益合计 = 4.5 + 1.2 = 5.7(万元)

第四步,计算资本化金额。

2009 年资本化金额 = 19 − 6 = 13(万元)

2010 年资本化金额 = 58 − 5.7 = 52.3(万元)

第五步,编制会计分录。

① 2009 年 12 月 31 日

借:在建工程　　　　　　　　　　　　　130 000
　　应收利息　　　　　　　　　　　　　 60 000
　　贷:应付利息　　　　　　　　　　　　190 000

② 2010 年 12 月 31 日

借:在建工程　　　　　　　　　　　　　　　　　　　523 000
　　应收利息　　　　　　　　　　　　　　　　　　　 57 000
　贷:应付利息　　　　　　　　　　　　　　　　　　580 000

(2)涉及一般借款利息费用的资本化金额的确定实务。

【例15-2】大华公司于2009年7月1日起动工兴建一幢厂房,工期为一年半,工程采用出包方式,分别于2009年7月1日、2009年10月1日、2010年1月1日和2010年7月1日支付工程进度款200万元、300万元、150万元和110万元。厂房于2010年12月31日完工,达到预定可使用状态。

大华公司为建造该厂房分别向工商银行和建设银行借入了两笔专门借款,其中:

2009年7月1日向工商银行专门借款300万元,借款期限为5年,年利率为6%,利息按年支付;

2009年10月1日向建设银行专门借款300万元,借款期限为8年,年利率为8%,利息按年支付。

该公司闲置的专门借款资金均用于购买短期国债,其月收益率为0.5%。

大华公司为建造该办公楼支出金额如表15-2所示。

表15-2　　　　　　　　　　　　　　　　　　　　　单位:万元

日期	每期资产支出金额	累计资产支出金额	闲置借款资金用于购买国债金额	占用一般借款金额
2009年7月1日	200	200	100	—
2009年10月1日	300	500	100	—
2010年1月1日	150	650	—	50
2010年7月1日	110	760	—	110
合　计	760	—	200	160

大华公司建造办公楼的支出总额760万元超过了专门借款总额600万元,因此占用了一般借款160万元。假定所占用一般借款有两

笔,分别为:

① 2008 年 1 月 1 日向招商银行借入的 3 年期借款 300 万元,年利率为 6%,按年支付利息;

② 2009 年 1 月 1 日向成都银行借入的 5 年期借款 500 万元,年利率为 8%,按年支付利息。

该项目借款费用资本化金额确定如下:

第一步,确定资本化期间。

2009 年 7 月 1 日至 2010 年 12 月 31 日为该项目的建设期间,即为借款费用资本化期间。

第二步,计算专门借款实际发生利息费用金额。

① 2009 年专门借款发生的利息金额

工商银行专门借款 300 万元计息期半年,利息金额 = 300 × 6% ÷ 2 = 9(万元)

建设银行专门借款 300 万元计息期一个季度,利息金额 = 300 × 8% ÷ 4 = 6(万元)

2009 年利息费用合计 = 9 + 6 = 15(万元)

② 2010 年专门借款发生的利息金额

工商银行专门借款 300 万元计息期一年,利息金额 = 300 × 6% = 18(万元)

建设银行专门借款 300 万元计息期一年,利息金额 = 300 × 8% = 24(万元)

2010 年利息费用合计 = 18 + 24 = 42(万元)

第三步,计算在资本化期间利用闲置专门借款资金进行投资的收益。

① 2009 年国债投资收益

2009 年 3 季度的国债投资收益 = 100 × 0.5% × 3 = 1.5(万元)

2009 年 4 季度的国债投资收益 = 100 × 0.5% × 3 = 1.5(万元)

2009 年国债投资收益合计 = 15 + 15 = 30(万元)

· 390 ·

② 2010 年国债投资收益

2010 年没有闲置专门资金进行国债投资,其收益为 0。

第四步,计算专门借款借款费用资本化金额。

2009 年资本化金额 = 15 - 3 = 12(万元)

2010 年资本化金额 = 42 - 0 = 42(万元)

第五步,计算一般借款费用资本化金额。

① 累计资产支出超过专门借款部分的资产支出加权平均数 = $50 \times \dfrac{360}{360} + 110 \times \dfrac{180}{360} = 50 + 55 = 105$(万元)

② 一般借款资本化率 = $\dfrac{300 \times 6\% + 500 \times 8\%}{300 + 500} \times 100\% = 7.25\%$

③ 一般借款利息费用资本化金额为 = $105 \times 7.25\% = 7.6125$(万元)

第六步,计算每年的实际利息支出和资本化金额。

2009 年实际利息支出 = $300 \times 6\%/2 + 300 \times 8\%/4 + 300 \times 6\% + 5\,000 \times 8\% = 73$(万元)

2010 年实际利息支出 = $300 \times 6\% + 300 \times 8\% + 300 \times 6\% + 500 \times 8\% = 100$(万元)

2009 年资本化金额 = 12(万元)

2010 年资本化金额 = 42 + 7.6125 = 49.6125(万元)

第七步,会计分录。

① 2009 年 12 月 31 日

借:在建工程	120 000
财务费用	580 000
应收利息	30 000
贷:应付利息	730 000

② 2010 年 12 月 31 日

借:在建工程	496 125
财务费用	503 875

贷：应付利息　　　　　　　　　　　　　　　1 000 000

15.3.2　借款辅助费用资本化金额的确定

专门借款发生的辅助费用，在所购建或者生产的符合资本化条件的资产达到预定可使用或者可销售状态之前，应当在发生时根据其发生额予以资本化，计入符合资本化条件的资产的成本；在所购建或者生产的符合资本化条件的资产达到预定可使用或者可销售状态之后，应当在发生时根据其发生额确认为费用，计入当期损益。上述资本化或计入当期损益的辅助费用的发生额，是指根据《企业会计准则第22号——金融工具确认和计量》，按照实际利率法所确定的金融负债交易费用对每期利息费用的调整额。借款实际利率与合同利率差异较小的，也可以采用合同利率计算确定利息费用。

一般借款发生的辅助费用，也应当按照上述原则确定其发生额并进行处理。

第16章

小企业债务重组业务实账演练

16.1 小企业债务重组的内涵及方式

16.1.1 债务重组的含义及特征

16.1.1.1 债务重组的含义

债务重组,是指在债务人发生财务困难的情况下,债权人按照其与债务人达成的协议或者法院的裁定作出让步的事项。债务重组同时涉及债权人和债务人。对债权人而言,债务重组应当为"债权重组";而对于债务人来讲,为"债务重组"。为了统一和便于表述,统称为"债务重组"。

16.1.1.2 债务重组的特征

(1)债务人发生财务困难,是债务重组的首要特征,也是构成债务重组的前提条件。也就是说,债务人没有发生财务困难,是形不成债务重组事项的。

债务人发生财务困难,是指因债务人出现资金周转困难、经营陷入困境或者其他等原因,导致其无法或者没有能力按原定条件偿还债务。

(2)债权人作出让步,是债务重组的重要特征,也是构成债务重组的充分条件。若债务人发生了财务困难,即使债权人不作出让步,也无法形成债务重组事项。

债权人作出让步,是指债权人同意发生财务困难的债务人现在或者将来以低于重组债务账面价值的金额或者价值偿还债务。债权人作出让步的情形主要包括:债权人减免债务人部分债务本金或者利息、降低债务人应付债务的利率等。

(3)债务重组的信息质量要求是实质重于形式。在认定债务重组事项时,应当综合考虑债权人和债务人是否在自愿基础上达成重组协议,或是否有法院作出裁定而作出让步,债权人和债务人是否相互独立、是否构成关联方关系或关联方关系是否对债务重组产生实质性影响等情形下加以判断。

16.1.1.3 债务重组会计处理的规定

(1)债务人没有发生财务困难时发生的债务重组的会计核算问题,或属于捐赠,使用其他准则;或重组债务未发生账面价值的变动,不必进行会计处理。

(2)企业清算或改组时的债务重组,属于非持续经营条件下的债务重组,有关的会计核算应遵循特殊的会计处理原则。

(3)债务人发生财务困难时所进行的债务重组,如果债权人没有让步,而是采取以物抵账或诉讼方式解决,没有直接发生权益或损益变更,不涉及会计的确认和披露,则不必进行会计处理。

只有当债务人发生了财务困难,债权人又作出让步的情况下才适用债务重组具体准则,这才是本章涉及的会计处理事项。

16.1.2 债务重组的方式

债务重组主要包括以下四种方式。

16.1.2.1 以资产清偿债务

以资产清偿债务,是指债务人转让其资产给债权人以清偿债务的债务重组方式。债务人用于清偿债务的资产包括现金资产和非现金资产。

（1）以现金资产清偿债务。在债务重组情况下，以现金（含银行存款）清偿债务是指以低于债务账面价值的现金清偿债务。如以等量的现金偿还所欠债务，则不属于债务重组的范畴。

（2）以非现金资产清偿债务。债务重组中用于清偿债务的非现金资产主要有非货币性金融资产、股权投资、固定资产、无形资产等。

16.1.2.2 将债务转为资本

将债务转为资本是指债务人将其债务转为资本，同时债权人将其债权转为股权的债务重组方式。将债务转为资本时，债务人是将债务转为注册资本，对股份有限公司而言是将债务转为股本；对其他企业而言则是将债务转为实收资本。债务转为资本的结果是：债务人因此而增加注册资本（股本或实收资本），债权人因此而增加长期股权投资。

16.1.2.3 修改其他债务条件

修改其他债务条件，是指不包括以上两种方式在内的修改其他债务条件进行的债务重组方式，如减少债务本金、降低利率、减少或免除债务利息、延长偿还期限等。

16.1.2.4 混合重组方式

混合重组方式，是指同时采用以现金清偿债务、非现金资产清偿债务、债务转为资本、修改其他债务条件等方式的组合进行债务重组的。例如，债务的一部分以资产清偿，一部分转为资本，其余部分则通过修改债务条件进行清偿。

16.1.3 债务重组日

债务重组事项可能发生在债务到期前、到期日或到期后。债务重组日是指债务重组完成日，即债务人履行协议或法院裁定，将相关资产转让给债权人、将债务转为资本或修改后的偿还条件开始执行的日子。例如，甲公司欠乙公司货款 500 万元，到期日为 2009 年 9 月 30 日，因甲公司发生财务困难，不能按时偿还货款，经与乙公司协商,乙公司同意甲公司用价值 450 万元的房产抵偿该债务,双方于 2009 年 10 日办理完房产所属产权的转移,同时解除了有关债权债务关系。在该项债务重组事项中,2009 年 10 月 10 日为债务重组日。

债务重组日是债务重组双方进行会计处理的基准日。

16.2 小企业债务重组实账演练

16.2.1 债务重组会计处理的基本原则

16.2.1.1 债务人的会计处理

(1)债务人应当将重组债务的账面价值超过清偿债务的现金、非现金资产的公允价值、所转股份的公允价值、或者重组后债务账面价值之间的差额,在满足金融负债终止确认条件时,将其终止确认,计入营业外收入(债务重组利得)。

(2)非现金资产公允价值与账面价值的差额,扣除转让资产过程中发生的相关税费后,作为资产转让损益,应当分别不同情况进行处理:

① 非现金资产为存货的,应当作为销售处理,按照《企业会计准则第 14 号——收入》的规定,以其公允价值确认收入,同时结转相应的成本。

② 非现金资产为固定资产、无形资产的,其公允价值和账面价值的差额,计入营业外收入或营业外支出。

③ 非现金资产为长期股权投资的,其公允价值和账面价值的差额,计入投资损益。

(3)非现金资产的公允价值应当按照下列规定进行计量:

① 非现金资产属于企业持有的股票、债券、基金等金融资产的,应当按照《企业会计准则第 22 号——金融工具确认和计量》的规定确定其公允价值。

② 非现金资产属于存货、固定资产、无形资产等其他资产且存在活跃市场的,应当以其市场价格为基础确定其公允价值;不存在活

跃市场但与其类似资产存在活跃市场的,应当以类似资产的市场价格为基础确定其公允价值;采用上述两种方法仍不能确定非现金资产公允价值的,应当采用估值技术等合理的方法确定其公允价值。

(4)非现金资产的账面价值,一般为非现金资产的账面余额扣除其资产减值准备后的金额。其中,非现金资产的账面余额,是指非现金资产账户在期末的实际金额,即账户未扣除资产减值准备之前的余额。为计提减值准备的非现金资产,其账面价值就是账面余额。

(5)以修改其他债务条件进行债务重组涉及或有应付金额,且该或有应付金额符合《企业会计准则第13号——或有事项》中有关预计负债确认条件的,债务人应将该或有应付金额确认为预计负债。该或有应付金额在随后会计期间没有发生的,企业应当冲销已确认的预计负债,同时确认营业外收入。

16.2.1.2 债权人的会计处理

(1)债权人应当将重组债权的账面余额与受让资产的公允价值、所转股份的公允价值、或者重组后债权的账面价值之间的差额,在满足金融资产终止确认条件时,将其终止确认,计入"营业外支出(债务重组损失)"等账户。

(2)重组债权已计提减值准备的,应当先将上述差额冲减已计提的减值准备,冲减后仍有损失的,计入营业外支出(债务重组损失);冲减后减值准备仍有余额的,应予转回并抵减当期资产减值损失。

(3)债权人收到存货、固定资产、无形资产、长期股权投资等非现金资产的,应当以其公允价值入账。

(4)修改后的债务条款中涉及或有应收金额的,债权人不应当确认或有应收金额,不得将其计入重组后债权的账面价值。

16.2.2 以资产清偿债务方式下的债务重组账务处理

16.2.2.1 以现金清偿债务

债务人以现金清偿债务的,债务人应当将重组债务的账面价值与实际支付现金之间的差额,确认为债务重组利得,计入"营业外收入——债务重组利得"账户。

重组债务的账面价值,一般为债务的面值或本金、原值,如应付账款;如有利息的,还应当加上应计未付利息,如长期借款。

债权人应当将重组债权的账面余额与收到的现金之间的差额,确认为债务重组损失,计入"营业外支出——债务重组损失"账户。债权人已对债权计提减值准备的,应当先将该差额冲减减值准备,减值准备不足以冲减的部分,确认为债务重组损失,计入"营业外支出(债务重组损失)"账户。

【例16-1】C企业于2009年6月5日销售一批商品给D企业,价税合计3 510 000元,按照合同规定,D企业应当于2009年12月31日前偿付全部价税款。但是由于D企业发生财务困难,无法在合同规定的期限内偿还债务,双方于2010年1月5日进行债务重组。债务重组协议规定,C企业同意减免D企业510 000元的债务,余额用现金于25日内立即清还。C企业于1月30日收到D企业剩余款项,存入银行。C企业已经为该应收账款计提了20 000元的坏账准备。两个企业均为一般纳税人。

(1)债权人(C企业)的账务处理

第一步,计算债务重组损失。

应收账款账面余额	3 510 000
减:已计提的坏账准备	20 000
收到的现金	3 000 000
债务重组损失	490 000

第二步,编制会计分录。

借:银行存款	3 000 000
营业外支出——债务重组损失	490 000
坏账准备	20 000
贷:应收账款	3 510 000

(2)债务人(D企业)的账务处理

第一步,计算债务重组利得。

应付账款账面价值	3 510 000
减：支付的现金	3 000 000
债务重组利得	510 000

第二步，编制会计分录。

借：应付账款	3 510 000
贷：银行存款	3 000 000
营业外收入——债务重组利得	510 000

16.2.2.2　以非现金资产清偿债务

债务人以非现金资产清偿债务的，债务人应当将重组债务的账面价值与转让的非现金资产公允价值之间的差额，确认为债务重组利得，计入营业外收入。

转让的非现金资产公允价值与其账面价值之间的差额，确认为资产转让损益，按上述原则处理，计入当期损益。

债权人应当对接受的非现金资产按其公允价值入账，重组债权的账面余额与接受的非现金资产的公允价值之间的差额，确认为债务重组损失，计入营业外支出。

【例16-2】接上例，2010年1月5日双方达成的债务重组协议规定：C企业同意D企业用其存货和固定资产抵偿该债务。其中，用于抵债的甲机器账面价值为2 000 000元，累计折旧为400 000元，经评估确认的净值为1 500 000元；用于抵债的产品市场价格为1 000 000元，增值税税率为17%，产品成本为800 000元。抵债资产均已转让完毕。D企业发生抵债资产评估费用5 000元；C企业安装抵债设备的成本为20 000元。不考虑其他税费。

(1)债权人(C企业)的账务处理

第一步，计算债务重组损失。

重组债权应收账款账面净额与受让资产公允价值及增值税进项税额之间的差额 = (3 510 000 − 20 000) − [1 500 000 + 1 000 000 × (1 + 17%)] = 3 490 000 − 2 670 000 = 820 000(元)

该差额作为债务重组损失，计入营业外支出。

第二步,编制会计分录。

① 结转债务重组损失

借:在建工程——在安装设备　　　　　　　1 500 000
　　库存商品　　　　　　　　　　　　　　1 000 000
　　应交税费——应交增值税(进项税额)　　170 000
　　坏账准备　　　　　　　　　　　　　　　 20 000
　　营业外支出——债务重组损失　　　　　 820 000
　　贷:应收账款　　　　　　　　　　　　 3 510 000

② 支付安装成本

借:在建工程——在安装设备　　　　　　　　20 000
　　贷:银行存款　　　　　　　　　　　　　 20 000

③ 设备安装完毕达到可使用状态

借:固定资产——甲设备　　　　　　　　　1 520 000
　　贷:在建工程　　　　　　　　　　　　 1 520 000

(2)债务人(D企业)的账务处理

第一步,计算债务重组利得和资产转让收益。

重组债务应付账款账面价值与抵债资产公允价值及增值税进项税额之间的差额 = 3 510 000 - [1 500 000 + 1 000 000 × (1 + 17%)] = 3 510 000 - 2 670 000 = 840 000(元)

该差额作为债务重组利得,计入营业外收入。

抵债资产公允价值与账面价值之间的差额 = [1 500 000 - (2 000 000 - 400 000)] + (1 000 000 - 800 000) = -100 000 + 200 000 = 100 000(元)

该差额扣除转让过程中发生的相关税费(本例为资产评估费用)5 000元后的余额95 000元作为资产转让收益。由于各类资产的性质不同,该资产转让收益分别不同的资产项目进行会计处理。

抵债产品公允价值1 000 000元与账面净额(账面余额 - 存货跌价准备)800 000元的差额200 000元,为转让存货收益,体现在当期营业利润中。

抵债设备公允价值 1 500 000 元与账面净值 1 600 000（账面价值－累计折旧－计提的减值准备）的差额为 －100 000 元，扣除评估费用 5 000 元后为 －105 000 元，作为转让固定资产损失，计入营业外支出。

第二步，编制会计分录。

① 将固定资产净值转入固定资产清理

　　借：固定资产清理——甲设备　　　　　　　1 600 000

　　　　累计折旧　　　　　　　　　　　　　　　 400 000

　　　贷：固定资产——甲设备　　　　　　　　 2 000 000

② 支付清理费（评估费用）

　　借：固定资产清理　　　　　　　　　　　　　　5 000

　　　贷：银行存款　　　　　　　　　　　　　　　 5 000

③ 结转债务重组利得和资产损益

　　借：应付账款　　　　　　　　　　　　　　 3 510 000

　　　贷：主要业务收入　　　　　　　　　　　 1 000 000

　　　　 应交税费——应交增值税（销项税额）　 170 000

　　　　 固定资产清理　　　　　　　　　　　 1 500 000

　　　　 营业外收入——债务重组利得　　　　　 840 000

　　借：主营业务成本　　　　　　　　　　　　　 800 000

　　　贷：库存商品　　　　　　　　　　　　　　 800 000

　　借：营业外支出——处置非流动资产损失　　　 105 000

　　　贷：固定资产清理——甲设备　　　　　　　　10 500

16.2.3　以债务转为资本的账务处理

将债务转为资本的，债务人应当将债权人放弃债权而享有股份的面值总额（或者股权份额）确认为股本（或者实收资本），股份的公允价值总额与股本（或者实收资本）之间的差额确认为股本溢价（或者资本溢价）计入资本公积。

重组债务的账面价值与股份的公允价值总额之间的差额，确认为债务重组利得，计入当期营业外收入。

对上市公司而言,应当以股价作为股份的公允价值;对其他企业,股份是没有市价的,那么应当采用恰当的估值技术确定其公允价值。

在债务转为资本中,债务人可能会发生一些税费,其中:与股票发行直接相关的手续费等,可作为资本公积的抵减项目;而其他税费,如印花税等,可直接计入当期损益。

债务重组采用债务转为资本方式的,债权人应当将因放弃债权而享有股份的公允价值确认为对债务人的投资;重组债权的账面余额与股份的公允价值之间的差额,确认为债务重组损失,计入营业外支出。如果债权人已经对该债权计提了减值准备,则应当先将上述差额冲减减值准备,减值准备不足以冲减的部分,确认为债务重组损失,计入营业外支出。

债务人在将债务转为资本中发生的相关税费,分别按照长期股权投资或者金融工具确认和计量等准则的规定进行会计处理。

【例16-3】接【例16-1】,2010年1月5日双方达成的债务重组协议规定:C企业同意D企业以其股权抵偿该债务。假设完成重组后,C公司所占份额为D公司注册资本10 000 000元的30%,该份额的公允价值为3 200 000元。

(1)债权人(C企业)的账务处理

重组债权应收账款账面净额与受让股权公允价值之间的差额 = (3 510 000 - 20 000) - 3 200 000 = 3 490 000 - 3 200 000 = 290 000(元)

该差额作为债务重组损失,计入营业外支出。

编制会计分录如下:

借:长期股权投资　　　　　　　　　　　　　　　3 200 000
　　营业外支出——债务重组损失　　　　　　　　290 000
　　坏账准备　　　　　　　　　　　　　　　　　20 000
　　贷:应收账款——D公司　　　　　　　　　　 3 510 000

(2)债务人(D企业)的账务处理

重组债务应付账款账面价值与所转让股权公允价值之间的差额 = 3 510 000 - 3 200 000 = 310 000(元)

该差额作为债务重组利得,计入营业外收入。
编制会计分录如下:

借:应付账款——C公司　　　　　　　　　3 510 000
　　贷:实收资本　　　　　　　　　　　　　3 000 000
　　　　资本公积　　　　　　　　　　　　　　200 000
　　　　营业外收入——债务重组利得　　　　　310 000

16.2.4　以修改债务条件清偿债务的账务处理

16.2.4.1　不涉及或有条件的债务重组

不涉及或有条件的债务重组是指不涉及或有应付金额和或有应收金额的债务重组。

或有应付金额,是指需要根据未来某种事项出现而发生的应付金额,而该未来事项的出现具有不确定性。

或有应收金额,是指需要根据未来某种事项出现而发生的应收金额,而该未来事项的出现具有不确定性。

在不涉及或有条件的债务重组中,债务人应当将修改其他债务条件后债务的公允价值作为重组后债务的入账价值。重组债务的账面价值与重组后债务的入账价值之间的差额,确认为债务重组利得,计入当期营业外收入。

债权人在债务重组日,应当将修改其他债务条件后的债权的公允价值作为重组后债权的账面价值,将重组债权的账面余额与重组后债权的账面价值之间的差额,确认为债务重组损失,计入当期营业外支出。债权人已对债权计提减值准备的,应当先将该差额冲减减值准备,减值准备不足以冲减的部分,确认为债务重组损失,计入当期营业外支出。

【例16-4】接【例16-1】,2010年1月5日双方达成的债务重组协议规定:C企业同意豁免D企业510 000元的货款,余款3 000 000元在2010年6月30日全部还清。

(1)债权人(C企业)的账务处理

重组债权应收账款账面净额与重组后债权的账面价值之间的差

额 = (3 510 000 - 20 000) - 3 000 000 = 3 490 000 - 3 000 000 = 490 000(元)

该差额作为债务重组损失,计入营业外支出。

编制会计分录如下:

借:应收账款——债务重组　　　　　　　　　3 00 000
　　营业外支出——债务重组损失　　　　　　490 000
　　坏账准备　　　　　　　　　　　　　　　 20 000
　　贷:应收账款——D公司　　　　　　　　　3 510 000

(2)债务人(D企业)的账务处理

重组债务的账面价值与重组后债务的入账价值之间的差额 = 3 510 000 - 3 000 000 = 510 000(元)

该差额作为债务重组利得,计入营业外收入。

编制会计分录如下:

借:应付账款——C公司　　　　　　　　　　3 510 000
　　贷:应付账款——债务重组　　　　　　　 3 000 000
　　　　营业外收入——债务重组利得　　　　 510 000

16.2.4.2 附有或有条件的债务重组

在附有或有条件的债务重组中,债务人应当将该或有应付金额确认为预计负债。重组债务的账面价值与重组后债务的入账价值与预计负债金额之和的差额,应确认为债务重组利得,计入营业外收入。或有应付金额在随后会计期间没有发生的,企业应当冲减已确认的预计负债,同时确认营业外收入。

对债权人来讲,不应当确认或有应收金额,不得将其计入重组后债权的账面价值。只有在或有应收金额实际发生时,才能计提当期损益。

【例16-5】接【例16-1】,2010年1月5日双方达成的债务重组协议规定:C企业同意豁免D企业510 000元的货款,余款3 000 000元在2011年12月31日全部归还;同时按年利率5%计息,利息按年支付;若D公司在2011年盈利,利率将提高至8%。

(1)债权人(C企业)的账务处理

① 2010 年 1 月 5 日债务重组日

重组债权应收账款账面净额与重组后债权的账面价值(不包括或有应收金额)之间的差额 = (3 510 000 - 20 000) - 3 000 000 = 3 490 000 - 3 000 000 = 490 000(元)

该差额作为债务重组损失,计入营业外支出。

编制会计分录如下:

借:应收账款——债务重组	3 000 000
营业外支出——债务重组损失	490 000
坏账准备	20 000
贷:应收账款——D 公司	3 510 000

若 2011 年 D 公司很可能盈利,则形成或有应收金额,但是 C 公司在债务重组日无须进行会计处理,待实际收到时处理。

② 2010 年 12 月 31 日收到利息

借:银行存款	150 000
贷:财务费用	150 000

③ 2011 年 D 公司没有盈利,12 月 31 日收到本金和利息:

借:银行存款	3 150 000
贷:应收账款——债务重组	3 000 000
财务费用	150 000

④ 2011 年 D 公司实现盈利,12 月 31 日收到本金和利息

借:银行存款	3 240 000
贷:应收账款——债务重组	3 000 000
财务费用	150 000
营业外收入——债务重组利得	90 000

(2)债务人(D企业)的账务处理

① 2010 年 1 月 5 日债务重组日

根据 D 公司的预测,2010 年很可能实现盈利,其可能多付的利息作为或有应付金额符合确认负债的条件,应当确认为预计负债。

预计负债 = 3 000 000 × (8% - 5%) = 90 000(元)

重组债务的账面价值与重组后债务的入账价值与预计负债金额之和的差额 = 3 510 000 - 3 000 000 - 90 000 = 420 000(元)

该差额作为债务重组利得,计入营业外收入。

编制会计分录如下:

借:应付账款——C公司	3 510 000
贷:应付账款——债务重组	3 000 000
预计负债	90 000
营业外收入——债务重组利得	420 000

(2)2010年12月31日支付利息

借:财务费用	150 000
贷:银行存款	150 000

(3)2010年D公司没有盈利,12月31日支付本金和利息:

借:应收账款——债务重组	3 000 000
预计负债	90 000
财务费用	150 000
贷:银行存款	3 150 000
营业外收入——债务重组利得	90 000

(4)2011年D公司实现盈利,12月31日支付本金和利息:

借:应收账款——债务重组	3 000 000
财务费用	150 000
预计负债	90 000
贷:银行存款	3 240 000

16.2.5 混合重组方式的账务处理

采用混合重组方式,债务人应当依次以支付的现金、转让的非现金资产公允价值、债权人享有股份的公允价值冲减重组债务的账面价值,再按修改其他债务条件的规定进行处理。

采用混合重组方式,债权人应当依次以收到的现金、接受的非现金资产公允价值、债权人享有股份的公允价值冲减重组债权的账面余额,再按修改其他债务条件的规定进行处理。

【例16-6】接【例16-1】,2010年1月5日双方达成的债务重组协议规定:C企业同意D企业现在支付现金600 000元;同时以产品抵债,用于抵债的产品市场价格为1 000 000元,增值税税率为17%,产品成本为800 000元;D企业以其部分股权抵偿该债务。转让给C公司的股权所占份额为D公司注册资本10 000 000元的10%,该份额的公允价值为1 200 000元;剩余的款项全部豁免。

(1)债权人(C企业)的账务处理

借:银行存款　　　　　　　　　　　　　　　600 000
　　长期股权投资　　　　　　　　　　　　 1 200 000
　　库存商品　　　　　　　　　　　　　　 1 000 000
　　应交税费——应交增值税(进项税额)　　　 170 000
　　坏账准备　　　　　　　　　　　　　　　 20 000
　　营业外支出——债务重组损失　　　　　　 520 000
　　贷:应收账款——D企业　　　　　　　　 3 510 000

(2)债务人(D企业)的账务处理

借:应付账款——C企业　　　　　　　　　 3 510 000
　　贷:银行存款　　　　　　　　　　　　　 600 000
　　　　主要业务收入　　　　　　　　　　 1 000 000
　　　　应交税费——应交增值税(销项税额)　 170 000
　　　　实收资本　　　　　　　　　　　　 1 000 000
　　　　资本公积　　　　　　　　　　　　　 200 000
　　　　营业外收入——债务重组利得　　　　 540 000

借:主营业务成本　　　　　　　　　　　　　 800 000
　　贷:库存商品　　　　　　　　　　　　　 800 000

【例16-7】接【例16-6】,2010年1月5日双方达成的债务重组协议规定:C企业同意D企业同时以汽车抵债,用于抵债的汽车原值为1 000 000元,已计提折旧300 000元,该汽车的公允价值为600 000元;D企业以其部分股权抵偿该债务。转让给C公司的股权所占份额为D公司注册资本10 000 000元的10%,该份额的公允价值为1 200 000元;另外1 200 000元延期至2010年12月31日支付,

407

同时支付6%利息,其余款项全部豁免。

(1)债权人(C企业)的账务处理

① 债务重组日

借:固定资产——汽车	600 000
长期股权投资	1 200 000
应收账款——债务重组	1 200 000
坏账准备	20 000
营业外支出——债务重组损失	490 000
贷:应收账款——D企业	3 510 000

② 2010年12月31日收到款项

借:银行存款	1 272 000
贷:应收账款——债务重组	1 200 000
财务费用	72 000

(2)债务人(D企业)的账务处理

① 债务重组日

借:固定资产清理	700 000
累计折旧	300 000
贷:固定资产	1 000 000
借:营业外支出——资产转让损失	100 000
贷:固定资产清理	100 000
借:应付账款——C企业	3 510 000
贷:固定资产清理	600 000
实收资本	1 000 000
资本公积	200 000
应付账款——债务重组	1 200 000
营业外收入——债务重组利得	510 000

② 2010年12月31日支付款项

借:应收账款——债务重组	1 200 000
财务费用	72 000
贷:银行存款	1 272 000

· 408 ·

10. 胡世强. 会计学基础. 成都:西南财经大学出版社,2009.

11. 财政部会计资格评价中心. 初级会计实务. 北京:中国财政经济出版社,2009.

12. (美)Treadway委员会发起组织委员会. 财务报告内部控制——较小型公众公司指南. 方红星,译. 大连:东北财经大学出版社,2009.

13. 胡世强. 出纳实务. 2版. 成都:西南财经大学出版社,2009.

14. 中国注册会计师协会. 会计. 北京:中国财政经济出版社,2010.

参考文献

1. 中华人民共和国财政部．小企业会计制度．北京：中国财政经济出版社，2004．
2. 胡世强．小企业会计核算实务．成都：西南财经大学出版社，2005．
3. 中华人民共和国财政部．企业会计准则．北京：经济科学出版社，2006．
4. 中华人民共和国财政部．企业会计准则——应用指南．北京：中国财政经济出版社，2006．
5. 财政部会计司编写组．企业会计准则讲解．北京：人民出版社，2007．
6. 张其秀，于团叶．会计学基础——在新会计准则指导下．上海：上海财经大学出版社，2007．
7. 陈少华．会计学原理．2版．厦门：厦门大学出版社，2007．
8. 胡世强．财务会计．成都：西南财经大学出版社，2009．
9. 戴德明，林钢，赵西卜．财务会计学．北京：中国人民大学出版社，2009．